All Voices from the Island

島嶼湧現的聲音

島鏈有事

張鎮宏、《報導者》團隊—著

Islands In Peril

The Deterrence for Peace Between Taiwan, China, Japan and Okinawa

如果明日就是臺海戰爭，
國際第一線怎麼危機應變？
沖繩、日本、臺灣
爲何命運相連？

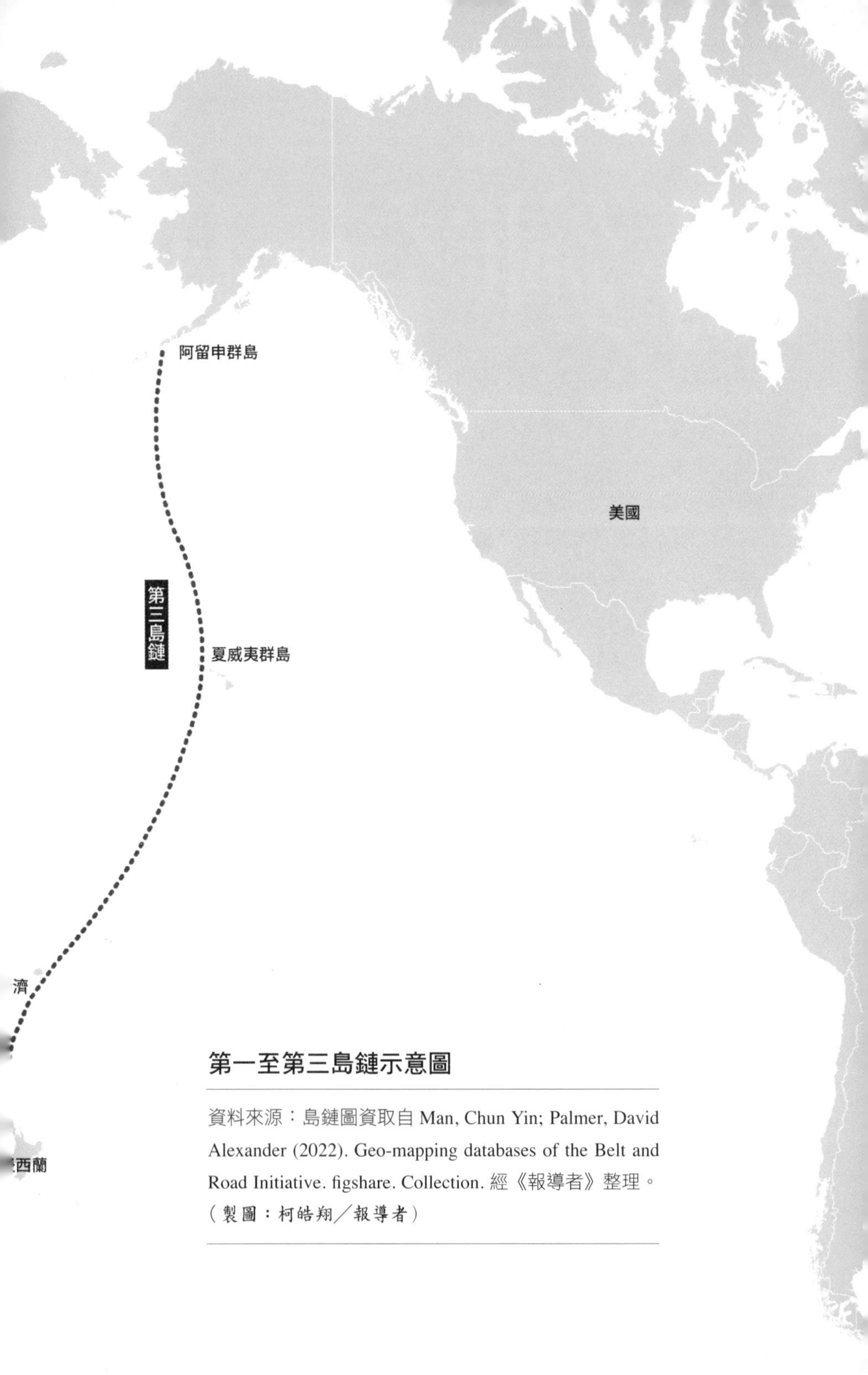

第一至第三島鏈示意圖

資料來源：島鏈圖資取自 Man, Chun Yin; Palmer, David Alexander (2022). Geo-mapping databases of the Belt and Road Initiative. figshare. Collection. 經《報導者》整理。

（製圖：柯皓翔／報導者）

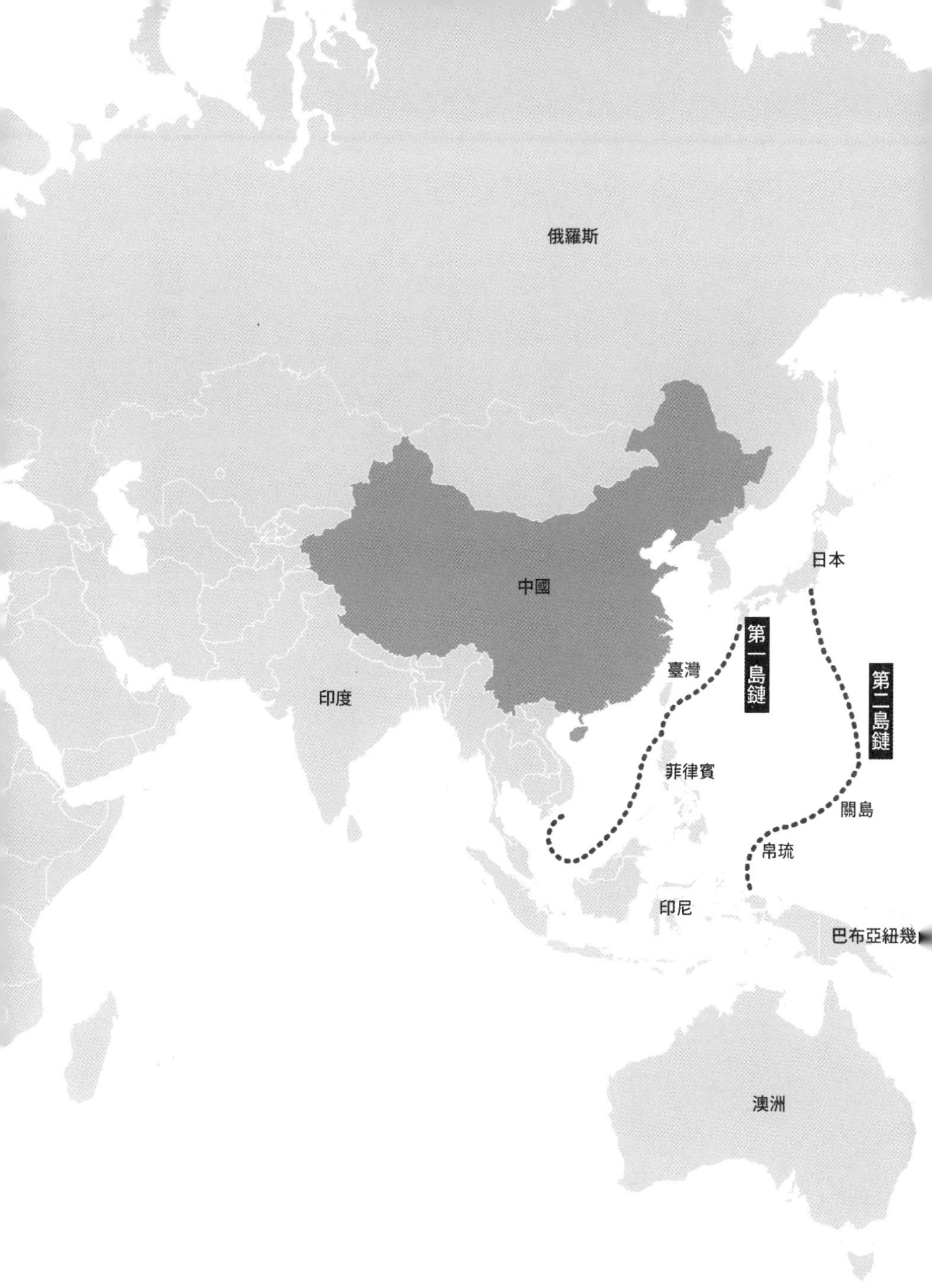
俄羅斯
中國
日本
第一島鏈
臺灣
第二島鏈
印度
菲律賓
關島
帛琉
印尼
巴布亞紐幾
澳洲

目次

PART 3 最前線：國境之島的光與影

4
PART

「臺灣有事」對話

【序】守護臺灣需要怎麼樣的「島鏈戰略」？

◎張鎮宏

當世界開始討論臺灣的時候，長期觀察國際情勢和民主人權的我們，心裡總會浮出一些無法避免的提問：臺灣的自由與安全，將如何牽動著其他國家、社會與人民的命運？如果明天就是臺海戰爭，世界又將如何回應「臺灣有事」的危機？

二〇二二年八月二日晚間，全世界的新聞焦點都集中在臺北上空，超過七十萬人在網路上同步追蹤著航班即時軌跡圖上的一個光點——那是呼號 SPAR19 的美國空軍行政專機，上面載著裴洛西（Nancy Pelosi），這是臺灣相隔二十五年後再次迎來美國眾議院議長的正式訪問。然而，當裴洛西結束在臺十九小時旋風訪問的翌日，中國隨即對臺灣發動了自一九九六年臺海飛彈危機以來最具侵略性的軍事演習。臺灣因此成為國際新聞的頭版焦點，臺灣海峽也再次被稱為「全世界最危險的地方」。

在國際社會的眼中，二〇二二年的中國飛彈軍演是臺海局勢的重大轉折點；但對臺灣來說，中國的軍事敵意從未中斷，被解放軍飛彈瞄準，或被北京威脅以戰爭手段「統一」，早已是臺灣人長期以來的集體經驗。

當臺灣的安全成為全球焦點時，各種矛盾也隨之浮現。由於長期在國際社會中被漠視，世界因為臺海危機而重新「發現臺灣」的過程，充滿了許多誤解——有些觀點過分誇大臺海局勢的兵凶戰危，而另一些則選擇性忽視中國對周邊國家不斷升級的軍事騷擾與安全威脅。然而，這些討論往往都忽略了臺灣人的立場，也未能充分連結臺灣與中國長年交手所累積的經驗。因此，臺灣應該要如何理解國際輿論中對臺海局勢的觀點與盲點，並有效進入對方的脈絡進行溝通，是臺灣在強化自身防衛之餘，最為關鍵的功課之一。

解放軍對島鏈的威脅

為了清楚認識臺海軍情的實際動態，我們以二〇二二年——國際輿論開始高度關注臺灣的關鍵起點——作為分界，整合臺灣國防部與日本防衛省的公開軍事動態資料，並進一步針對解放軍海空侵擾的數量、機種裝備與路線軌跡進行資料分析，以深入解讀中國在臺海周邊軍事活動的趨勢與戰略意圖。

透過數據呈現的軍情動態，我們發現，解放軍擾臺頻率屢創新高，從二〇二二年八月至二〇二四年七月間，國軍在臺灣周邊偵獲至少三千九百五十五艘中國軍艦，以及一萬零二百四十三架次中國軍機。兩年間，擾臺共艦數量上升了五三%，而擾臺共機數量更大幅增加八一%，顯示中國對臺灣大舉升級的威嚇行動和軍事壓力。

數據同時顯示，臺海的緊張局勢已經明顯國際化，不再只是傳統理解的「兩岸問題」。解放軍的軍事騷擾不僅針對臺灣，整個西太平洋地區也在承受中國軍事擴張帶來的壓力。例如，日本和菲律賓同樣面臨解放軍侵擾規模的升級：菲律賓在南海主權爭議區屢屢遭到中國海警的衝撞攻擊；中國海軍多次侵入日本領海，並聯手俄羅斯頻繁測試美國、日本與韓國的空中防禦能力。

中國的軍事擴張，也讓西太平洋的「島鏈戰略」重新成為國際政治的關鍵字。島鏈戰略的討論最早可追溯到十九世紀下半葉，當時歐美列強為爭奪亞洲殖民地的貿易與軍事航路而提出這一地緣戰略主張。在二次大戰爆發前夕，日本為了遏制美國對西太平洋的介入，也積極在帛琉、塞班島、馬紹爾等地建立戰略基地。到了冷戰時期，美國則為了圍堵蘇聯與中國的共產勢力，在日本、沖繩、臺灣與菲律賓駐兵，這就是人們熟悉的「第一島鏈」戰略。

隨著中國在二十一世紀的軍事崛起，島鏈戰略也因美中對抗而產生了新的解讀。對美國來說，第一島鏈仍是遏制解放軍進入太平洋的重要屏障；而中國則通過在臺灣、日本與菲律賓沿海進行海空騷擾、在南海填海造陸建設「海上長城」、以及積極拉攏南太平洋島國，試圖以更強大的經濟實力和兵力規模，復刻二戰前夕大日本帝國的島鏈部署。

而這一島鏈競爭的心臟位置，即是攸關印太安全與全球穩定，且最直接面對中國侵略威脅的臺灣。

解放軍頻繁跨越臺灣海峽，並在第一島鏈周邊國家的海域進行大規模軍事演習，從南海、巴士海峽到臺灣東北的宮古海峽，逐步施展「疲勞騷擾」，迫使各國逐漸接受中國軍事行動的常態化，這正是解放軍「切香腸戰術」的明顯體現，而中國持續挑戰區域安全底線的行為，已引發亞洲鄰國的警覺反應，尤其是同為第一島鏈國家的日本，更積極提升國防準備。

其中，已故前首相安倍晉三在二〇二一年提出的「臺灣有事就是日本有事」論述，不僅為互動緊密的臺灣與日本留下了更多深化安全合作的想像空間，也讓日本成為臺灣以外，最積極討論中國威權威脅與臺海戰爭可能性、政治爭辯也最為激烈且立體的島鏈國家。

日本與沖繩的立場矛盾

然而，防衛政策的重大轉向，卻引發了日本國內輿論的焦慮與不安。一方面，日本的政治環境和地理條件使其長期缺乏對東亞爆發戰爭或自身安全遭遇挑戰的「直接威脅感」；另一方面，日本沉重且複雜的二戰歷史，讓國內對於戰爭責任抱有矛盾情緒。因此，當戰後日本「無論如何都不能訴諸軍事手段與戰爭」的政治原則，與中國對臺灣的入侵可能導致民主與自由國際價值瓦解的現實碰撞時，日本對「臺灣有事」的立場爭論，也就變得格外尖銳複雜。

與臺灣歷史淵源深厚、戰略位置也最為關鍵的沖繩，更是日本社會最為矛盾與對立的政治癥結。臺灣每年有八十至九十萬遊客造訪沖繩，是沖繩國際遊客中的主力。然而，對於臺灣人來說，沖繩的「戰備日常」卻相對陌生。

二次大戰期間，同被日本所統治的臺灣與沖繩，命運曾一度交錯——在美國的跳島戰術下，盟軍將領為了是否應該登陸臺灣或沖繩而爭執不下。最終，盟軍選擇攻占沖繩，以加速對日本本土的總攻擊戰略。一九四五年的沖繩戰役成為太平洋戰場最血腥的一役，包含十二萬沖繩平民在內，雙方共計二十萬人喪生。戰爭結束後，沖繩在美軍的統治下被建設成「要塞之島」。直到今天，這片僅占日本國土〇．六％的邊陲離島，依然承載著七成的駐日美軍基地，沖繩因此長期忍受不得不與基地共存的日常夢魇。

沖繩也一直是臺美軍事合作的重要樞紐，從中華民國與美國斷交之前的空軍移地訓練，到二〇〇九年莫拉克颱風重創臺灣的八八風災，美軍運輸機抵臺運送的賑災物資都是從沖繩整備出發。但在日本政府的「臺灣有事」對策中，沖繩不僅成為日美同盟應對解放軍的壓力最前線，就連離臺灣最近的與那國島、石垣島，都面臨了自衛隊大舉進駐的「要塞化」壓力。

如今駐紮的約三·五萬美軍和擴張中的自衛隊，已經讓沖繩人深感「被動捲入」戰爭的威脅，這是日本本島居民無法真正理解的恐懼，而臺日安全的連動性——特別是「臺灣有事即是日本有事」——更成為沖繩新的焦慮來源。

我們深入採訪了沖繩反對美軍基地的倡議者、反戰人士，以及多次與臺灣進行國防交流的日本國會議員，從這些人的視角出發，我們看到了沖繩社會的多重現實與矛盾。同時，我們也看見臺灣人在危機中的敏銳商機——在與那國島，臺灣投資者希望重現七十年前臺日間的經濟榮景，而臺灣政治人物也紛紛登上與那國，希望加速兩地之間的交流與通航。然而，這樣的快速交流，能夠減少沖繩人對戰爭的疑慮嗎？「臺灣有事，日本有事」會不會只是臺灣單方面的想像？

從「臺灣有事」走向「臺灣存在」

本書的發想起點，最初只是想回答「臺灣有事」是否改變了東亞各國對臺灣安全的看法。然而，隨著在日本、沖繩、臺灣不斷深入的採訪過程中，我們發現，儘管臺日沖三地之間有著深厚的歷史淵源，且民間文化交流極為蓬勃，但對彼此社會與政治脈絡的認識卻存在相當大的認知落差。

這些認知落差往往被自身的經驗所束縛，陷入簡化的二分法思維，使人先入為主地落入一廂情願的認知陷阱——這不僅容易陷入與外界對立的情境，更糟的是，還會為有心人士製造見縫插針、煽動認知作戰的機會。

例如在本書討論的認知戰章節中，我們以中國的社群網站為例，探討了中共如何透過內外宣傳交錯的方式操作輿論，以日本和沖繩為常態性的政治煽動主題，進行資訊扭曲的行動鏈。這些惡意操作所累積的仇恨情緒，最終被煽動的，往往卻是中國自身的社會成員。二〇二四年九月十八日，深圳日本人學校的一名十歲日本小學生在上學途中，遭到一名陌生的中國男子持刀殺害。儘管中國外交部表示本案是「孤立事件」，並強調「類似事件在任何國家都會發生」，但這一事件引發了日本輿論的極大震驚與憤怒，也凸顯了認知戰失控對於操作方與被操作方所帶來的雙重傷害。

這些臺灣與周邊國家的「互不瞭解」，也為我們即時敲響了警鐘，如果連與臺灣互動最頻繁的日本和沖繩都難以深入理解臺灣，那麼，臺灣議題要如何進入其他更遙遠盟邦的認識脈絡中？如何在國際社會上提出更能引發共情、獲得重視的「保臺論述」？這對於臺灣安全來說，至關重要。

長期在國際社會中被孤立的臺灣人，必然能理解「自己的國家自己救」的道理，同時也渴望瞭解國際社會對臺灣處境的認識與觀點。藉此，我們期望透過政治理解、公民社會溝通，最大程度地爭取國際支持，進而讓「臺灣有事就是世界有事」的連動性真正得以成立。這不僅關乎臺灣的現實安全與生存，也是我們積極想要參與國際社會的心願：我們必須認識並同理其他國家的苦難，透過情感與經驗交流，建立公民社會間的信任。如此，臺灣人的經驗才能融入並貢獻於普世的價值體系，走出長期的孤絕。真心期待，世界對臺灣的理解不再只是「臺灣有事」這個危機標籤，而是轉化為對「臺灣存在」的價值肯認與尊重。

這本書之所以能夠付梓，首先必須感謝《報導者》團隊的大力支持與協助，包括一起在沖繩各島進行馬拉松式取材的攝影記者楊子磊；參與採訪的記者夥伴柯皓翔、許詩愷、簡毅慧與李易安；將複雜的數據資訊視覺化為〈解放軍如何進逼第一島鏈〉多媒體報導的設計師江世民、多媒體企畫洪琴宣和協助彙整數據的陳韻如；在後置、編輯與內容建議上給予最大支援的社群團隊張詩芸、陳思樺、汪彥成和黃鈺婷；從幕後協調、給予我們即時助力的總編輯方德琳、攝影主任黃世澤；以及一路照顧著這個愈長愈大的計畫，從中給予最多鼓勵與支持的本案監製與營運長李雪莉。

其中，我們必須再次表達對《報導者》數據新聞前召集人柯皓翔的敬意——他的專業、負責與敬業，對於能夠一起合作的我們來說，是非常大的激勵與榮幸。謝謝你燃燒新聞魂，推著同路的大家一起衝刺前進。

我也要特別向協助我們在沖繩採訪的黃胤毓導演與「木林製作」的海明威涼子表達感激，沒有他們在地的協調與支援，我們不可能完成如此扎實的採訪。也非常感謝北海道大學的許仁碩教授、《琉球新報》的吳俐君、《東洋經濟》的劉彥甫、以及長期支持《報導者》的資深新聞工作者野島剛，謝謝你們這些在日本的「報導者之友」一路以來的協助與牽線。

最後，也感謝春山出版的小瑞與君佩，對我們這次的嘗試給予如此大的鼓勵與肯定。

當然，也必須謝謝所有信任《報導者》並翻開這本書的讀者夥伴們。我們相信這個世界的運作必須建立在對真相準確而冷靜的認識上，是你們每一次的閱讀與分享，才賦予了這些文字與對話重要的力量。

1 PART

戰雲：世界如何回應臺海有事？

臺灣長期面臨的戰爭威脅已成為全球關注的焦點。中共解放軍不斷逼近第一島鏈，不僅常態性地跨越臺灣海峽中線，還極具侵略性地以海空兵力壓縮臺灣的防衛空間，讓衝突擦槍走火的風險遽增。除此之外，中國更軟土深掘，企圖推進「臺海內海化」的統戰目標。

中國的軍事擴張不僅針對臺灣，鄰近的日本、菲律賓和美國同樣遭受解放軍進逼威脅。這一情勢迫使各國強化對中國的防禦部署，並且加速推演「臺灣有事」的各種應變方案——從被動防禦、補給支援到被迫參戰的衝突準備。

藉由分析臺灣與日本政府通報的中國軍事侵擾數據，我們深入探討了解放軍海空擾臺的路線、數量、武器種類以及每次大規模武力展示的政治時機點。結果顯示：雖然中國積極試圖突破以臺灣為中軸的「第一島鏈」，但其進軍步伐已然受到島鏈各國防禦戰略的頑強阻擋。

1

「中共軍機注意，你已進入我空域」

——從雲上到海下，解放軍對臺灣更趨大膽的侵擾趨勢

文字——張鎮宏、許詩愷、柯皓翔；數據分析——柯皓翔、簡毅慧

二〇二二年八月四日下午一點五十六分，中國福建省沿海的寧德市郊區，解放軍東部戰區火箭軍一枚東風系列彈道飛彈冉冉朝臺灣方向發射。這枚短程導彈在飛行三百五十公里後，墜落於基隆東北方一百公里以外的外海。一個小時又九分鐘後，解放軍再度從寧德發射四枚導彈，這四枚導彈直衝大氣層、越過臺北市上空，並在穿越臺灣本島後往東南衝刺，最後墜落在花蓮東南方兩百公里以外、日本的專屬經濟海域裡。

是日，中國總共朝臺灣周邊海域發射了十一枚導彈。儘管臺灣人早已習慣中國的「武統」

恫嚇——軍演期間，臺灣社會的運作繁忙如常，股市甚至逆勢反漲——但這場「環臺軍事演習」卻是一九九六年臺灣海峽飛彈危機以來，中國對臺灣最嚴重、也最接近戰爭的武力威嚇。

中國發動的環臺軍演，藉口是時任美國眾議院議長裴洛西在二〇二二年八月二日訪問臺灣。儘管這僅是民主國家正常的國會外交，但中國卻定調裴洛西訪臺是「臺美實質關係升級的重大事件」，憤怒譴責華府「以臺制華」與臺灣政府「倚美謀獨」。儘管當時的環臺軍演只持續九天，但解放軍卻從此大舉升級擾臺強度。中國政府不僅反覆宣稱「臺灣海峽不存在所謂的海峽中線」，中國海空軍在臺灣周邊出沒的數量持續增加，解放軍戰機跨越臺海中線的軍事行動更成了對臺武嚇的「新常態」。

然而作為對臺的政治報復與武嚇展示，中國的環臺軍演反而激起各國對中國軍事威脅的警戒與對臺灣國際處境的關注。除了對戰爭的憂慮，國際輿論更不斷出現「新柏林圍牆就是臺灣海峽」、「臺灣就是新柏林」的聲音，臺灣也因此被世界視為二十一世紀新冷戰的最前線。

透明的相對防線：ADIZ與臺海中線

「中華民國空軍廣播，位於臺灣西部空域的中共軍機注意，你已進入我空域，影響我飛航安全，立即迴轉脫離。」在臺海上空，國軍飛官每一天都要重複這句驅離警告。

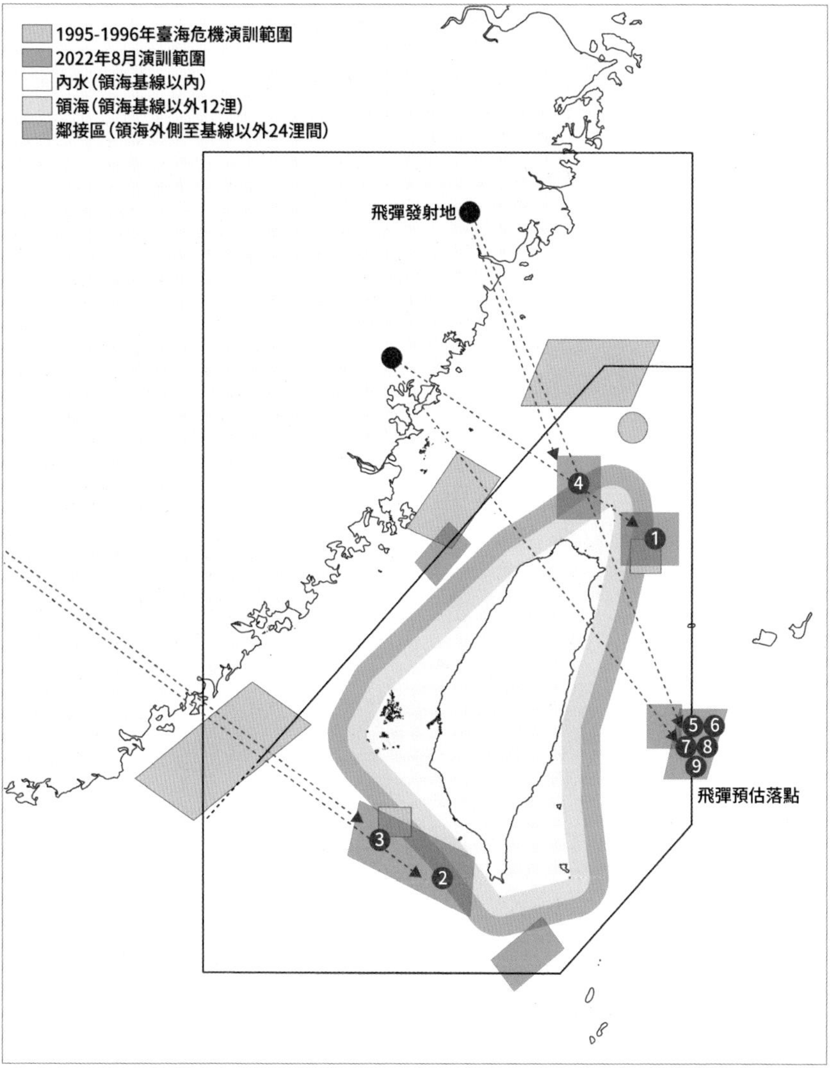

二〇二二年八月，解放軍軍事演習並發射飛彈。
資料來源：日本防衛省、CSIS，經《報導者》整理。(製圖：柯皓翔／報導者)
注：國防部表示偵測到十一枚飛彈，日方則公布為九枚。

每天早上九點，國防部總會準時在媒體群組公布過去二十四小時的共機騷擾路徑。這項由多名新聞官負責的任務，自二〇二〇年九月開始，至今不分平假日，幾乎天天更新，因為解放軍海空擾臺的壓力不僅逐年增強，對臺灣本島的威脅也愈來愈大——二〇一六年，解放軍軍機在臺灣周遭的侵擾行動，全年紀錄僅有六架次。[1] 然而，根據我們統計的國防部軍情通報顯示，中國對臺武嚇的強度與數量不僅逐年增加，以二〇二三年度為例，共機擾臺總數高達四千七百三十四架次，相較於二〇一六年暴增了七百八十九倍。

臺灣空軍與解放軍在臺海上空的軍事對峙，長年圍繞著兩個冷戰名詞：中華民國的「防空識別區」（Air Defense Identification Zone, ADIZ）與「海峽中線」。

防空識別區的起源可以追溯到冷戰初期的一九五〇年代，當時美國為了防範蘇聯戰略轟炸機的威脅，在領空邊緣向外延伸畫出一塊緩衝空域，目的是提前預警、監控，甚至攔截可能進入本國領空的外國航空器。之後，臺灣、日本、南韓、英國與加拿大等盟國也跟進美國的做法，設立各自的防空識別區。然而，關於防空識別區的畫界規則，並沒有明確的國際共識或法律規範，鄰近國家的防空識別區經常出現重疊問題，各國之間只能依賴「政治默契」私下協調。

臺海中線則與一九五五年生效的《中美共同防禦條約》有關。當時美國空軍駐臺指揮官戴維斯准將（Benjamin O. Davis Jr.）為了確認美軍的協防責任區，將臺灣海峽分為兩部分，畫出一條由東北延伸至西南、被稱為「海峽中線」的防空警戒線，只要共軍越過中線以東，協防臺灣的美軍就有權開火迎敵，但國軍在中線以西的行動則不在美軍保護範圍。這條中線的設定，一方面是警告共軍不要越界犯臺，另一方面則是對國軍「反攻大陸」意圖的政治約束。

儘管美軍劃定的臺海中線沒有明確的座標位置和長度，且與防空識別區一樣，未獲得明確的國際法認可，但由於冷戰期間中國空軍戰力較弱，解放軍戰機無力出海對臺灣構成威脅。一九七九年美國轉與中華人民共和國建交並撤出協防臺海的駐臺美軍，掌握絕對空優的國軍戰機仍經常跨越中線，甚至飛入中國東部沿海，猶如入無人之境。

接受我們採訪的退役空軍上校劉浩宇，就曾因為一次「緊急攔截任務」而衝過海峽中線、甚至逼近中國本土。但劉浩宇的攔截對象並不是解放軍空軍，而是國軍的「叛逃飛官」——至今為止，臺灣最後一位駕機投共的國軍飛行員，林賢順。

一九八九年二月十一日，派駐臺東志航基地的空軍中校輔導長林賢順，以補滿飛行時數為由，駕駛國軍 F-5E 戰鬥機臨時起飛。一升空，林賢順便切斷與戰管中心的聯繫，並為了躲避空軍的雷達偵測而沿著臺灣南部海岸超低空飛行。不到十分鐘，林賢順就繞過了恆春半島進入臺灣海峽，並在接近臺海中線時突然大舉拉升高度，全速往西方飛去——此時，臺北當值的空軍作戰高勤官才愕然驚覺：林賢順是故意的，這架中華民國空軍的戰鬥機已經叛逃，正飛往中國「投共」。

當時，劉浩宇等三架隸屬於嘉義空軍基地的 F-5E 正在臺中外海進行訓練，戰管中心要求他們立刻西行，「緊急命令就是不惜代價攔截林賢順的叛逃戰機。」劉浩宇表示，林賢順很快就發現追趕而來國軍戰機，被逼急的他在不斷迂迴閃避，雙方就這樣在臺海上方高速追逐，一路直衝中國沿海。

「雙方距離雖然咬在二十海里以內，只要一個加速就能肉眼目視，但我們原本只是訓練任務，機上並沒有掛載飛彈，所以我們只能硬著頭皮跟著林賢順往中國方向衝，」劉浩宇回憶，「要麼我們先追上他，甚至直接用撞的把他逼下來；否則就是老共的戰鬥機和防空飛彈先出現，把我們一起轟下去。」

然而，面對四架直衝中國本土的國軍戰鬥機，解放軍當時卻搞不清楚狀況而來不及反應，中國戰機沒有升空攔截，亦沒有給林賢順的「投共戰機」任何掩護或降落指引。於是，一路被國軍死咬追擊進入中國領空、卻苦尋不著機場降落的林賢順，才在油料用盡且操縱失控的狀況下，於廣東省東部墜機。

儘管林賢順跳傘生還，成功投共，日後甚至官拜解放軍大校、擔任中國全國政協委員，但劉浩宇強調：「我們的攔截任務仍完成了最低目標，至少讓解放軍無法接收國軍的戰機裝備。」

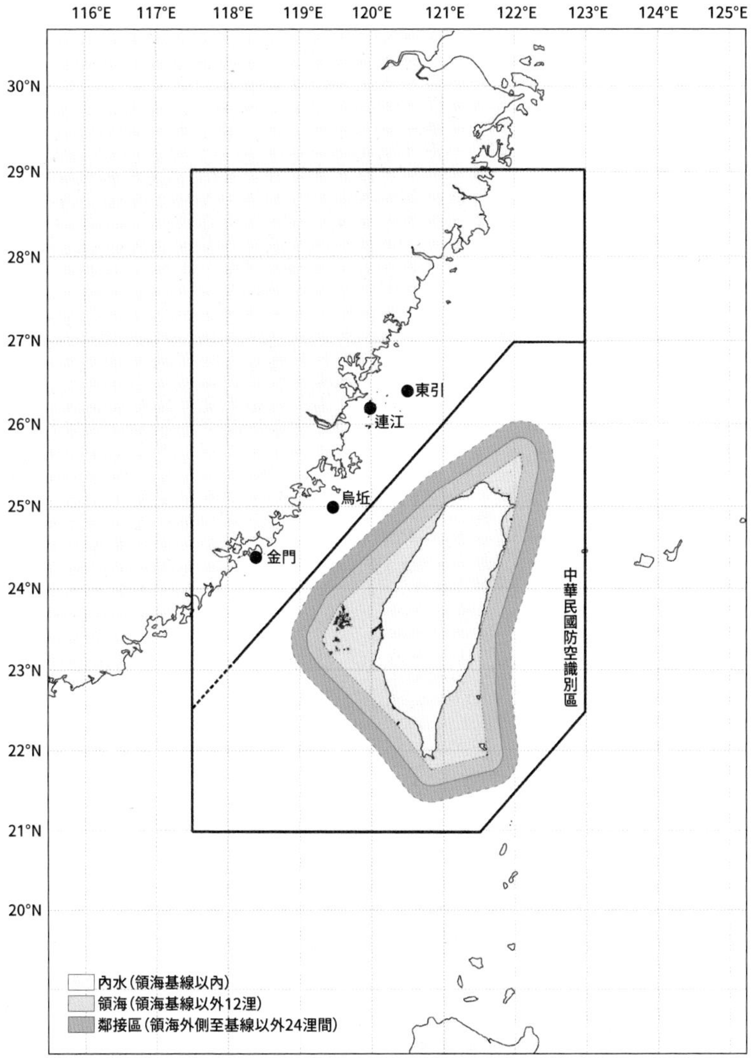

中華民國防空識別區、領海及鄰接區範圍。

資料來源：國防部、內政部，經《報導者》整理。（製圖：柯皓翔／報導者）

林賢順墜機的同時，奉命追擊的國軍戰機也因油料告急，最後驚險降落在澎湖馬公機場。劉浩宇回憶，儘管任務極為緊張，從臺中外海接獲攔截命令到最後降落澎湖，全程大概只有十五到二十分鐘，「這就是臺海上空的軍事實況，從臺灣到中線、中線到中國，攔截與交戰之間的行動時間與反應距離，只有幾分鐘、甚至幾十秒而已。」

劉浩宇與僚機平安降落後，馬公基地的指揮官告訴他，當他們的戰機還在臺海上空追逐時，部署在澎湖的鷹式防空飛彈其實已經瞄準並鎖定了林賢順的叛逃戰機。但由於臺海上空有多條民航航線，作戰高勤官無法下令開火，「即使你敢發射飛彈，也沒人敢擔保在這繁忙空域中，一定不會誤擊搭載數百條無辜人命的民航客機。」

林賢順的投共事件，成為臺灣迄今最後一起戰機叛逃。然而，隨著國際局勢的轉變，中國在後冷戰時代國力倍增，並自一九九〇年代起大量引進俄羅斯的先進戰鬥機，這使臺灣空軍難以維持往昔在臺海上空的絕對優勢，於是在「國退共進」的趨勢下，臺海中線才逐漸成為國共兩軍心照不宣的「空中邊界」。但自二〇〇〇年以後，中國空軍由守轉攻，憑藉數量優勢不斷逼近臺灣，「穿越臺海中線」也成為中國刻意展現對臺敵意——有時是軍事試探，更多是政治恫嚇——的標誌性行為。

根據中華民國國防部自二〇〇四年五月以來的正式說法，臺海中線的唯一定義是北起北緯二七度、東經一二二度，南至北緯二三度、東經一一八度，全長約六百公里的直線連線。如今，國防部每日公布的共機擾臺資訊，也都以臺海中線為基準，任何逼近或穿越臺海中線的解放軍行動（包括中線北端以北，我國防空識別區北面的「北部空域」，以及中線南端以南、防空識別區西南角的「西南空域」）都會被國軍記錄、監控，甚至進行緊急攔截。

從數據中看見的共機擾臺有多嚴重？

中國對臺軍事侵擾的強度到底增強了多少？當解放軍在臺海逐日加劇其敵意行為時，我們應該如何判斷這些騷擾行為背後的軍事意圖與威脅性？為此，我們根據國防部每日公布的即時軍事動態，統計自二〇二二年八月以來，共軍擾臺的所有通報紀錄，並做數量、機種裝備、與路線軌跡的資料分析——我們發現，在裴洛西訪臺事件、中國環臺軍在臺灣周邊試演射飛彈之後，解放軍對臺數量暴增的常態性侵擾，正意圖使臺海中線「無效化」。

過去，解放軍對臺灣的空中侵擾大多集中在西南空域，以二〇二一年度為例，國軍全年偵測到的九百五十八架共機，都出沒在此區。然而，中國藉由裴洛西訪臺事件，從二〇二二年八月起將擾臺規模翻倍提升，我國國防部遂擴大軍情通報，公開接近臺灣海空域的解放軍海空機艦數量。

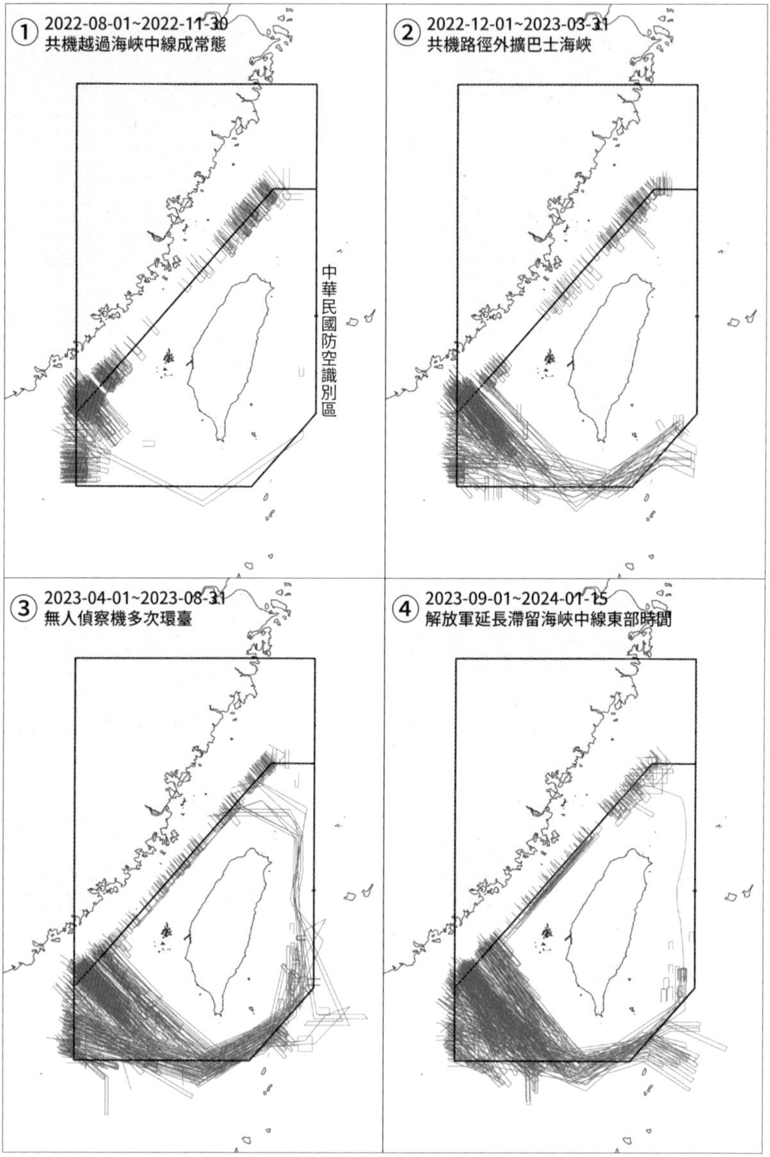

近年共機擾臺分布情形

資料來源：國防部，經《報導者》整理。（製圖：柯皓翔／報導者）

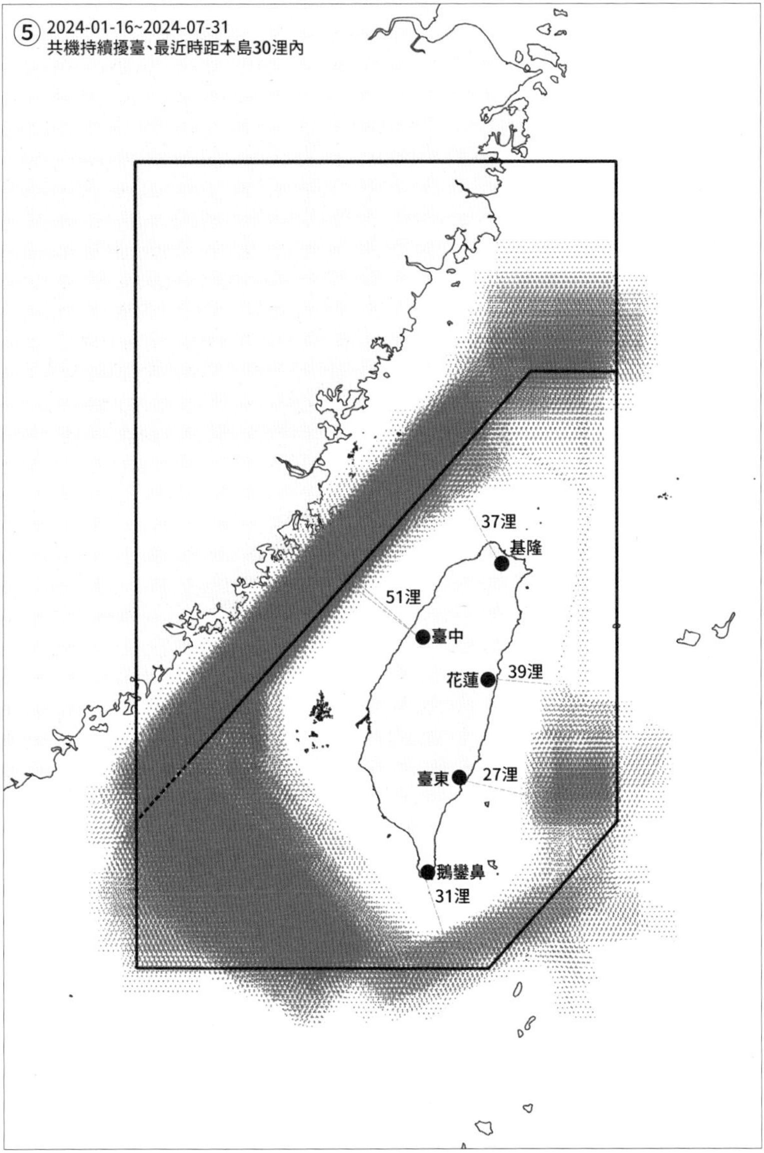

臺灣國防部自二〇二四年一月十六日起，改以「共機活動範圍」取代「路線軌跡」。
資料來源：國防部，經《報導者》整理。（製圖：柯皓翔／報導者）

從二〇二二年八月至二〇二四年七月的兩年期間，國軍在臺灣周邊偵獲至少三千九百五十五艘中國軍艦，以及一萬零二百四十三架次中國軍機——其中，有四二%（至少四千三百零六架次）的共機侵越臺海中線並進入臺灣空域。

在這兩年內，包含解放軍的三次環臺軍演在內，中國至少發動了六次大規模的軍事擾臺行動。若以共機擾臺數量達最高峰的關鍵時間點做切分，我們可觀察到中國不斷以「新型戰術」嘗試侵蝕臺灣空域，其中又以四個時間段的變化特別明顯。

解放軍的第一個行爲變化，出現於二〇二二年八月至十一月底。在時任美國眾議院議長裴洛西訪臺後，解放軍於二〇二二年八月七日首次進行圍臺軍演，此後共機開始擴大對臺騷擾範圍，更開始常態性越過海峽中線。

第二個變化，發生在二〇二二年十二月至二〇二三年三月底。二〇二二年十二月，美國總統拜登（Joe Biden）簽署《二〇二三年度國防授權法》（NDAA 2023），宣布對臺灣提供價值一百億美元的大規模軍援之後，解放軍隨即在臺海周邊發動報復性質的大規模軍演。原先集中在西南空域活動的共機，此後開始常態東進、深入臺灣南方的巴士海峽，掃擾路徑更外擴到恆春半島和菲律賓巴丹群島之間。

第三個變化則是二〇二三年四月至八月。過境美國的時任總統蔡英文與時任美國眾議院議長麥卡錫（Kevin McCarthy）會晤後，中國隨即發動「環臺島戰備警巡和『聯合利劍』演習」。軍演過後，解放軍無人偵察機開始繞行臺灣東部海域做長距離偵察，原本出沒於西南空域的無人機亦開始逐步往澎湖、甚至臺灣本島方向逼近。

第四個變化在發生在在二〇二三年九月。中國大舉調動北部、東部、南部三大戰區的艦隊與戰機，同時在臺灣海峽、菲律賓海東部和日本對馬海峽舉行臨時性的大規模軍事演習，這是解放軍迄今在西太平洋地區動作最大的軍演之一，並破紀錄地在九月十七日當天出動一百零三架軍機擾臺。此後，共機逾越臺海中線的強度又再進一步提升，不少共機「越線」之後會故意滯空徘徊、甚至繼續往臺灣本島方向深入逼近，與之前在此區域「快進快出」的模式截然不同。

但共機擴張擾臺範圍，是否代表戰爭風險提高？任職我國政府智庫「國防安全研究院」的政策分析員陳彥廷，在接受我們專訪時表示：「中國藉故大型軍演的大舉擾臺，通常背後都有濃厚的政治宣示目的，性質上多屬『單一事件』。」陳彥廷指出，中國的軍事演習通常會由北京指定的「適合日期」，其動機不僅是要大秀武力、動搖臺灣國內民心，更重要的目的是向美國及其盟邦傳達警告、甚至威脅性的政治信號。

「但從軍事角度，或說從防禦臺灣的國防角度來看，比起分析單一事件的架次高峰，觀察解放軍擾臺行為的長期趨勢，才更能清楚判斷中國當前的戰略目標。」陳彥廷說。

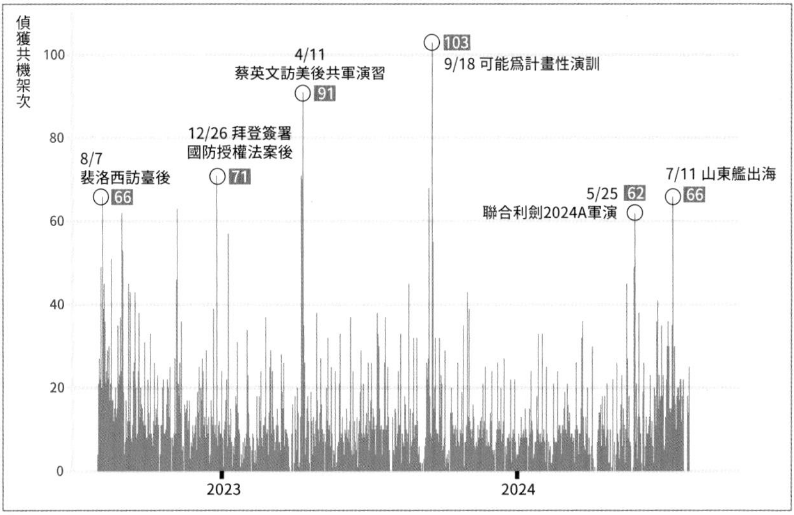

二〇二二年八月一日至二〇二四年七月三十一日，國防部偵獲之共機數。

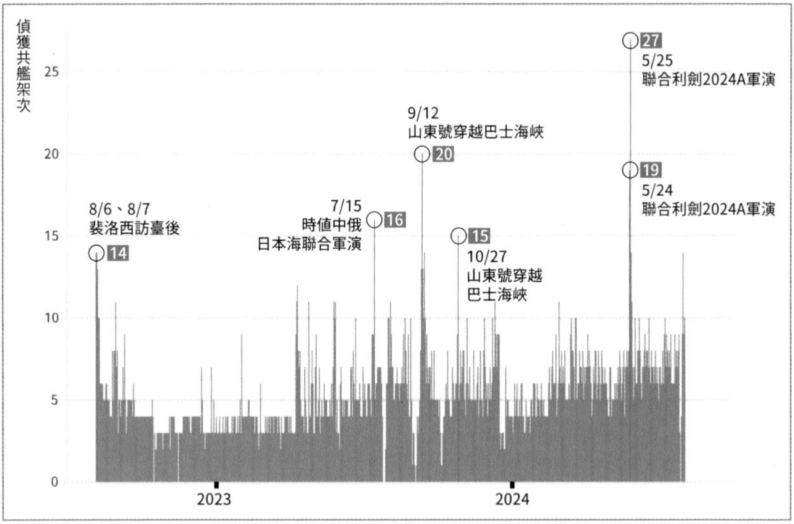

二〇二二年八月一日至二〇二四年七月三十一日，國防部偵獲之共艦數。

資料來源：國防部，經《報導者》整理。日期以國防部數據公布日為準。

（製圖：柯皓翔／報導者）

事實上，解放軍擾臺的機艦數量不但屢破新高，兵力規模更呈線性成長。以漲幅明顯的解放軍擾臺艦艇為例，從二〇二二年八月至同年年底，國軍每月平均偵獲一百三十艘中國軍艦出現在臺灣周邊海域，二〇二三年度增加為一百六十艘，二〇二四年截至七月底更進一步上升至一百九十九艘，兩年內的增幅高達五三％。

中國軍機刻意闖入臺灣空域的侵略強度，也出現了明顯的升級。在裴洛西訪臺之前的二〇二一／二二年度，[2]國軍共偵獲一千二百架次共機擾臺，其中只有一架正面跨越臺海中線，其餘都集中在西南空域。但在裴洛西訪臺過後的兩年間，解放軍不僅開始常態性侵越中線，共機逾越中線或進入臺灣周圍空域的數量更連年暴漲至二千一百架以上，兩年間的增幅高達八一％。

若我們進一步觀察解放軍擾臺的軍機種類，可以發現：以二〇二二／二三年度為例，共軍擾臺的最高占比仍是戰鬥機，占總數的六九％。其中，中國國產的殲－16戰鬥機，雖然二〇二〇年九月才投入「擾臺行列」，卻很快占據主力地位，平均每十架擾臺戰機裡，就有四架殲－16現身臺海。

僅次於戰鬥機的擾臺機種，則是占一六％的偵察機。中國偵察機大多出沒於臺灣東部外海、南部巴士海峽兩地，其中一半是以運－8多用途運輸機為主力的有人偵察機，其可搭載不同裝備，對臺灣進行偵察、反潛、通信干擾及戰時指揮等任務；另一半則是BZK-005、TB-001、彩虹四號等中國近幾年快速發展且引發各國高度戒備的無人偵察機。

「雖然無人偵察機速度慢、偵察功能也比較有限，但其機身體積較小又沒有載人，因此更適合出入『敏感空域』，」陳彥廷解釋。從共機軌跡路線圖來看，中國偵察機對臺灣的包圍網有愈收愈窄的趨勢，但解放軍無人機的偵察解析度較低，對臺灣的實質威脅有限。「我們要擔心的不是中國無人機離臺灣的位置，而是它們的數量和飛行距離，」陳彥廷指出。

截至二〇二三年，擾臺偵察機中的無人機數量已占半數。「如果無人機出動架次繼續上升、甚至出現取代有人機的趨勢，恐反映中國已有量產、精準操控大型軍用無人機的能力；而當無人機的遙控飛行路徑變長，也代表中國的衛星定位與通訊正同步到位，部分機種甚至可擴充掛載武器，這將會對臺灣國防帶來更大威脅。」陳彥廷說。

除了壓迫我國空域之外，解放軍的空中擾臺也能反映出另一關鍵戰略的部署路線：中國的水下戰力，潛艦。

解放軍潛艦的水下行動，長期以來都是各國關注的焦點。因為潛艦是封鎖海域、突襲敵方船隊、甚至發射核彈的戰略武器。雖然西太平洋超過千米水深的廣闊海域，極適合潛艦的水下作戰，但中國沿海的水深深度，卻只有四十至二百公尺，這讓潛艦的行動彈性與隱蔽性都受到相當大的限制。

解放軍潛艦若要出海發動「藍水作戰」，[3] 目前只能透過臺灣東北方、琉球群島間的宮古海峽，以及臺灣南端與菲律賓之間的巴士海峽進入西太平洋。因此，在這兩區海域，也時常出現美軍、日本自衛隊與解放軍之間，為了偵蒐潛艦行動的「隔空」鬥法——因為潛艦雖然藏身海中，難以掌握行動路徑，但解放軍用於反潛任務的直升機、反潛機，卻往往反映出解放軍潛艦部隊當前的水下戰略。

「最常騷擾臺灣的中國運－8反潛機，就總是出沒在南海至巴士海峽一帶，」陳彥廷解釋。海南島的亞龍灣是解放軍非常重要的潛艦基地，中國由此出發的潛艦若要進入西太平洋，穿越臺灣西南海域即是最快路徑，「但南海—巴士海峽的水下路線並非解放軍獨有，美國、日本、澳洲的潛艦也都經常在此行動牽制中國，因此各國的反潛機、電子偵察機都經常出現在臺灣西南空域，這都代表著『海面下正暗潮洶湧』，各國的潛艇與反潛部隊正在相互較勁。」

島鏈戰略的歸來，中國軍事施壓逼出的國際危機感

「其實臺灣現在面臨的『新常態』，日本比我們更早發生。」在看完我們所整理的共機擾臺地圖後，陳彥廷表示：「中國解放軍的騷擾從遠程擦邊球開始，目前更將圍臺行動列為常

中國的運 -8 反潛機，是解放軍騷擾臺灣的「常客」，通常會在巴士海峽周圍、中國潛艦出沒路線行動。（圖片來源：國防部）

態訓練。但我們的鄰國日本、菲律賓同樣遭遇著解放軍不斷增強的軍事侵擾，因為解放軍的行動目標不光只是針對臺灣，西太平洋『第一島鏈』上的每一個國家，都同時面對著中國對外軍事擴張的壓力。」

第一島鏈的範圍概略是從日本開始，向南經過琉球群島、臺灣、菲律賓至婆羅洲。這條島嶼連線不僅與中國沿海平行，也包含了南海周邊海域。它不僅是當前美中戰略對抗的戰略前線，也是全世界最繁忙與最重要的經濟航道。之後的第二島鏈，同樣從日本出發，經小笠原群島、關島至帛琉。第三島鏈則以美國印太司令部與太平洋艦隊總部所在的夏威夷為中心。

「島鏈」其實是二十世紀針對亞洲出現的地緣戰略概念。地理上，通常指的是西太平洋上一連串與亞洲大陸東緣平行的島弧連線。第一次世界大戰結束後，日本和美國成為太平洋的兩大強權，但雙方的軍事競爭與戰略摩擦日益增多。太平洋諸島也成為美日布下兵棋的戰略要地——美國藉由控制菲律賓，意圖箝制日本南進的腳步；日本則以託管名義大舉進駐南太平洋的南洋群島（密克羅尼西亞群島，如今的帛琉、馬紹爾群島等地），意圖將之建設成足以阻擋美國海軍進入亞洲的前線基地。而雙方各自的島嶼部署，後來也都成為二次世界大戰的戰鬥舞臺。

中國國產的殲-16戰鬥機，從二〇二〇年開始已成為解放軍擾臺的主力機種。（圖片來源：國防部）

二戰結束後，以美國為主的盟軍控制了太平洋，但一九四九年的中國赤化和一九五〇年六月爆發的韓戰，卻讓西太平洋迅速進入冷戰時代，美國才正式提出如今我們熟知的島鏈戰略，並以軍事圍堵蘇聯、中國等共產主義勢力進犯太平洋為目的，在西太平洋畫出所謂的「第一島鏈」（the First Island Chain）。

雖然因蘇聯解體和冷戰結束，美國曾在一九九〇年代不斷縮減、甚至撤回第一島鏈的軍事部署。但在二〇一二年習近平上臺掌權之後，中美的戰略對抗與嫌隙快速白熱化，這才讓「第一島鏈」從冷戰的歷史課本中重返。然而，對於日本、菲律賓與臺灣等緊鄰中國的「島鏈國家」而言，第一島鏈戰略的重啟，最大主因並不是美國的政策轉變，而是中國在自家門口大舉升級的軍事施壓。

過去十年來，日本對於中國的軍事戒備不斷提高，傳統上集中於北海道與關東地區的自衛隊，也逐漸將兵力與精銳裝備轉移部署到九州與沖繩。例如，二〇一八年日本陸上自衛隊就在九州的佐世保成立「水陸機動團」——這是自二戰結束以來，日本的第一支兩棲作戰部隊。自衛隊還向琉球群島（鹿兒島縣與沖繩縣）大舉增兵，在二〇一九到二〇二四年之間連續增設或擴編了至少七座軍事基地，並針對性部署了防空系統和陸基式反艦飛彈，以回應不斷侵擾日本海空域的解放軍。其中，沖繩縣西部的先島群島長期以來都沒有軍事部署，但在這波國防調整中，自衛隊先後在宮古島、石垣島，以及距離臺灣僅一百一十公里的與那國島設立基地與軍事雷達站。自衛隊與駐日美軍的年度大規模軍演「堅毅之龍」（Resolute Dragon）更連年將與那國島納入演習場地，模擬「臺灣有事」的各種應變。

「臺海區域穩定，其實對日本攸關生死。」中山大學中國與亞太區域研究所所長郭育仁對我們解釋，面對解放軍侵擾第一島鏈，日本的壓力不只來自軍事，更牽涉經濟。他分析，日本以貿易為命脈，八成原物料、九成能源都得依賴海運進口，但商業航道都得行經臺灣海峽，若臺海遭中國掌控，日本經濟恐

在擾臺行動上，解放軍無人機的使用比例也有增高趨勢。圖為二〇二二年八月五日，在臺灣東部海域與沖繩一帶來回飛行的中國 TB-001 無人機。（圖片來源：日本防衛省統合幕僚監部，2022/8/5 發表）

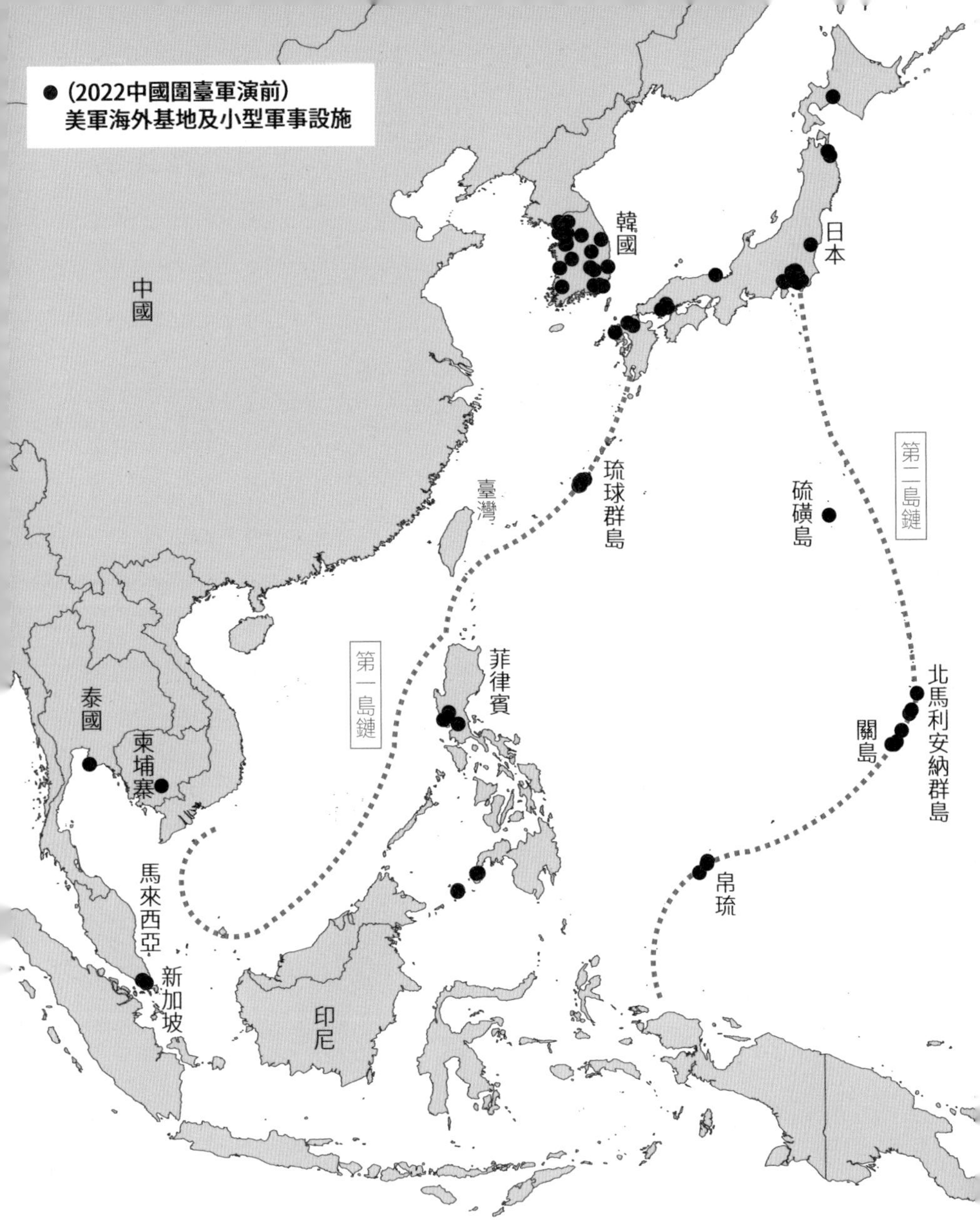

第一及第二島鏈分布圖。資料來源：美軍基地資料集取自 Michael A Allen, Michael E Flynn and Carla Martinez Machain. 2021. “US global military deployments, 1950–2020”; David Vine, “Lists of U.S. Military Bases Abroad, 1776-2021,” American University Digital Research Archive, 2021；島鏈圖資取自 Man, Chun Yin; Palmer, David Alexander (2022). Geo-mapping databases of the Belt and Road Initiative. figshare. Collection.；經《報導者》整理。（製圖：柯皓翔／報導者）

琉球群島上的日本自衛隊及美軍部署概況，經《報導者》整理。（製圖：柯皓翔／報導者）

將被中國掐在手中，一旦失去經濟與能源自主，主權也會隨之消退。

郭育仁表示，軍事與經濟兩大壓力迫使日本改變國防政策，特別是二〇二二年二月俄羅斯入侵烏克蘭後，「日本首相（岸田文雄）幾乎每一次國際演說，都特別呼籲歐美協助維持亞太地區和平，並特別強調『臺海和平與穩定對國際社會極為重要』。」但日本民意普遍反戰，憲法對自衛隊的軍事行動有著相當繁複、甚至矛盾的法律限制，更關鍵的是——日本並未承認臺灣主權，所以臺日雙方的國防與國安交流，長期存在諸多限制。

如何打破此僵局？郭育仁坦言，「臺灣人常對日本保持太多美好幻想」是一大溝通阻力，因此以政策面來說，臺灣應先理解現實並「破除一廂情願的迷思」，主動去理解日本的困境與限制，並在兩國民間極度友善的優勢下，說明「臺灣有事」對日本的長遠影響。他認為，隨著中國的軍事威脅與霸權心態愈發現實，日本透過「國會外交」等非政府官方會面的機會明顯增加，這也有助於彼此行政部門的交流更趨務實。

此外，日本軍事行動受制於美國指揮，臺灣國軍及自衛隊私下交流多由美國居中協調，郭育仁認為，「其實日本沒有選擇介入或不介入的自由，」只能追隨美國腳步，在外交辭令上可以對臺模糊，但軍事部署以圍堵中國、協防臺海為目標則必須非常清楚。

陳彥廷也表示：「以前討論『臺灣有事』，日方是研擬臺海開戰後，他們該如何回應？現在則是以『不讓臺灣有事發生』為前提進行規劃。」他相信，未來可以做得更多，中國對抗「第一島鏈」各國的局勢也只會更明朗。

由於西太平洋各國距離近，防空識別區和領海鄰接區多有接壤，目前以「突破島鏈封鎖」為首務的解放軍一旦展開遠洋訓練，勢必行經各國近海，牽動敏感神經。陳彥廷直言，臺海衝突不只影響兩岸，從日韓到菲律賓，甚至遠至澳洲，「所有國家都深陷其中，大家其實都在同一條船上，」他強調，沒有任何一國可單獨跳脫此一局勢。

1　由於二〇二二年九月之前，中華民國國防部都沒有對外公開共機擾臺數據，因此這裡引用的數據，來自美國國會轄下「美中經濟暨安全檢討委員會」(U.S.-China Economic and Security Review Commission, USCC)在二〇二〇年底，呈交給國會年度報告的通報資料。

2　二〇二一年八月一日至二〇二二年七月三十一日。

3　藍水海軍(Blue-water navy)：指能將海上力量擴展到遠洋和深海地區、執行遠征作戰的海軍能力。

2

解放軍如何進逼第一島鏈

——臺海衝突下牽動的美日軍事布局

文字——張鎮宏、柯皓翔、許詩愷；數據分析——柯皓翔、簡毅慧

自二〇一二年開始，中國已超越了俄羅斯——日本昔日的最大假想敵——成為侵擾日本海空域的頭號威脅來源。根據日本防衛省統合幕僚監部（自衛隊的參謀本部）所公布的數據，[1] 二〇一九年以來，日本航空自衛隊每年戰機緊急升空任務，超過七〇％都是為了攔截中國軍機對日本領空的進逼騷擾。

有別於臺海衝突的情景以空軍交戰為主，大海上的戰爭更強調「制海權」，意即派出艦隊長期掌握特定區域，阻止敵方靠近重要的海域、島嶼、港口、機場。因此日本防衛省不只公布

共機路徑，對共艦的跟監資料也比我國國防部公布的更為詳細。

宮古海峽與巴士海峽，第一島鏈的戰略攻防地

透過資料分析，我們可以發現解放軍對於日本海空域的侵擾行動，主要分為兩大熱區：其一是日本與韓國之間的對馬海峽，另一區則是九州南部到臺灣東部海域之間、日本所稱的「南西諸島」（琉球群島）。

解放軍在對馬海峽的頻繁活動，主要目的是要刺探日韓與美軍的動態，因為對馬海峽的兩岸分別是日本、韓國的軍事重地——海峽東北側是韓國的鎮海軍港和釜山海軍基地，海峽西南側則是日本的佐世保海軍基地——這三座基地不僅同時駐有美軍艦隊，美國的核動力潛艦和航空母艦也經常停泊在釜山和佐世保進行作戰演練與補給，無論是臺灣有事還是韓半島情勢生變，日美韓三國的協調與應變都必須倚賴對馬海峽兩岸的部署兵力。

解放軍穿越對馬海峽之後，總會進入日本海沿岸對日本的北陸、北海道地區遠航偵察，例如中國解放軍的電子偵察艦就經常從宗谷海峽、[2]津輕海峽[3]穿越北海道。此外，中國海空部隊也時常與從海參崴出發的俄軍共同繞行日本，甚至重現冷戰時期蘇聯空軍長途飛行、戰略威嚇第一島鏈的「東京急行」（Tokyo Express）。[4]

中國軍事擾日的最大熱區則是琉球群島。琉球群島雖然長度超過一千二百公里，但解放軍的行動又可切分成兩大重點：沖繩本島與宮古島之間的宮古海峽，以及先島群島[5]至臺灣東部海域。

全長近二百七十公里的宮古海峽是第一島鏈上最寬的海域，也是解放軍艦隊從中國沿海往返太平洋深水區的必經之路。無論是中國的核子潛艇進行進入太平洋深潛，還是「山東艦」航空母艦進行遠航測試，甚至在臺灣東部海域進行武嚇演習，解放軍艦隊和隨同護航、或共同演訓的中國軍機，全年都會頻繁地穿越宮古海峽。

解放軍在先島群島西方的行動，主要集中在東海一帶，以釣魚臺列嶼為軸心。這一方面是中國和日本的防空識別區重疊，另一方面是中國海警與日本海上保安廳全年無休地在主權爭議的釣魚臺海域對峙，第三方面則是中國海空軍自二〇二二年以來大舉侵擾臺灣北部與東部海空域，這不僅是對臺施壓，亦為演練解放軍在第一島鏈內的「反介入／區域拒止」能力（Anti-Access/Area Denial, A2/AD）——即軍事上阻止美國及其盟軍趕赴臺海，切斷其戰時馳援臺灣的路線與兵力。

為了尋找「突破第一島鏈」的捷徑，解放軍甚至多次侵入日本領海。自二〇一六年起，中國海軍的海洋測量艦頻繁穿梭於九州南方海域，特別是鹿兒島縣屋久島與口之島之間的吐噶喇

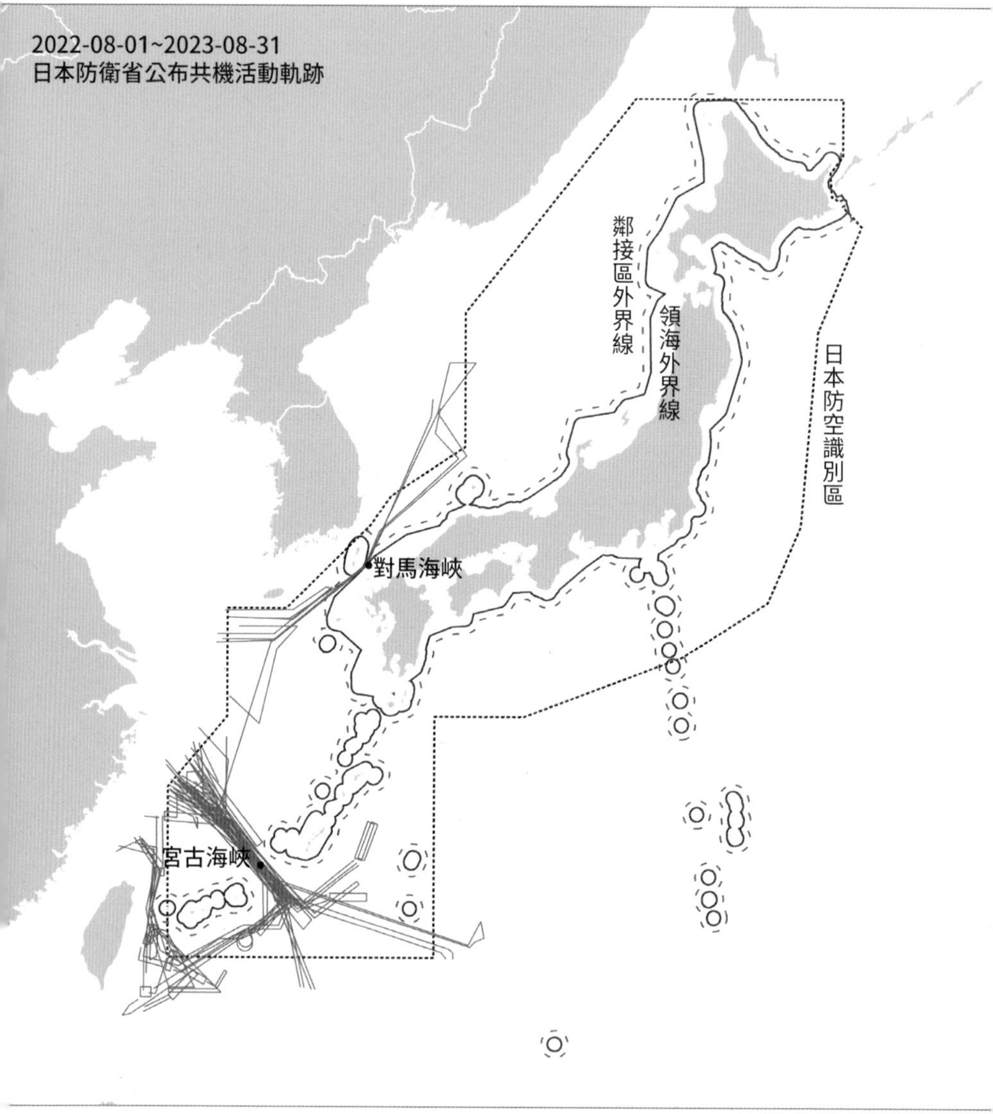

日本防衛省公布之共機軌跡

資料來源：日本防衛省統合幕僚監部，經《報導者》整理。（製圖：柯皓翔／報導者）

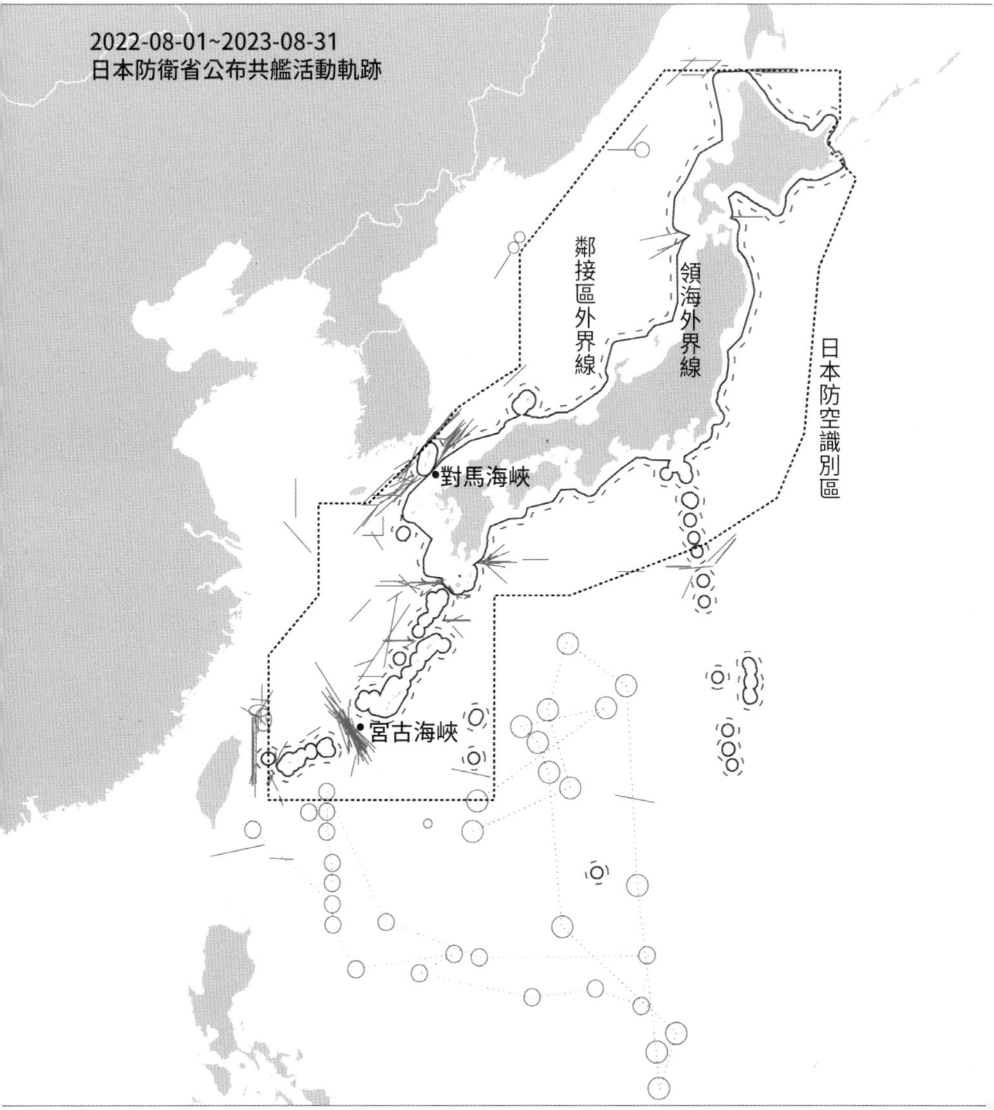

日本防衛省公布之共艦軌跡。太平洋上的圓形軌跡，是中國航空母艦的海上活動位置。
資料來源：日本防衛省統合幕僚監部，經《報導者》整理。（製圖：柯皓翔／報導者）

海峽。儘管該處屬於日本領海，[6] 但解放軍無視日本政府的抗議，[7] 每隔數月便派遣海測艦「緩慢」穿越該海峽，疑似為蒐集日本領海內的海底水文數據。因為吐噶喇海峽與宮古海峽一樣擁有足夠的水深，是中國海軍從上海與舟山海軍基地出發，進入西太平洋深水區的最短路線之一。如果中國潛艇能夠祕密通過該海峽，一旦臺灣開戰，便能預先部署，攔截從太平洋方向駛來的美軍艦隊。

解放軍對日本領海與領空的侵入和試探，也出現日益大膽和頻繁的常態化趨勢。像是二〇二四年八月二十六日，一架中國空軍的運-9電子偵察機闖入長崎縣男女群島近海空域，這是解放軍史上首次侵入日本領空。九月一日，解放軍的一艘海洋測量艦闖入吐噶喇海峽的日本領海，這是自二〇二一年十一月以來，中國在二十個月內對同一水域進行的第十次領海侵犯行動。九月十八日，以「遼寧號」航空母艦為首的六艘中國軍艦，更經過釣魚臺南方，進入日本與那國島與西表島之間的二十四浬領海鄰接區，是解放軍航空母艦第一次駛入日本二十四海里以內。

長期以來，日本對於中國與俄羅斯軍隊闖入領海或領空的行為，大多僅以「口頭警告」並透過外交途徑提出正式抗議。然而，解放軍對日本的海空騷擾不僅愈發密集，還出現了與俄軍聯手測試日本反應的趨勢。像是二〇二四年九月二十三日，一架俄國海軍的 IL-38 海上巡邏機侵入北海道西北方的禮文島領空。儘管自衛隊戰機緊急升空攔截，俄國軍機仍持續盤旋在北海道外圍，並在三小時內連續三次侵犯日本領空，直至日本戰機發射熱焰彈警告，俄國軍機才調頭離開。與此同時，中俄海軍的八艘戰艦也穿越同一海域，經由禮文島一帶往東通過宗谷海峽，在西太平洋舉行聯合軍演。此次俄軍的領空侵犯，因此被日本輿論質疑為中俄協同擾日行動的一部分。

為了回應解放軍不斷升級的軍事騷擾，日本政府也做出重要表態。二〇二四年九月二十五日，日本海上自衛隊的高波級護衛艦「漣號」與澳洲、紐西蘭的海軍巡防艦同日穿越臺灣海峽，前往南海與美國等盟軍艦隊會合演訓——這也是自戰後以來，日本自衛隊第一次穿越臺灣海峽。

日本政府透露，[8] 派遣漣號護衛艦穿越臺灣海峽的決定，是首相岸田文雄與內閣共同做出的決策。此舉一方面是為了牽制中國對日本的軍事騷擾，另一方面也響應了美國、英國、法國、加拿大等盟國的行動，通過軍艦航行的方式宣示臺灣海峽的自由航行權，並以實際行動否認中國企圖將臺灣海峽內海化的爭議主張。

解放軍侵擾日本海空域的目的，主要在於嚇阻駐守臺灣北方的駐日美軍與日本自衛隊；而在臺灣南方的戰略布局，則是為阻礙臺灣盟友藉由巴士海峽介入臺海。近年來，解放軍不僅大

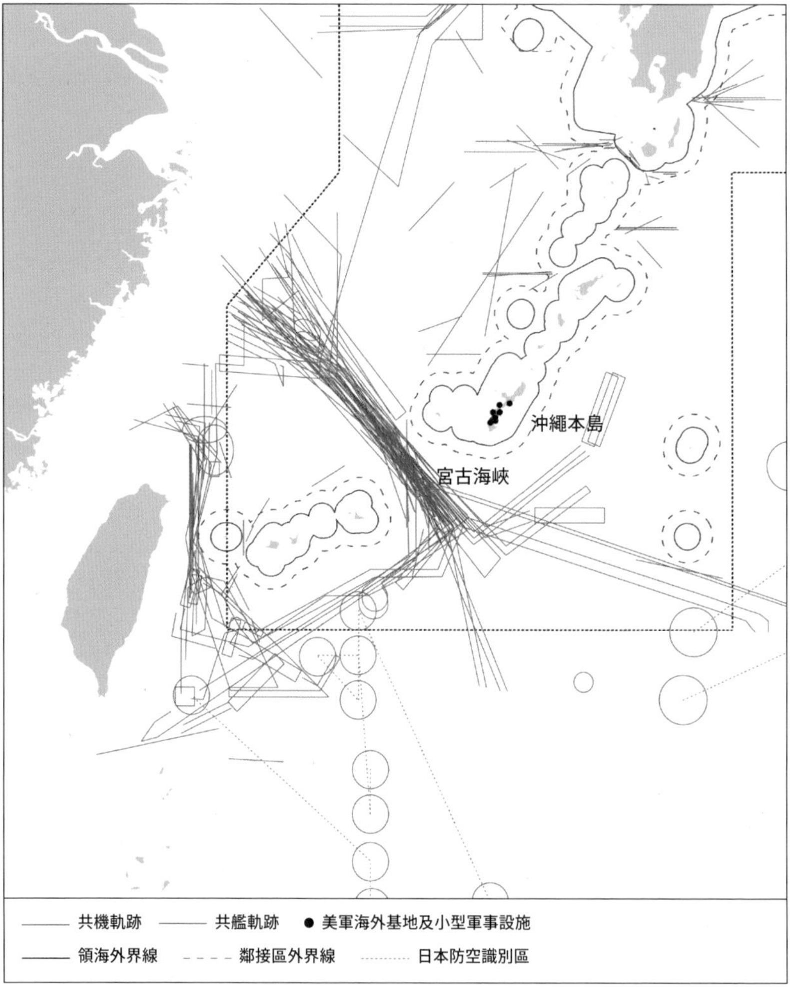

日本宮古海峽附近的解放軍活動軌跡

資料來源：日本防衛省統合幕僚監部、美軍基地資料集取自 Michael A Allen, Michael E Flynn and Carla Martinez Machain. 2021. " US global military deployments, 1950–2020"; David Vine,"Lists of U.S. Military Bases Abroad,1776-2021," American University Digital Research Archive, 2021；經《報導者》整理。（製圖：柯皓翔／報導者）

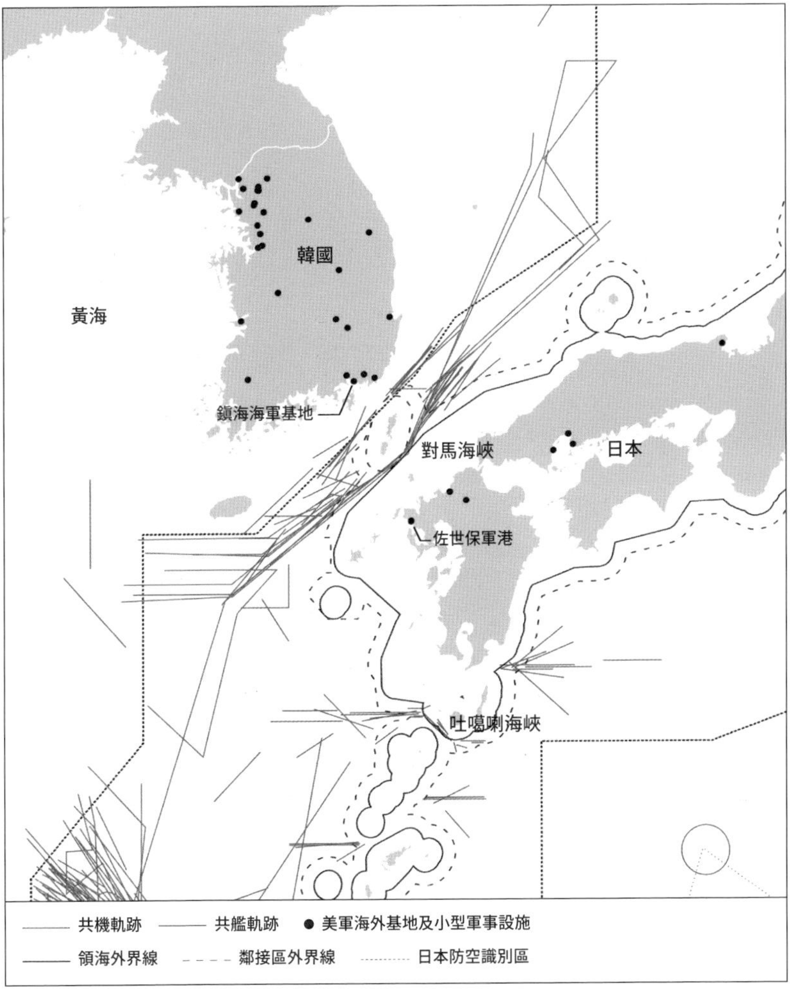

日本對馬海峽附近解放軍活動軌跡

資料來源：日本防衛省統合幕僚監部、美軍基地資料集取自 Michael A Allen, Michael E Flynn and Carla Martinez Machain. 2021."US global military deployments, 1950–2020"；David Vine,"Lists of U.S. Military Bases Abroad, 1776-2021,"American University Digital Research Archive, 2021；經《報導者》整理。（製圖：柯皓翔／報導者）

量出沒軍機騷擾臺灣西南空域，以「山東號」航空母艦戰鬥群為代表的中國艦隊，更經常由巴士海峽進入菲律賓海做軍事演習。

「巴士海峽一直是臺海防禦，甚至是第一島鏈的相對弱點，」指著共軍軌跡圖的陳彥廷向我們解釋：「因為巴士海峽連結南海、菲律賓海與臺灣海峽，海上交通極為繁忙。在冷戰時期，美軍曾在菲律賓呂宋島中部駐紮重兵，像是蘇比克灣海軍基地（Naval Station Subic Bay）曾是美國海軍在亞洲的最大軍港，克拉克機場也曾是冷戰時期美國在第一島鏈南半段的重要空軍據點。但當美軍於一九九二年撤退返國後，菲律賓難以填補美軍留下的國防真空，巴士海峽更因地理與距離因素，成為臺菲美三國監控共軍行動的相對死角。」

與舟山軍港的中國艦隊將宮古海峽視為重點一樣，以海南島為根據地的解放軍南方戰區海軍也將巴士海峽當作進出西太平洋的最快路線。例如，在臺日海域頻繁進行戰訓的山東號航空母艦，即以海南島三亞為母港，當以青島為基地的遼寧號航空母艦頻繁穿越宮古海峽時，山東號則從巴士海峽進入西太平洋。

因應中國軍事崛起，美軍重返菲律賓進行協防

中國將海南島建設成了航空母艦與潛艦部隊集結的海軍要塞，解放軍也在南海大舉填海造

陸、增加空軍與飛彈基地。但面對中國軍事力量的崛起，首當其衝的菲律賓和美國並非毫無反應。

二〇一三年十一月，世紀強颱海燕（Typhoon Haiyan）登陸菲律賓，造成至少六千三百人死亡、近一千萬人成為災民，菲國全境遭遇毀滅性的破壞。面臨天災絕境，時任總統艾奎諾三世（Benigno S. Aquino III）只能向國際社會請求緊急人道救援。美國政府不僅第一個回應菲國的呼救，華府更下令駐日美軍從沖繩、橫須賀與佐世保出動，在海燕剛離開菲律賓的二十四小時內，就啟動「達馬揚行動」（Operation Damayan）[9]挺進菲國救災。

達馬揚行動中，菲律賓的機場、港口、道路運輸都因颱風肆虐而癱瘓，因此美軍不僅得在最短時間內整裝出動，更必須派出先鋒部隊挺進災區現地偵察、設置前進救災基地、調動裝備為重型運輸機清出降落空間。是次經驗，不僅讓美軍藉「救災等於作戰」展現其強大的應變實力，美菲兩國的軍事合作也因此重新升溫，並促雙方於隔年簽署《加強防務合作協議》（*Enhanced Defense Cooperation Agreement*, EDCA），允許美軍在「非常態駐留」的前提下，使用五座菲律賓軍事基地進行聯合訓練。

二〇二三年四月，在菲律賓新任總統小馬可仕（Bongbong Marcos）的全力推動下，華府與馬尼拉就《EDCA》的續約完成簽字，美國不僅能擴大建設並投資美菲共同使用的軍事設施，還能進一步在菲國基地裡預先儲存戰備武器與彈藥。但更重要的是，菲律賓不僅追加開放四座基地供美軍使用，其中兩座基地——卡米洛・奧西亞斯海軍基地（Naval Base Camilo Osias）和拉洛機場（Lal-lo Airport）——更位於呂宋島北部、緊鄰巴士海峽的卡加延省（Cagayan），距離臺灣本島僅約四百公里。

雖然美國華府及菲律賓總統府皆聲明，擴增四座基地的本意是「應對人道救援與氣候危機」，但外界判斷，其選址仍是為防堵解放軍繼續騷擾巴士海峽和南海，就連小馬可仕總統[10]本人都表示，不排除允許美軍從菲律賓基地對潛在的臺海危機進行反應。

事實上，自二〇二三年續簽《EDCA》後，美軍在菲律賓的戰訓演習變得格外高調與頻繁。美軍最先進的F-22、F-35匿蹤戰鬥機幾乎每季都會進入菲律賓進行聯合操演。沉寂多年的蘇比克灣基地也進行了大規模的基礎設施升級，重新整備軍用機場、戰略油庫與彈藥儲存設備。菲律賓與美國每年春季的「堅盾陸戰演習」（Salaknib，以陸軍為主）和「肩並肩聯合軍演」（Balikatan，規模最大，各軍種參演）規模也一年比一年盛大。二〇二三年，美軍就在菲律賓沿岸實施「海馬斯」多管火箭系統（HIMARS）實彈的反艦射擊；二〇二四年，美國陸軍更以參與演習為名，在呂宋島西北沿海部署了可發射中程導彈[11]的「提豐武器系統」（Typhon Weapons System），其射程不僅涵蓋海南島、臺灣全境，甚至中國沿海、乃至北京都在提豐系統

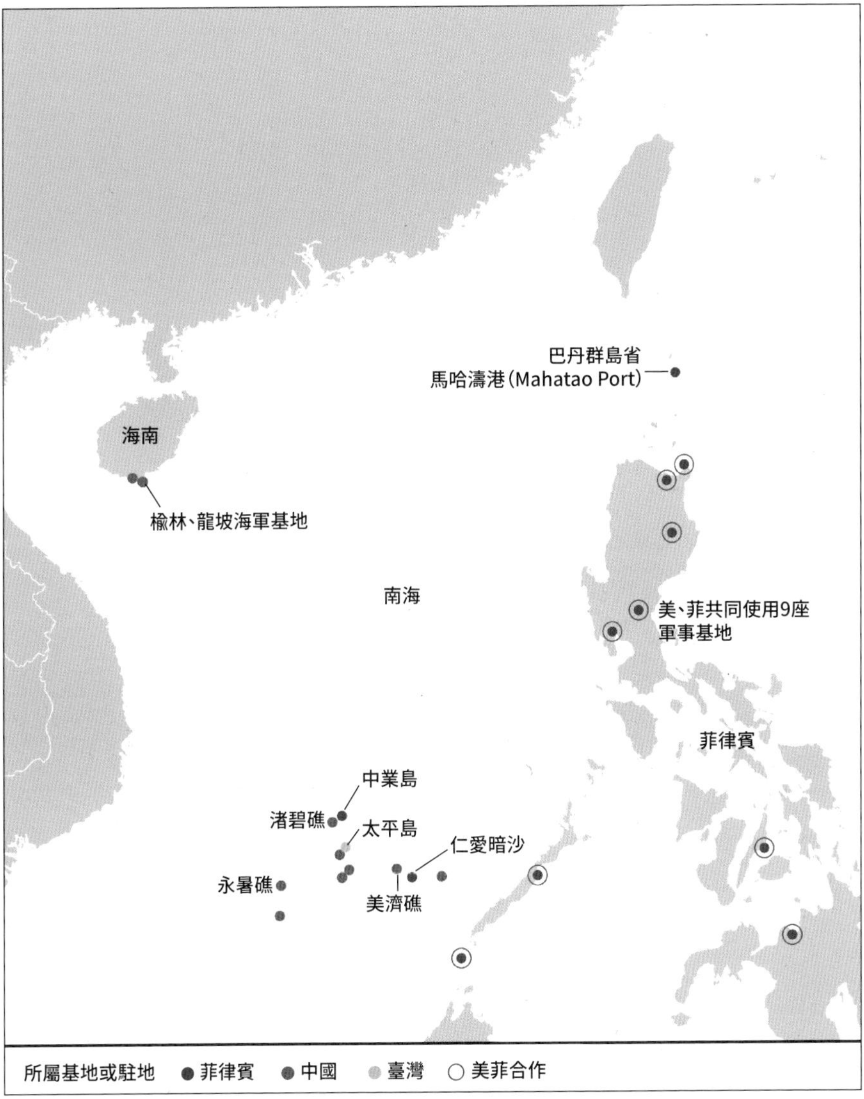

南海情勢與美菲軍事合作分布圖，經《報導者》整理。（製圖：柯皓翔／報導者）

的打擊範圍內。

儘管不是常態駐軍，但美國重返菲律賓的大動作布局——特別是中程導彈系統的部署——卻讓北京極為緊張與惱火。中國外交部不僅強烈抨擊美菲兩國的聯合軍演「是引入區域外勢力進入南海炫耀武力的嚴重挑釁」，[12] 時任中國國防部長董軍更在二〇二三年香格里拉對話（Shangri-La Dialogue）上，公開譴責美國在菲律賓的軍事部署給亞太地區帶來了巨大的戰爭風險，「這樣的做法，終將會引火燒身。」董軍說。[13]

美軍強調，部署在呂宋島北部的提豐系統僅是配合美菲聯合軍演的暫時性措施，軍演中並未進行飛彈發射，其主要目的是為了實兵驗證「空運提豐系統的戰術彈性」。

過去，美國受限於《中程飛彈條約》（*Intermediate-Range Nuclear Forces Treaty*）限制，無法研發和持有射程五百至五千五公里的中程導彈。但中國不僅沒有加入這項限武條約，解放軍更部署了數千枚針對第一島鏈——包括瞄準臺灣的上千枚飛彈在內——作為實施 A2/AD、阻止美軍進入西太平洋的中程導彈。直到二〇一九年美國總統川普（Donald Trump）宣布退出條約，這才使美軍能師敵之長技以制敵，將新型的中程飛彈系統部署在第一島鏈，以狙擊解放軍跨入西太平洋。

事實上，美國軍方正積極調整其在西太平洋的戰鬥編制，像是美國陸軍正在實驗中的多領域特遣隊（Multi Domain Task Force, MDTF）、以及海軍陸戰隊在夏威夷和沖繩陸續成軍的陸戰隊濱海團（Marine Littoral Regiment, MLR），都是能應緊急狀態在第一時間便部署至西太平洋前線的獨立戰鬥單位。他們的專長是在第一島鏈的各個島嶼之間快速「跳島作戰」、轉換陣地，並且裝備了能發射防空、反艦、甚至地對地導彈的海馬斯或提豐系統。這些部隊不僅能有效限制中國海空軍在第一島鏈的行動，也能為美國和盟軍主力爭取最關鍵的馳援時間。

灰色衝突策略對於臺灣國防的消耗

「解放軍逐步加強騷擾的方式，正好符合中國長期實施的『切香腸戰術』（Salami Tactics），意即漸進式侵犯不同區域，在非戰爭時期消耗臺灣的裝備妥善率與人力，最終達到削弱臺灣國防的遠程目標，」陳彥廷邊指著臺灣周遭愈來愈密集的共機軌跡圖，邊做出結論：「這即是中共慣用的『灰色地帶衝突』。」

在共軍擴大擾臺之前，臺灣國防就已為因應「中國擾臺」而付出了可觀的資源消耗。時任國防部長嚴德發在二〇二〇年十月於立法院報告中表示，[14]當年一至十月之間，中國出動二百五十三架軍機侵擾臺灣空域，臺灣空軍也因此派出二千九百七十二架次戰機進行監偵攔截。空軍為此耗費的成本高達新臺幣二百五十五億元，若再加上海軍監控共艦的五十億元支出，臺灣回應中國海空擾臺的資源消耗就高達三百一十二億元，合計占該年國防總預算的八．七％。

二〇二二年以來，中國海空繞臺的數量增加了將近十倍，除了負責攔截任務的國軍海空將士疲於奔命，臺灣的戰機與軍艦也因為密集出勤，面臨沉重且迫切的武器壽期與後勤維修壓力，無論是預算比例、還是機艦數量，臺灣都不可能繼續用相同比例的力量攔截解放軍。

然而，中國侵門踏戶的騷擾規模持續擴大，臺灣該如何應對卻莫衷一是。

傳統觀點認為，解放軍的擾臺行動，不僅將強化中國對臺海主權的宣稱，距離臺灣本島愈來愈近的共機與共艦，也將壓縮臺灣國防的反應彈性和緩衝空間。若臺灣無法對共軍的進逼做出有效反應，中國的灰色地帶衝突可能會趁機深化，解放軍的「繞島巡航」更可能演變為無預警的突襲，造成難以挽回的防衛漏洞。

「臺灣海峽最窄之處只有七十海里，若行動範圍還限中線以西，我們應對解放戰機侵擾的空間就更為有限，」一名不願具名的退役軍官向我們解釋，二〇〇〇年代臺灣空軍的戰備規定是正面四十海里，「就是說中共軍機朝我正對面飛來，當雙方距離進入四十海里內，此時國軍戰機就該做接戰準備，包括丟外載、準備飛彈、甚至直接開火，總之就是要以『敵機來襲』為行動預期。」然而在二〇二二年以後，共軍不僅常態性跨越中線，被國軍偵測到的離臺距離也時常在四十海里以內，[15]「臺灣空軍的反應空間變得愈來愈緊迫，甚至有共機故意試探，壓到正面二十海浬才掉頭脫離的狀況。但在國際現實中，我們幾乎沒有『第一擊』的主動性，所以國軍飛官只能在臺海中線日復一日地做著最壞的準備，為臺灣承擔極大的壓力。」

但另一部分意見則強調，臺灣不能被中國的灰色衝突策略牽著鼻子走，面對擾臺數量暴增的中國部隊，臺灣政府、軍方與社會大眾，必須重新修正國防視角——前美國副國家安全顧問博明（Matthew Pottinger），即是主張此一立場的重要聲音。

中國的軍事恐嚇是對臺灣和平時期的意志挑戰

五十一歲的博明，是美國政壇最強悍的「對中鷹派」之一。記者出身的他，曾為《路透社》和《華爾街日報》派駐中國七年，之後卻轉換跑道加入美國海軍陸戰隊。二〇一六年，博明被推薦為川普總統的副國家安全顧問，在白宮任職期間，他不僅負責美國的印太戰略與中國政策規劃，如何嚇阻中國武統臺灣的野心，亦是博明最重視和長期參與的關鍵議題。

二〇二四年六月，博明與前白宮國安會亞洲事務副資深主任簡以榮（Ivan Kanapathy），特別以宣傳新書《沸騰的護城河：保衛臺灣的緊迫行動》（暫譯書名，*The Boiling Moat: Urgent Steps to Defend Taiwan*）之由再度訪臺，他們先是拜會了才剛就職不久的賴清德總統與臺灣政府的國安團隊，接著又在臺北舉行了兩場記者會，希望以「國際友人」的立場，強調臺灣國防改革的迫切性。

在臺美國防交流中，博明與簡以榮雖已非現役官員，但他們具備白宮層級的國安經驗，且深諳臺灣的戰略處境，因此他們既能向華府與國際政界清楚說明「為什麼世界必須守護臺灣安全」，也能以資深官員的身分闡明那些「美國不便以官方立場明說」的重要觀點。

博明在記者會中告訴我們，儘管俄國入侵烏克蘭後，臺灣的國防改革速度有所提升，但他仍認為，無論是應對解放軍海空擾臺的灰色地帶衝突，還是習近平可能對臺動武的戰爭威脅，臺灣在防衛策略上應更加實際、彈性，甚至要做好「壯士斷腕」的取捨決心，才能有效應對中國的攻臺威脅。

兩人強調，雖然解放軍日益頻繁的海空擾臺，已為臺灣帶來極大的政治與心理壓力，「但除非臺灣不戰而降，否則中國光靠灰色地帶衝突，是不足以征服臺灣的。」博明以中國時常恐嚇的「封鎖臺灣」為例，強調解放軍雖擁有數倍於臺灣的海空兵力，但在軍事現實與政治層面上，中國根本不可能對臺灣實施有效的封鎖禁運。一方面是因為包圍臺灣所需要的艦隊數量與成本太高，另一方面則是所謂的「馬六甲困境」（Malacca Dilemma）——因為中國八〇%的能源進口和九〇%的對外貿易都必須倚賴海路運輸，所以解放軍封鎖臺灣所造成的東亞海運中斷，反而是自我傷害中國經濟、甚至衝擊內部穩定。

「我在白宮任職期間，曾為了封鎖北韓從海上走私石油而大傷腦筋，但就算美國、日本、南韓、加拿大和澳洲聯手出擊，我們的海上禁運仍擋不住北韓在西太平洋的走私貿易，」博明坦率地以美國的失敗經驗為例，「如果連北韓的黑市船團都能突破封鎖、出入西太平洋猶如自家市集，很難想像中國能有辦法有效封鎖臺灣。」

博明強調，中國武力征服臺灣的唯一手段，就是發動地面入侵、進行占領作戰。但臺灣得天獨厚的地理條件──特別是易守難攻的臺灣海峽──卻讓守備方極具優勢。因此只要適當強化後備訓練與國防韌性，臺灣就能最大程度地降低中國攻臺成功率、甚至嚇阻北京武力犯臺。

「臺灣不能也不該與解放軍進行『數量』上的對抗，」曾是戰鬥機飛行員的簡以榮，過去曾是美國海軍戰鬥機武器學校、也就是大名鼎鼎的「TOP GUN」飛行教官。他過去隨美軍陸戰隊多次駐守東亞，也曾在臺北工作三年、擔任美國在臺協會（AIT）的駐臺武官。簡以榮指出，光就數量而言，解放軍目前擁有全世界最龐大的海軍，戰鬥機數量亦五倍於臺灣。假若國軍持續以傳統方法──戰機緊急升空驅離每一架可能跨越臺海中線的共機，軍艦出動跟蹤每一艘接近臺海的共艦──臺灣遲早會被解放軍的切香腸戰術拖跨。

「面對中國挑起的灰色地帶衝突，臺灣沒有簡單的化解方法，唯一能做的就只有兩個關鍵字：『沉著耐性』（Patience）和『轉化觀點』（Perspective）。」簡以榮在書中指出，解放軍對臺灣的海空侵擾，應該被看作是「危險的政治宣傳」，對臺灣生存的實質威脅有限。假若中國真要發起攻臺行動，除了中國長期瞄準臺灣的大量飛彈，解放軍海空軍擁有的火力射程，也沒有必要冒著被臺灣反擊火力痛打的風險闖越臺海中線。因此中國對臺的軍事演習與大規模海空侵擾，最主要的目的仍是「隔山打牛」，對美國、甚至日本做外交示威。

雖然對臺灣的物理性威脅有限，但中國在臺海的切香腸戰術，確實有強化其「三戰」——心理戰、輿論戰和法律戰——的作用。簡以榮舉例，假若國軍在攔截穿越臺海中線的解放軍戰機時，雙方發生空中碰撞意外，中國可能就會輕易取得「懲罰臺灣」的對內藉口，從而推動北京早已設計好的劇本升級。

「軍事事故可能成為戰爭的藉口，但不會是原因，」博明強調，綜觀戰爭歷史，幾乎不存在「擦槍走火導致的意外戰爭」，開戰的決策往往都是早已謀劃的有意為之。但臺灣特殊的國際處境，卻讓國軍必須加倍謹慎地應對每一次的交鋒危機。

以解放軍大舉穿越臺海中線為例，簡以榮認為：臺海中線的概念是冷戰時期駐臺美軍留下的政治遺緒，臺灣如果堅持要固守中線，在國際法與國際慣例上其實很難站得住腳。更何況，美軍與其盟國也時常在中國的防空識別區內來去自如。假若臺灣與解放軍在中線以東發生軍事衝突，臺灣可能很難說服國際輿論同情，更不容易以明確而能引起世界共鳴的方式，迅速宣告並證明臺灣正在遭遇中國的「入侵」，因此中線概念不僅不利於臺灣防守、反可能讓中國有進一步煽動國際認知作戰的空間。

如同臺海中線是政治所定義的邊界，簡以榮也建議在共機擾臺的應對上，臺灣應該「以退為進」，改以臺灣本島與其附屬島嶼的十二海里領海與二十四海里鄰接區外界線，作為「臺灣國防回應區」，這不僅能擺脫中線向來複雜且矛盾的模糊問題，在爭取國際同情並凸顯中國侵略者行為時，臺灣也才能更直觀有力地強調國軍自我防衛的合法與正當性。

博明也舉另一個遭遇中國海上騷擾的國家為例：菲律賓。儘管菲律賓的軍事力量與外交影響力遠低於中國，但在南海主權問題上，菲律賓先是以二〇一六年的南海仲裁案於法律戰上駁倒了中國，並取得合法性背書，菲律賓政府更從二〇二三年開始展開「主動式透明策略」（Assertive Transparency Strategy），以影像證據公開中國海警與解放軍，在南海爭議海域內對菲律賓軍方船艦、漁民的暴力騷擾，對外呈現了那些高壓水炮襲擊、高危險性的海上衝撞攔截、艦隊包圍挑釁叫罵，甚至是中國海警登上菲律賓補給船以斧頭、長毛與刀械棍棒壓制菲國軍人的畫面。

菲律賓的主動式透明，高調曝光了中國在南海的橫暴行為，不僅讓中國的灰色衝突手段面臨國際社會與南海周邊國家的巨大壓力，還為菲律賓贏得了國際正當性，成功為美國、日本等國際盟邦打開了外交支持與軍事援助菲律賓的介入空間。

「這幾年，我來了臺灣很多次，有一句我學到的臺語讓人印象很深，叫作『軟土深掘』。你知道列寧（Vladimir Lenin）也有相同的名言，『刺刀探地，如果你找到軟肋，就繼續前進；如果碰上鋼鐵，就退後放棄』，意思是不要表現出軟弱，否則人們會利用你，這後來也成為布爾什維克革命和蘇聯國家戰略的隱喻。我認為這句話，也很適合敘述在面對中國的軍事威脅時，美國與臺灣共同遇到的困難現況。」博明努力向我們講出仍顯生硬的臺語單字。

「或許是因為我們已經許久沒有經歷過重大戰爭，因此失去了應對霸凌者和侵略者的本能反應。我們太容易自我退縮，甚至責備受害者，但這種行為只會引發新的危機。例如，西方世界曾經質疑過北約東擴，並為了對莫斯科示好而限制對俄國周邊國家提供武器，但最終，俄羅斯卻在這些『善意』的縫隙中入侵了烏克蘭，」博明表示：「我們應該從歷史，尤其是現代歷史中學習，增強信心，展現更多決心，並連結更多盟友來提高對北京的威懾力。」

「我想提醒臺灣的是，自信是具有感染性的（Confidence is contagious）。對於極端狀況準備得愈充分，你們就會愈有自信。而愈有自信，則會讓你們更堅強，並開始號召其他人站在你們這邊，」博明在記者會上強調：「臺灣要如何強化國防嚇阻能力？首先是不要驚慌。你看到中國最近在臺灣總統就職典禮後又發動了環臺軍演，但這只是心理戰，這些武力恫嚇不僅無法控制臺灣，更沒有達到中國希望的對臺勝利。北京有時會希望我們習慣於這種『新常態』，臺灣固然要避免落入對方的陷阱，但首先，我們不能畏懼、不能退縮。」

「臺灣擁有得天獨厚的絕佳防禦條件，臺灣海峽就是你們最忠實而強大的盟友。只需要下定決心，在和平時期做出一些不那麼舒服、甚至有所犧牲的關鍵決定以鞏固國防威懾力，臺灣就有很大機會能避免戰爭的發生，」簡易榮也跟進表示：「保衛臺灣，其實是一場和平時期的意志挑戰。因為臺灣安全的關鍵，就在還有時間準備的『現在』，而不是在解放軍飛彈襲來的時候。」

1 https://www.mod.go.jp/js/activity/domestic.html
2 北海道北方與庫頁島之間的海峽。
3 北海道南方與日本本島之間的海峽。
4 冷戰時期蘇聯空軍的戰略轟炸機、巡邏機和偵察機對日本空域進行侵擾的行動。蘇聯飛機通常穿越北海道進入西太平洋，緊貼日本領空南下，有時甚至侵擾琉球群島、臺灣東部和菲律賓，最後在越南金蘭灣基地降落，完成對「第一島鏈」的戰略偵察與威嚇。由於這些行動經常逼近東京，且多數在每星期三的固定路線上進行——就像電車班次一樣——因此美軍和自衛隊才稱之為「東京急行」。

5 大致包括宮古島、石垣島以及離臺灣最近的與那國島等地。

6 雖然《聯合國海洋法公約》授權包括軍艦在內的所有船艦均享有「無害通過」他國領海的權利，但大部分國家仍會要求軍艦進入必須事先告知。進入日本領海的解放軍海測艦不僅沒有事先通知，更涉嫌在日本領內測量水文，其行動出現固定模式引發日方高度關注且嚴重不滿。但中國外交部卻反駁，稱吐噶喇海峽是國際海峽，因此日本無權置喙中國的行動。

7 從二〇一六年六月解放軍第一次穿越吐噶喇海峽開始，截至二〇二四年九月為止，已知中國軍艦十三次在該處侵入日本領海。

8 〈海自護衛艦「さざなみ」が台湾海峡を初通過、岸田首相が派遣指示…軍事的威圧強める中国をけん制〉，《讀賣新聞》，二〇二四年九月二十六日。

9 Damayan 為菲律賓的他加祿語，意指「互相幫助」。

10 Marcos says Philippines bases could be 'useful' if Taiwan attacked, *Reuters*, 2023-05-05.

11 射程在一千公里以上、三千公里以內即為中程導彈。

12 PH-US war games a provocation, says China, but AFP disagrees, INQUIRER.net, 2024-08-27.

13 Philippines says US mid-range missile system to be pulled out, *The Straits Times*, 2024-07-04.

14 〈監偵共軍侵擾花 312 億元 國防部滾動檢討編列預算〉，《中央社》，二〇二〇年十月七日。

15 國防部公布的共機擾臺資料，是以國軍基準偵測位置，像是基隆、鵝鑾鼻為起點距離，但並不代表共機真正接近臺灣本島陸地的絕對距離。

【專欄】地圖、政治、話語權

——解放軍活動軌跡數據背後的隱含訊息

文字——柯皓翔、簡毅慧

自二〇二〇年九月以來，國防部定時在「即時軍事動態」網頁專區公布解放軍的活動情形，內容包含飛航日期、機型、架次、軌跡示意圖與我軍應對作為。同時，日本防衛省統合幕僚監部也定期發布報告，追蹤解放軍在西太平洋的動態。過去幾年，臺日官方公布的資料廣被國際媒體及研究智庫引用，這輔助人們更清楚地理解臺海局勢；當這些散布在新聞稿中的資訊累積為資料集之時，也讓各國研究者能進一步觀察、分析共軍行為變化，從中解讀中國的戰略邏輯與意圖。

二〇二三年十月，我們所推出的島鏈專題，便是基於上述起心動念而製作，數據團隊不僅統整了二〇二二年八月以降國防部公布的解放軍機、艦數量，更手動描繪共機軌跡、深入分析其活動的歷時性變化。此外，我們也整合了日方資料，補足臺灣未公告的中國海上軍情動態，並描繪出解放軍在西太平洋更完整的活動輪廓。

不得不承認，在官方僅提供圖檔格式的前提下，人工重新描圖確實是一件勞動密集的苦差事。我們前後共動用超過五位人力建立及維護資料——因為國防部公布的上百張軌跡圖檔存在許多格式差異，如圖片尺寸不同、解析度品質不一，我們很難透過簡單程式碼就將軌跡自動化取出，而要適度借助「工人智慧」。

在諮詢新聞同業經驗並歷經數次試驗後，我們最後採取「半人工、半自動化」的方式，以四個步驟處理軌跡資料：爬蟲、影像辨識、手工描圖、圖資轉換；過程中使用 Python、ChatGPT、Figma 與 QGIS 等工具才得以實現。

其中，「空間對位（Georeferencing）」是相當關鍵的處理技術，我們靠著地圖中的地形輪廓、防空識別區等特徵進行程式運算，才得以復刻出手繪軌跡的經緯度，最終將一天天的圖檔轉換為可再利用的地理圖資檔案、方便做套疊比對。團隊不僅在 Medium 撰文[1]分享上述工法，也把清乾淨的資料成果公開在 Github 平臺[2]上，讓需要的新聞同業與研究者得以近用。

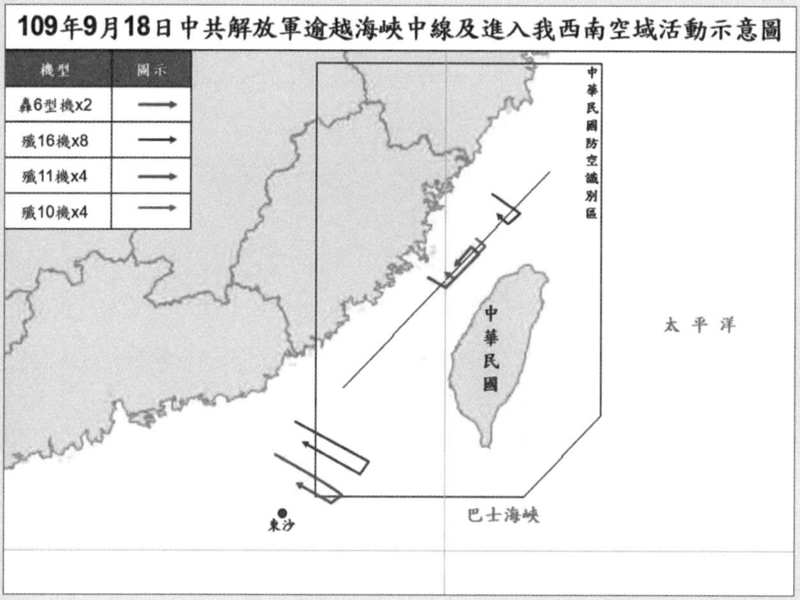

二〇二二年九月十八日起，國防部開始例行性公布共機活動軌跡。（圖片來源：國防部）

這樣的資料建置工作是分析前的「基礎工程」，由於官方公布的軌跡畫法會隨兩岸情勢「滾動調整」，如何從不同版本地圖中擷取關鍵訊息，成為一大考驗。

不斷改版的示意圖

二〇二四年一月十六日，臺灣完成總統大選的三天後，國防部指出，因威脅樣態不斷變化，為了精進公布方式並避免受敵人影響，三年多來的示意圖畫法出現大幅度調整——首先，不

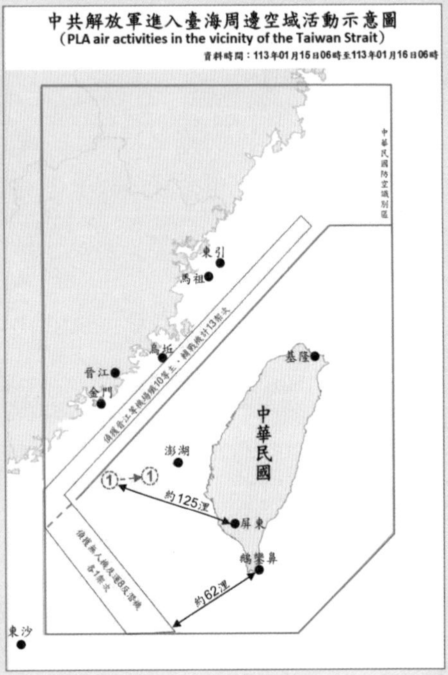

二〇二四年一月十六日起，國防部示意圖大幅度改版，以多邊形活動範圍取代航跡。（圖片來源：國防部）

再詳細公布各機型的航跡線及數量，而改畫「多邊形」示意活動範圍；其次，地圖上開始標注共機與臺灣本島的距離；第三，原本海峽中線僅為一條東北至西南走向的實線，新版軍事動態圖則在北端增加一條水平實線，南端則在原延伸方向增出虛線。

此外，這幾年國防部公布的偵獲標的也不斷更新且愈趨細緻。例如，二〇二二年八月二日至三日，美國眾議院議長裴洛西訪臺，國防部於八月六日起開始公布共艦艘次，但除了於幾次大型軍演時曾以示意圖說明，國防部並沒有同步公開共艦的活動「位置」。二〇二三年十二月八日，國防部首次公布偵獲的中國空飄氣球軌跡；二〇二四年五月二十二日、七月十六日，國防部也分別首次公布中國海警船與公務船的數量。

國防部的改版讓外界看到部分即時軍情資訊更加精確、但有些部分反被模糊化，但敏感問題也因此逐漸浮現。例如二〇二四年八月七日，國防部公布的軍情示意圖顯示共機活動範圍距離屏東鵝鑾鼻東北方約三十三浬，若將該範圍與臺灣十二浬區域套疊，可能會給人共機進入「內水」（即領海基線內）的錯覺——如果敵軍真的進入我國領海，甚至內水，將涉及行使自衛權的討論。

事件過後，國防部先是從八月十日起，在示意圖上壓上「本圖非按實際比例顯示」，九月二日起，則再度改版、把該警語取消，並加上更精細的經緯度格線及十二浬、二十四浬線。這種做法被認為是參考日本模式，跳脫了過去防空識別區的傳統框架，意味著未來國防部公布的活動範圍可能會

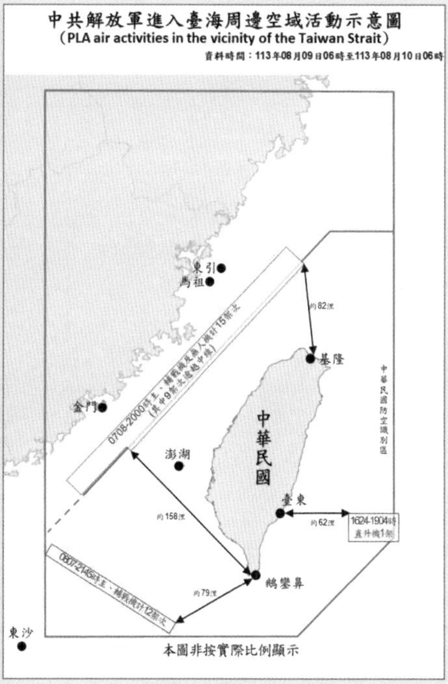

二〇二四年八月十日起，國防部在示意圖加上「本圖非按實際比例顯示」字樣。（圖片來源：國防部）

在繪製和解讀上更加精確，外界有望從中獲取更多具體訊息。

一個事件，兩種地圖

除了例行性公布的活動軌跡資料外，若發生大型軍演或者突發事件，臺海軍情地圖及活動軌跡的繪製與資訊解讀，更多了敏感的政治與戰略色彩，也成為新聞媒體報導的一大挑戰。

例如賴清德就任總統後，二〇二四年五月二十三日上午，中國人民解放軍東部戰區宣布一連兩天進行「聯合利劍—2024A」演習。是次軍演的活動範圍不僅「包圍臺灣」，更首次包含金門和馬祖等離島。值得注意的是，中國官方這次的軍演範圍是直接公布一張沒有清楚地理數據的示意圖，而不像二〇二二年裴洛西來臺時，由《新華社》發布授權公告、詳列軍演區域的經緯度。

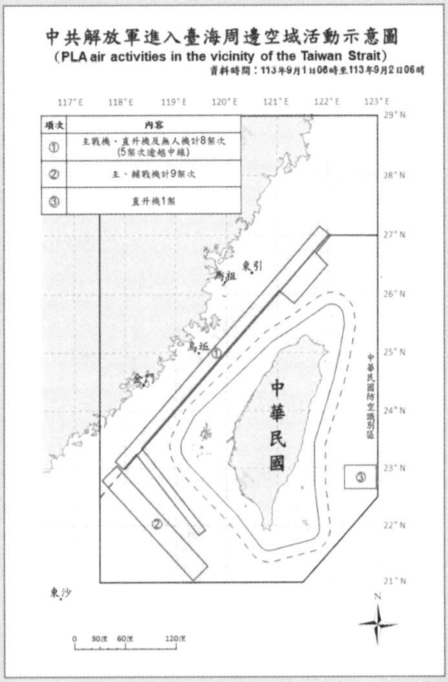

二〇二四年九月二日起，國防部新增經緯度格線及十二浬、二十四浬線。（圖片來源：國防部）

如果以「空間對位」的方式試圖復刻軍演範圍，可以發現到中國官方的軍演範圍示意圖已經進入本島二十四浬鄰接區之內；不過臺灣國防部記者會中展示的示意資料，卻顯示中國軍演區其實並沒有跨入臺灣鄰接區，而是緊貼在二十四浬線「之外」。此一做法似有為局勢「降溫」的澄清之效，就連美國智庫CSIS也曾撰文[3]討論此現象。

一線的內外之隔，似乎透露不同的緊張程度。臺海雙方的高層考量雖然難被外界得知，但我們可以思考的是：每一張軍情動態的地圖背後，都可能隱含著更多層次的軍事角力和戰略攻防。地圖資訊的精準或模糊，都反映發布者的政治思考，以及對民心士氣與戰略話語權的運籌帷幄。隨著臺海局勢的變化，我們仍將繼續看到這些軍情圖資的動態調整，這也考驗著新聞從業人員如何洞察其中的訊號，將複雜的軍事資訊轉譯給讀者，在不過分誇大軍事情勢的狀態下，幫助臺灣社會更冷靜且現實地判斷我們所面對的安全風險與真實處境。

---

1 詳見〈AI、Python與手工業，我們如何處理台灣+日本超過400張共軍軌跡圖？〉，《報導者》Medium，二〇二三年十月二十七日。

2 https://github.com/data-reporter/PLA_Path_Database

3 How Is China Responding to the Inauguration of Taiwan's President William Lai?, ChinaPower Project, 2024-05-23.

3

每路關鍵援兵都經過沖繩

——在日本最前線，詳解「臺灣有事」臨戰劇本

文字——張鎮宏；共同採訪——許詩愷

無論是強化軍備還是兵棋推演，日本針對「臺灣有事」的戰略布局，都指向被包夾在中國、美國與臺灣之間的沖繩。但在國際應變臺海危機的戰略劇本裡，沖繩處於什麼位置？當西太平洋局勢進入新冷戰對峙的此刻，沖繩的基地現場又如何感受「臺灣有事」的緊張氣氛？

嘉手納現場：戰機二十分鐘可抵達臺海上空

位於沖繩本島西部，擁有兩條三千七百公尺跑道的嘉手納空軍基地（Kadena Air Base），是

美軍最重要的海外據點之一。在沖繩仍受美國託管時期，[1]中華民國空軍經常飛來嘉手納協同美軍訓練。地方臺僑耆老們回憶，當年的國軍飛官演訓之餘，都會在沖繩大肆採買家電日用品，再拉上演訓軍機「帶貨」返臺，一直到一九七二年沖繩主權回歸日本、日本也於同年宣布斷交不再承認中華民國為止。

但不變的是，沖繩嘉手納基地距離臺北不到六百五十公里——緊急狀況下，美軍戰鬥機只需二十分鐘，就能飛抵臺灣上空。

「沖繩美軍的飛行訓練，大多分成早中晚三批起飛。在你們來之前，才剛有一批F-15戰鬥機完訓降落。」在嘉手納空軍基地旁的觀景平臺，接受我們採訪的平良先生（化名），是沖繩最資深的軍事攝影記者。三十多年來，平良先生每天都守在沖繩的各大基地外，為各國媒體捕捉軍機畫面。而他長年累積的「基地經驗」，也成了西太平洋局勢的體感指標。

但國際政治的氣氛變化，確實讓資深基地攝影師的工作變得更敏感。平良先生堅持匿名受訪，也拒絕留下足以辨識身分的影像與紀錄，因為光是拍攝美軍戰機這件事，就讓他時常被美日雙方的保防單位請去喝咖啡，甚至被問有沒有發現形跡可疑的「某國人士」在基地周遭出入。他強調，自己在工作上不曾踰矩或做違法的事，「但在美軍基地外，你真的不知道身邊會有什麼人。」平良解釋，所以沖繩基地攝影師們發給媒體的新聞照片，也時常以「讀者提供」帶過，「畢竟在基地裡，少不了那些敏感的畫面與不好明說的事。」

嘉手納觀景臺一年四季都會聚滿各地來的觀光客與業餘攝影愛好者，大家的快門與目光大多聚焦在外型帥氣、性能強大的戰鬥機部隊。但對於本地的軍事記者，基地攝影的重點不在於照片好不好看，而是有沒有記錄到美軍基地的「特殊動態」。平良邊解釋邊指向遠方的停機坪，「在跑道那頭，是澳洲空軍的海上巡邏機和加拿大空軍的反潛機。這幾年，外國軍機出現在日本的機率愈來愈高，而沖繩更是其中熱點。」

平良先生表示，二〇二二年秋季起，美軍開始大動作調整嘉手納的戰鬥部署，常駐沖繩超過四十年的老舊 F-15C/D 戰鬥機被召回美國本土，常駐戰力因此大幅縮減。但美軍撤走常駐戰機後，嘉手納基地的戰力部署不僅沒有變弱，沖繩的天空反而變得加倍「熱鬧」。因為嘉手納基地不僅迎來了世界各國的演訓軍機，美軍更從阿拉斯加、夏威夷或美國本土派出 F-16、F-22、F-35 等更為先進的戰鬥機，以短期輪調的方式，接棒進駐沖繩支援戰力。

對於沖繩民眾而言，暴增的基地噪音通報，就像「戰鼓」一樣，是美國正在第一島鏈強化軍事部署的體感指標——以二〇二三年一至二月為例，沖繩美軍基地的軍機噪音通報數量，就比起前一年度平均值飆升二七〇％，這一方面代表美軍新型戰機的操駕性能更為猛烈，另一方面則顯示美軍戰機出入沖繩的數量與訓練強度正大幅增強。

一架美國空軍第十八航空隊的 F-15C 鷹式戰鬥機自嘉手納基地起飛。這批 F-15C 從一九七九年就駐守在沖繩，是見證東亞局勢的資深老兵。（攝影：楊子磊／報導者）

「週末的沖繩通常比較安靜，因為嘉手納的空中操課只到星期五。星期六、日和國定假日，美軍固定放假，戰機部隊不出任務。」平良先生說：「在嘉手納，唯有一支部隊日夜出動、全年無休——RC-135 電子情報偵察機——每天最少兩架次起飛，一架監控北韓動態，另一架固定飛往中國沿海。」

沖繩的中國軍情感測器：電偵機起降與那霸機場掛彈起飛的緊急攔截

從嘉手納出發的 RC-135 電偵

機，總是頻繁出現在臺灣海峽、臺灣西南空域、南海上空，是近幾年臺海新聞的常客，也是最常與解放軍戰機發生空中對峙的主角之一。它的體積約略是中型客機的尺寸，外觀特徵是大而突出的黑色機鼻雷達。

事實上，沖繩早已成為美軍監控中國動態的主要基地。除了外型醒目的 RC-135 外，各型空中預警機、無人機，都從嘉手納出發，日夜不停地往臺灣周邊執行任務；此外，美軍也將中國電偵任務外包給民間國防承包商，這些外包電偵機沒有軍用塗裝、外表毫不起眼就像一般商務噴射機，但機上卻裝滿了可以監控電波與海上活動的精密偵蒐設備，它們會定期派駐於嘉手納基地，並往中國沿海執行各種監控任務。隨著中國軍事擾臺強度加大，這些「美國民間間諜飛機」近年更頻繁出現在巴士海峽和臺灣西南空域，並經常隨美軍機隊與擾臺的解放軍對峙周旋。

平良先生一邊比手畫腳地解釋著 RC-135 情蒐中國軍事電波的任務，一邊表示：相較於戰鬥機的起降動態，RC-135 的出動頻率與任務路徑，反而更能反應臺灣有事的氣氛等級。

但他也強調，過去幾年來，沖繩確實感受到了解放軍威脅的明顯升級，不過真正直面中國壓力的部隊，其實並不是駐日美軍，而是駐紮在沖繩那霸機場的日本航空自衛隊（下稱：空自）。

日本防衛省統計，[2]二〇二二年自衛隊一共執行了七百七十八次戰機緊急升空任務，針對「有侵犯日本領空風險的外國軍機」，其中七三%的攔截目標，都是逼近日本領空的中國軍機。事實上，從二〇一〇到二〇二二年，解放軍進逼日本的年度總數，已暴增近十倍；二〇一五年以後，中國更超越了俄羅斯空軍——日本空自戰後以來的傳統假想敵——讓解放軍成為自衛隊緊急升空攔截的頭號威脅來源。

以那霸國際機場為基地的南西航空方面隊，就因為解放軍的步步進逼，承擔了全日本六六・一%的緊急攔截任務。由於那霸機場屬於軍民合用，各國觀光客在那霸的起降班機，也經常因為跑道必須臨時讓給F-15J緊急升空，而導致航班延遲。

「嘉手納的美軍戰機，大多輕裝訓練，但那霸機場起飛的日本F-15J戰機，都是掛彈起飛的『實戰』升空。」平良先生表示，解放軍的軍機騷擾從過去的一週一回，升級到現在每天都有，有時一天內還會出現個四、五批車輪戰。但空自負責攔截的F-15J服役時間大多超過三十五年，部署在沖繩僅有四十架，因此解放軍頻繁進逼的「切香腸戰術」也給疲於奔命的日本空自帶來極大的任務消耗。

「中國軍機知道美日部隊奉命『絕不能先開第一槍』，所以它們對日本的騷擾行動，才步步進逼、愈來愈具侵略性。」面對愈發緊張的東亞戰雲，全年無休盯著沖繩天空的平良先生無奈地說。

只要臺灣有事，沖繩一定會被捲入

美軍專用的嘉手納基地，和因緊鄰平民稠密區而被稱作「全世界最危險基地」的普天間海軍陸戰隊飛行場（MCAS Futenma），以及自衛隊駐守的那霸機場，三個基地之間最遠僅距二十五公里，全由沖繩最繁忙的國道五十八號公路所連繫。

那霸、普天間與嘉手納三座基地的常駐軍機數量估計超過三百架，不過外界僅確定那霸基地駐有四十架日本戰鬥機，卻無法知道美軍在沖繩實際部署的戰力規模。這是因為駐日美軍從不公開部署細節，也時常從外地——包括日本本島、美國本土、海上的航空母艦——派出戰機入駐沖繩短期訓練，以二〇二一至二〇二二年為例，至少三分之一以上的沖繩基地起降數為外地軍機，因此不僅沖繩縣府無法掌握在地美軍具體兵力，日本防衛省也只能派出監測人員，在基地外以肉眼目視調查的方式，手動記錄美軍戰機在沖繩的行動與數量。

這三座基地共計數百架美日軍機的關鍵武力，雖是足以左右東北亞大勢的軍事部署，卻全都集中在五十八號公路沿線、這短短的四十分鐘車程裡。每逢交通尖峰，國道五十八號總是鬧鬧哄哄，因為沖繩不具備日本本土般四通八達的鐵路運輸系統，居民通勤都以私家車為主；另一原因則在天空之上，駐日美軍每天不分晝夜的飛行訓練，猶如電影畫面的魚鷹機[3]低空盤旋、戰鬥機超音速飛行的音爆，全都是撕裂沖繩天際線的「戰備日常」。

這些駐紮沖繩的軍事基地，因為噪音、汙染、安全問題，和美軍層出不窮的軍紀事件，是沖繩人長年困擾不堪的最大壓力源。但在中國戰雲威脅的「臺灣有事」局勢下，無論美日同盟是否發揮作用，作為離臺第一線的沖繩，幾乎不可能閃躲臺海緊急狀況的衝突漩渦。

一架美國空軍的 E-3 哨兵式預警機準備降落嘉手納基地。E-3 配備的雷達系統，也是美國監控解放軍空中動態的利器。（攝影：楊子磊／報導者）

在日本新聞裡，「臺灣有事」的報導通常會與自衛隊的「南西大轉移」（南西シフト）一起討論。日本稱九州以南、包含沖繩群島在內一系列島嶼為「南西諸島」。美蘇冷戰時期，日本自衛隊的頭號假想敵為蘇聯，因此軍事部署都集中在當時的預想前線：北海道。但蘇聯垮臺後，日本北面被入侵的壓力大減，中國軍事卻快速崛起——為此，日本才開始從二〇一〇年代起，積極駐軍在過去一直沒有軍事部署、如今卻是面對解放軍第一線的南西諸島。

南西大轉移的建設重點，主要集中在沖繩本島的兩側：包括東北方，屬於九州鹿兒島縣的奄美大島；以及西南方，屬於沖繩縣，與沖繩本島還隔著一條宮古海峽、實際上卻離臺灣更近的先島群島（與那國島、宮古島、石垣島……等）。然而南西大轉移雖是日本國防政策的重中之重，卻也是沖繩反基地運動的新一波引爆點，特別是二〇二二年臺海緊張的局勢，讓代表沖繩的國會眾議員國場幸之助[4]感受到來自四面八方的強烈焦慮。

在接受我們的專訪時，國場幸之助就強調，沖繩位於日本、臺灣與中國三方交界；日本的與那國島、宮古島等先島群島，距離臺灣甚至比沖繩本島還要近。假若中國對臺灣發動封鎖作戰，沖繩本地的經濟與居民安全都會受到立即性的影響。更何況在各國兵推情境，都不敢排除中國在侵臺作戰的同時，先發制人對「可能援臺」的美日同盟發動突襲，再加上中國反覆武嚇的圍臺軍演，都讓日本愈發感到時間緊迫。

日本公開點名中國是「前所未有的最大戰略性挑戰」

「『臺灣有事』這四個字，在以前的日本是種『禁語』。」曾派駐臺灣多年，在日本已是知臺派代表的資深媒體人野島剛，對我們解釋：「長期以來，日本討論『臺灣有事』或臺海戰爭的人，主要是保守右翼。至於日本的主流社會，則不那麼願意公開討論提到這四個字。」

「但最近，尤其是俄羅斯入侵烏克蘭的戰爭爆發、安倍晉三前首相遇刺過世、以及裴洛西訪臺的二〇二二年之後，『臺灣有事』卻完全獲得日本主流輿論的話語權，幾乎每個月都有討論臺海問題的新書出版，可見大家對臺灣安全非常在意。」

野島剛指出，過去十年來，中國對日本的軍事威脅不斷增強，除了解放軍戰機的大量騷擾，中國軍艦更不斷侵入日本十二海里的領海範圍，「面對中國不斷升級的武嚇行為，日本社會雖然擔心卻從未聯想到『戰爭逼近』，畢竟大家早已習慣中國對外的『強國式表演』。」野島剛表示，二〇二二年二月二十四日俄羅斯揮軍入侵烏克蘭，讓日本驚覺時局驟變，同年八月的共軍圍臺飛彈演習，更讓日本社會明確感受到了中國軍事擴張的威脅實感，「於是『臺灣有事』，才變成日本政府與社會，不得不公開討論的嚴肅議題。」

不僅日本新聞關注臺海，在二〇二二年之後，自衛隊駐守九州與沖繩的將領，幾乎每一位都公開表達過「一定會為『臺灣有事』的不測狀況做好應變準備」。甚至二〇二二年底更新的日本國家安全戰略最高階文件《國家安全保障戰略》，與二〇二三年七月公布的年度《日本防衛白皮書》，都直接而明確地將「中國的對外姿態與軍事動向」，稱作是日本「前所未有的最大戰略性挑戰」（これまでにない最大の戦略的な挑戦）。[5]

這種普遍性的臺灣有事危機感，也反映在臺日非官方戰略交流活動的有感升級。像是二〇二三年七月，重要智庫日本戰略研究論壇（JFSS）所主辦的「臺灣海峽危機政策兵棋推演」，[6]就首次邀請多名臺灣智庫成員，第一次由臺灣人代表「戰時的臺灣政府」參與兵推，直接提出可能的戰時援助要求，並由日本國會議員所組成的模擬日本政府，現場進行決策會議。

「這場兵推的目的，不是在衡量臺日美的軍事能力，而是一種對政治能力、法律依據的檢驗，目的是為了驗證日本目前的政治體系，在『臺海有事』時的決策能力。」

身為參與兵推的臺灣智庫代表之一，遠景基金會執行長賴怡忠對我們表示，JFSS兵推的出席者幾乎全是日本的現任國會議員與自衛隊退役將領。就連臺灣退役的前參謀總長霍守業上將，都獲邀以國際觀察員的角色全程旁聽。

相較於傳統兵推大多只著重軍事面向，JFSS的一貫特色是找「實際可能影響日本國家政策的人」來參與。賴怡忠指出，現場許多議員未來都可能入閣成為大臣，像是在兵推中模擬日本首相角色的國會眾議員小野寺五典，就曾兩度出任防衛大臣，也是時任首相岸田文雄在自民黨內倚賴的重要大老；而當時模擬擔任防衛大臣的自民黨眾議員木原稔，更在兵推的兩個月後入閣、成為現實中真正的日本防衛大臣。因此JFSS兵推的決策擬真度、對於日本政策的影響力，更有戰略參考價值。

賴怡忠也強調，JFSS兵推特別邀請媒體全程跟拍，「開放的目的就是再次向日本社會溝通、讓民眾理解『臺灣有事，日本也一定會有事』，進而逼大家去思考『日本的事』應該是什麼。」

在兵推的情境中，位於解放軍對日施壓第一線，卻因二戰慘痛經驗而對軍事政策極為敏感的沖繩，在戰爭模擬劇本中，不斷現身於「臺灣有事」的最關鍵位置。

美日「臺灣有事」應變劇本裡，沖繩作為關鍵

假若中國揮軍入侵臺灣，沖繩將不可避免地成為國際社會回應臺海衝突的第一線。超過七成的駐日美軍基地集中在沖繩，除了作為東亞最大美軍機場的嘉手納基地，沖繩本島更駐有美國海軍陸戰隊第三遠征軍（III Marine Expeditionary Force），是超過二萬名美軍戰鬥部隊的主要根據地——他們既是應對臺海危機的前鋒主力，也是美中衝突之下，解放軍最可能攻擊的目標

日本航空自衛隊駐守在沖繩那霸機場的 F-15J 戰鬥機，是應對解放軍騷擾的第一線部隊，也是全日本防空任務最吃緊的單位。（攝影：楊子磊／報導者）

之一。

「美軍駐日本的軍事基地，主要有兩個戰略任務，其一是防衛日本，另一個則是維持遠東地區的穩定。」野島剛指出，《日美安保條約》的第六條規定：為促進日本安全，以及維護遠東地區的國際和平與安全，美國三軍獲准使用在日本的軍事設施與區域。

「日本國會曾討論過，『遠東』的範圍是從菲律賓到俄羅斯——臺灣也包含在內。因此在法律上，

《日美安保條約》是允許駐日美軍因臺海危機而使用武力，」野島剛進一步解釋：「雖然美國在啟動《日美安保條約》第六條之前，按照程序必須先與日本政府『事前協議』。但考慮到日美之間的同盟關係，和臺灣安全的重要性，日本政府幾乎不可能拒絕美國動用駐日美軍和使用基地的要求。」

事實上，不僅是JFSS積極策劃臺海危機兵推，在二〇二二年共軍圍臺飛彈軍演後，歐美各國智庫也接連針對中國入侵臺灣的可能狀況，舉行「臺海大戰」的戰略模擬。其中最受國際社會關注、討論聲量也最大的，即是美國智庫戰略暨國際研究中心（CSIS）在二〇二三年初公布的臺海戰爭兵推報告《下一場大戰的第一場戰役》（*The First Battle of the Next War*）。

CSIS兵推以「二〇二六年臺海爆發戰爭」的美軍援臺反應為主視角，模擬了二十五種中國入侵臺灣的條件場景——其中二十三次兵推，都以解放軍入侵失敗為結局。僅兩次出現了「解放軍征服臺灣」的中國勝利，一次是因為美國和國際社會拒絕提供一切援助、任憑臺灣獨自抗戰七十天後落敗，另一次則是日本拒絕履行《日美安保條約》，並禁止美軍經由日本國土或使用駐日基地馳援臺灣。

「（臺灣和美國）只要鞏固四個關鍵要素，就能大幅降低中國入侵臺灣的成功率，」在兵推結論中，CSIS提出了守護臺灣不敗的四個先決條件：

一、臺灣軍民必須堅決抗戰，如果臺灣人自己都沒有守護家園的決心，其他討論都是枉然。
二、美軍必須第一時間出動保臺，絕不能拖延決策。一旦中國開始攻擊臺灣，華府在政治上的所有猶豫，都將增加美軍的戰鬥難度與死傷風險，並給中國擴大衝突的機會。
三、美國與其盟友必須配備足夠數量的長距離或空射型「反艦巡弋飛彈」（Anti-Ship Cruise Missiles, ASCMs），否則將難以對抗數量龐大的中國艦隊。
四、日本必須開放基地供美軍援臺，這將極大程度地影響美國海空軍在西太平洋的戰力。

即使美日兩國不介入臺海衝突，沖繩仍是各國在臺僑民撤離、臺灣難民疏散、對臺補給人道物資的必經之地。一旦臺海發生戰爭，解放軍在臺灣周遭的水雷封鎖，更將對日本的海上航線帶來相當嚴重的安全威脅與經濟打擊。

儘管「臺海開戰」目前只是假想的最壞狀況，但自從二戰以來，日本就不曾面臨如此巨大且複雜的國家安全危機。因此作為日本重要的戰略智庫，JFSS才會特別積極於規劃臺海危機兵推，希望藉由盡可能地貼近日本政府的戰略決策程序，點出當前制度的盲點與計畫不足。

JFSS將兵推分為三大階段：在戰爭開打前夕，日本該如何回應中國以灰色地帶衝突發起的「混合戰」？當中國開始攻擊臺灣時，日本該如何應變「臺灣有事」的現實問題？如果日本被捲入戰爭，解放軍對日美同盟發動攻擊，自衛隊將如何啟動反擊機制？

這三大階段，都針對中國入侵臺灣的可能情境，有極為寫實、卻幾乎不可能有「正確答案」的狀況假定。

【兵推階段一】

混合戰開打：日本對「灰色衝突」感到棘手；網路攻擊、海上民兵登陸釣魚臺

為阻止臺灣聯外通訊，JFSS兵推假定中國在集結軍隊的階段，便會對臺灣進行大規模網路攻擊，並切斷臺灣—沖繩周遭的海底電纜，同步干擾日本本土與沖繩聯繫；與此同時，日本政府也可能遭遇大規模的駭客攻擊與假訊息攻擊，試圖動搖國民對政府的信心。

解放軍下一步則是加碼網路攻擊沖繩與九州的基礎設施，癱瘓當地社會運作，並趁機派出海上民兵登陸石垣島西北方一百七十公里的釣魚臺列嶼（位於基隆東北一百九十公里），與日本海上保安廳爆發衝突。

兵推中的日本防衛省與自衛隊認為，中國對日本發動大規模網路攻擊，並同一時間切斷沖繩先島群島對外通訊的行為，不僅是「灰色衝突」（**指未達戰爭門檻的非正規攻擊手段，導致防守方難以軍事回應**），更預示中國即將發動戰爭，因此建議內閣應將國防局勢升級為「武力

攻擊預測事態」，下令疏散離臺海最近的沖繩平民、授權海上保安廳使用升級武力防禦國土，並徵用民間港口與機場，供自衛隊作軍事運用。

兵推同時估計，在平時狀態下，沖繩縣的平民疏散與避難行動，需要六至七個星期才能辦到；但在「武力攻擊預測事態」所授權的緊急權力下，疏散行動可望壓縮於三週內完成。

但質疑意見卻指出，網路攻擊和干擾通訊等「灰色衝突」，並未直接對日本國民的生命安全造成物理性傷害，日方也很難掌握中國政府發起攻擊的絕對證據。假若貿然升級事態，反而會落入中國認知戰指控日本政府「挑釁中國」的陷阱，讓國民輿論和國際支持更陷動搖。

於是，兵推中的日本內閣決定：暫時推遲事態升級，繼續由警察性質的日本海上保安廳應對中國海上民兵，以避免中國反控「日本主動開戰」藉口升級局勢。

【兵推階段二】
臺灣有事就是日本有事：解放軍攻臺，日本運補臺灣、開放臺灣空軍「戰力保存」

中國對臺開始升級軍事行動，除了對臺灣空軍開火，解放軍更在中國東南沿海集結大量部隊，對外宣稱將軍事封鎖臺灣；同一時間，臺灣政府發布緊急命令——此刻，臺海已實際步入戰爭狀態。

在這階段兵推裡，日本面對兩個關鍵決策：

一、日本將如何應變臺海封鎖？臺灣的半導體出口被切斷，日本的能源安全也會受到嚴重衝擊。以石油為例，日本九九％的石油需求都得仰賴進口，其中九〇％都來自於中東。但當中國對臺灣展開侵攻行動後，解放軍艦隊不僅會封鎖臺灣周邊海域，主權爭議的南海，也可能被中國禁止通行。除了經濟受到衝擊，日本也必須組織「臺灣撤僑行動」，準備接收從臺灣撤來的各國僑民與臺灣難民。

二、日本將如何運補和支援被解放軍包圍的臺灣？在解放軍封鎖之際，臺灣政府也會公開請求國際社會的緊急援助。以美國為首的友臺國家，開始動員輸送「武器彈藥」在內的援臺物資，並要求日本作為「援助基地」。於是，日本同意開放沖繩各大基地與港口，作為援臺物資的集結點，同時接應海上湧入的大量臺灣難民，並將他們從沖繩本島轉送日本本土安置。

但臺海局勢迅速惡化，解放軍對臺灣發起全面攻擊。兵推中，臺灣政府向日本提出開放機場的緊急請求，讓機場遭到中國空襲的臺灣空軍，能降落沖繩做「戰力保存」。

臺灣空軍前往第三國做戰力保存，不僅得考慮與臺灣的距離，機場也必須配有足以讓戰鬥機安全起降的三千米長跑道——符合條件者，只有距離臺灣約三百七十公里的宮古島市下地島機場（屬民用機場，日本必須升級國防事態等級才能軍用），以及距離六百五十公里以上、沖繩本島的那霸機場（軍民合用，自衛隊使用）和美軍嘉手納空軍基地（駐日美軍專屬機場）。

面對臺灣的邀求，兵推中的日本政府雖以「人道支援立場」批准臺灣戰機降落沖繩——這是JFSS歷年兵推設定中，首度同意讓臺灣空軍「戰時降落」日本國土——但原則上，臺軍只能在駐日美軍基地做戰力保存；落地後的維修整備、加油、彈藥補給，也必須由美軍出面處理。

【兵推階段三】

中國空襲日本國土，日本被迫進入「武力攻擊事態」

隨著臺海戰況的白熱化，美國正式援引《日美安保條約》，請求日本開放美軍使用自衛隊設施，並要求自衛隊準備行使日美同盟的集體自衛權。

假若美軍尚未決定介入臺海戰爭，日本將維持「重要影響事態」的層級，除了開放民用海空港與自衛隊基地給美軍使用，自衛隊也將支援美軍的後勤補給；但若美軍已決定軍事介入臺海戰爭，日本則將升級應變為「存立危機事態」，自衛隊將負責在東海進行掃雷、戰鬥巡邏和飛彈防禦，並出動護航美軍的對臺任務，阻止中國攻擊美軍。

但JFSS兵推的最終階段，卻模擬美軍錯估局勢，延誤了援臺時間，臺海戰況因而進入膠著，這使中國決定提高戰爭規模，主動攻擊正在臺海外圍集結與待命的駐日美軍——在假定情境下，中國對沖繩和九州一帶的駐日美軍、自衛隊發動大規模空襲。自衛隊不只在東海與解放軍爆發戰鬥，距離臺灣最近的與那國島更被中國登陸攻占。

美日同盟決定聯手對中反擊，並以「摧毀敵軍空襲日本的能力」為設定，向中國本土的機場、港口等戰略目標發射導彈——此一情境設定，是要模擬日本在修改安保三文書[7]後，要如何啟動「敵基地打擊能力」的反擊程序。

值得注意的是，JFSS非常重視日本政府在複雜情境下「多面接戰」的應變邏輯。例如在二〇二三年的兵推劇本裡，沖繩與九州遭到中國飛彈空襲的同時，日本西部地區也遭到了大規模網路攻擊導致社會機能全面癱瘓。到了二〇二四年，JFSS則給日本政府設計更困難的提問：在中國攻擊臺灣之際，日本北海道和青森縣接連發生震度規模九的強烈地震與海嘯；同時，俄羅斯、北韓更同步配合中國對駐日美軍的攻擊，在此情境之下，日本政府不僅得處理天災與戰禍的極端狀況，更得思考兩面作戰與緊急資源分配的優先順序。

兵推現場觀察：日本正積極尋找介入臺灣有事的可能性

「前幾次兵推，日本都不敢提『武力攻擊事態』、也就是日本必須直接與中國交戰的可能性。但這回卻直接推定九州、沖繩已被中國空襲，尖閣諸島（釣魚臺列嶼）和先島群島甚至

沖繩是臺灣人最喜歡的觀光地點之一，也是「臺灣有事」兵推裡最敏感的戰略關鍵。（攝影：楊子磊／報導者）

被解放軍登陸占領，」全程旁聽JFSS本回兵推的臺灣觀察員H，私下向我們分享自己的現場觀察：「這代表日方正在積極尋找『軍事回應臺灣有事』的可能性。」

「這並不是說日本想藉機開戰或一定參戰，而是它們預測日本必定會『被動捲入』中國侵臺衝突，並正嚴肅盤點該如何在符合本身法律框架的情形下，對中國發動反擊。」H表示。

「臺灣方提出的『在中國空襲的狀態下，臺灣戰機能否轉場降落沖繩？』也是一個重要突破。」H繼續指出：「以前我們問日本人，日方都說不可能。但這次兵推中，日方各個代表卻很迅速同意『在人道救援的框架下』讓臺軍降落沖繩。只是人道救援的範圍是什麼？美軍整補的臺灣戰機，還能從沖繩往返臺海參戰嗎？又如果解放軍追擊臺灣戰機在日本領空內交戰，日美盟軍要怎麼回應？這些就是未來要再討論，各方也不便示外的細節。」

H也表示，儘管兵推設定讓日本被迫回應中國侵臺戰爭。但日方所有的對外決策，仍必須按內閣慣例由外務省處理。例如在兵推現場，美軍代表若有任何問題、甚至自衛隊退役將領想提戰略建議，仍必須經由外務省居中協調，「太平洋局勢終歸是外交問題，外務省才是擁有主導權的單位。所以日本政府的基本立場，仍傾向外交斡旋、試圖事前就杜絕戰爭的風險。」

然而兵推展現日本「積極轉變」的同時，也再次凸顯了日方傳統的抉擇困境——因為在兵推中，當美國循《日美安保條約》規定，正式要求日本政府開放「國內民用機場」供美軍馳援臺灣之用時，扮演首相的小野寺五典忍不住在媒體鏡頭前大嘆：「這會是今日兵推中最爭議也最困難的決定。」因為若開放本國港口與機場供美軍救援臺灣，日本自己將冒著被中國視為敵人攻擊的風險；但若拒絕美軍使用，日本賴以為生存棟樑的美日安保同盟，必將徹底崩解。

但小野寺五典的「兵推內閣」在一陣苦惱後，仍准許了美軍的要求，開放「位於『某前線』的國內機場供美軍使用」。他也在現場表示：「政府一定會考慮當地民眾的情況，相信在充分解釋與事前說明之後，國民們也一定能理解政府的決定。」

但當時也在現場的日本《每日新聞》[8]卻注意到，小野寺與兵推主辦方，都沒有提到那個最有可能被全面徵用的「某前線」之名：**沖繩**。

沖繩的質疑，「臺灣有事對策」還有軍備以外的問題

「很多人說沖繩人不重視國家安全，但沖繩人並不是不清楚國防的重要性，只是不滿基地過度集中在沖繩——國家安全當然很重要，但軍事建設的壓力與代價不該只讓沖繩人承擔，這點必須被日本政府和本島的人知道。」接受我們專訪的沖繩國際大學副教授野添文彬，是日本研究基地問題的新世代學者，他任職的大學緊鄰美軍的普天間基地，軍用跑道離校舍只有八百公尺，每當美軍陸戰隊的飛機起降，高頻噪音與門窗震動總會打斷上課。

二〇〇四年八月，一架美軍 CH-53D 直升機在沖繩國際大學校內墜毀，飛機直接撞上教學大樓、引發校園大火，所幸正逢暑假而沒有師生傷亡。但這卻是一九七二年沖繩主權回歸日本以來，駐沖繩美軍最嚴重的平民區墜機事件。

「你們眼前被燒焦的茄苳樹，就是美軍墜機事故的倖存者。當時美軍直升機直接撞上沖繩國際大學的一號大樓，然後爆炸。所幸當時是暑假，大學裡沒有學生，教職員都平安撤離，被

燒成重傷的美軍駕駛也活了下來，」野添文彬帶著我們在校園裡導覽空難現場，表示當時正逢伊拉克戰爭的高峰期，雖然戰場遠在地球彼端，但全球美軍的部隊輪休、新兵訓練、裝備維修、以及零件調度都被連帶拖累，因此那段時間沖繩美軍頻傳飛安意外。

「事發之後，美軍第一時間沒有道歉，反而封鎖校園。不僅大學師生，日本的消防隊、警察、沖繩縣府、甚至日本防衛省的代表，全都被美軍趕出封鎖線，」野添苦笑地表示：「唯一獲准出入墜機現場的日本人，只有給美軍送披薩的外賣小弟。」

野添文彬不僅在基地旁授課研究，他的住家離普天間基地也只有一公里——換句話說，他一天二十四小時，都與美軍基地生活在一起。

「每天早上，美軍戰機起降時，學校的門窗都會隨之震動、甚至和地震一樣搖晃。到了晚上，我的孩子也經常在深夜被戰機聲吵醒，儘管《日美安保條約》規定美軍戰機不該在晚上起飛，但它們仍時不時在半夜、甚至清晨二、三點時低空飛越人口稠密區，完全無視與日本的約定，」野添文彬繼續說道：「美軍基地周邊也曾傳出水源遭到汙染，[9]所以我的小孩出生後，家裡就裝了淨水器，我很害怕讓孩子喝進有毒的水，很多人都認為沖繩連自來水都是不安全的——所以在沖繩，基地問題不只是國家安全，更是所有沖繩人每天都得面對的生活壓力。」

「日本常說『沖繩的地理戰略位置很重要』。」在汗牛充棟的研究室裡，被各種基地資料包圍的野添文彬表示：「但對沖繩人而言，我們常覺得軍事基地不是安全的保障，反而是危險的來源。」

野添文彬指出，日本保守右翼的刻板印象，時常質疑沖繩人不支持國防、不理解國際現實，但根據過去兩年的各方民調，沖繩縣民在國防安全的態度，基本上與日本本土輿論一致——絕大多數沖繩民眾，仍對美日安保同盟保持正面態度，也支持自衛隊強化軍備實力；沖繩縣民對於中國軍事威脅的危機感，甚至比全國平均還要高。

但在美軍基地的分配問題上，超過七一％的沖繩縣民都表示：沖繩的基地負擔過重「很不公平」，這點才是沖繩與日本本土輿論的最大歧異。

「民調顯示，大約八〇％的沖繩人『害怕被捲入美中對抗的臺海衝突』，這個比例較日本其他地區高出很多。」野添文彬認為，沖繩的地理位置更靠近臺灣和中國，被捲入臺海衝突的機率本就比日本本土更高。但更重要的原因，其實是二戰時沖繩戰役的殘酷歷史。

一九四五年三月，已經殲滅了日本海軍主力的美軍，決定攻占沖繩島，以作為盟軍登陸日本本土、發動終戰總攻擊的前線基地；而節節敗退的日本，則希望盡可能在本土決戰前消耗美軍的兵力，因此下令沖繩「戰到最後一人」。

沖繩戰役期間，日本在沖繩大量徵兵，除了組織未成年的男女學生加入少年民兵團「鐵血勤皇隊」和「姬百合學徒隊」，日軍也在平民區建築防守要塞，強迫平民捲入前線戰鬥。

但戰鬥末期，眼見無法擊退美軍，士氣低迷且失控的日軍部隊，開始指控沖繩平民是間諜而濫殺無辜。殘存日軍更有唆使、甚至強迫沖繩平民殉國集體自殺的狀況發生。最終，沖繩戰共造成超過二十萬人死亡，光是沖繩平民就有十二萬人喪生，是二戰太平洋戰場最血腥的一場戰役。

「超過四分之一的沖繩人，都死在一九四五年的沖繩戰役；每個沖繩家庭，都一定有親友因戰爭而死。至今，這些記憶仍讓沖繩社會有著非常強烈的反戰與反軍事情緒。」野添文彬表示，正是這樣的歷史記憶，才讓沖繩對「臺灣有事」抱有戒心。

二〇二二年的中國飛彈事件後短短半年內，日本政府先是修改了安保三文書、預告五年內增加一·五倍國防預算、高調宣布研製射程一千公里以上的彈道飛彈。但野添文彬指出，日本政府高速擴張軍事支出的同時，卻忽略「增加武器」以外的其他備戰問題。例如，作為預想最前線的沖繩，並沒有足夠的防空設施與民防資源，很難反應中國空襲或資訊戰導致的社會癱瘓；各級政府也尚未就前線疏散計畫和難民收容問題進行有效討論。

於是，「臺灣有事」雖吸引了日本的緊張與關注，政策討論卻仍限縮在純軍事、只強調戰鬥能力的狹隘範圍裡，這不僅無助於說服社會支持國防，焦慮戰爭的情緒反而助長了「臺灣

沖繩戰前夕，沖繩的國民學校女學生正在用竹槍練習刺槍術。在戰爭期間，她們被徵召加入女子警防團。（**圖片來源：那霸市歷史博物館**）

一九四五年沖繩戰役期間，美軍強攻沖繩首里城日軍陣地。（**圖片來源：美國國家檔案暨文書總署**／Wikimedia Commons）

有事否定論」的聲量——這些循著戰爭焦慮發生的論述，將矛頭對準「以臺灣為藉口挑釁中國的美日政府」，卻忽略在臺海議題上，中國才是企圖打破現狀的國家。

「我自己的研究領域就是國際政治與東亞戰略。從國家的角度來看，我完全能理解『日本必須加強防衛能力』的考量，」野添文彬表示：「但我真心認為：日本政府必須盡可能把軍事基地，從沖繩分散到其他地方。目前，超過七成的駐日美軍基地都集中在沖繩，在軍事層面上，這等於是把雞蛋全塞在同一個籃子裡、擺明要給敵人一網打

二○○四年八月十三日，美軍陸戰隊 CH-53D 直升機在此撞上校舍並墜毀爆炸。圖左為沖繩國際大學副教授野添文彬。（攝影：楊子磊／報導者）

盡的不合理決策。我認為應該重新分配美軍基地的部署，並把國防責任合理分散到日本其他地區，因為這不僅能增加部隊的戰時生存性，對沖繩社會來說，更是攸關公平正義的問題——畢竟沖繩的基地壓力真的太重了，政府不可能一邊給沖繩人強加負擔，另一邊還期待大家能衷心支持國防政策。」

野添文彬認為，就當前的太平洋局勢來看，日本的確有強化國防之必要。但面對中國這種超重量級的對手，日本短期內很難取得足夠的「對中嚇阻力」。但正因此，深化民間團結意志的長期工作才特別重要。無論是臺日互動，還是與臺灣歷史文化都有極深淵源的沖繩對話，雙邊都應趁勢擴大溝通交流，才能把「臺灣有事」從時事新聞的短期熱度中，深化為彼此的社會都能切身同感的關鍵之事。

「國際支持、外交合作、人民意志，都是構成戰略威懾力的關鍵要素。」面對前途難料的臺海局勢，野添文彬強調：「軍事力量固然重要，但那畢竟只是阻止戰爭的選項『之一』，而不是『唯一』。」

沖繩國際大學校園內的美軍墜機點，後來被校方保留並設置和平紀念碑，而紀念碑的中心就是野添文彬帶我們細看的那棵茄苳樹。

「這棵茄苳樹，後來成為沖繩和平運動的重要象徵。當初軍機墜毀後，機上裝備的放射性物質外洩，美軍挖走了這一帶的土壤，卻留下了這棵幾乎被燒死的茄苳樹，」野添文彬在茄苳樹旁說：「這棵樹受了重傷，也因中毒而難以生長，但經歷苦難的它，雖然奄奄一息，卻依然努力活了下來。或許，正是這種無論多麼痛苦也要咬牙生存的精神，才是它最大的勝利。」

1 指一九四五至一九七二年，二次大戰之後的美國統治琉球時期。

2 〈2022年度（令和4年度）緊急発進実施状況について〉，https://www.mod.go.jp/js/pdf/2023/p20230418_02.pdf。

3 指MV-22「魚鷹式」傾轉旋翼運輸機。美國空軍、海軍陸戰隊，以及日本陸上自衛隊在沖繩都有使用這種飛機。魚鷹機的特色是兩具可調整方向的螺旋槳，這讓它可以像直升機一樣垂直起降、滯空，也能和傳統飛機一樣快速地飛行，但因為複雜機械導致故障意外頻傳。魚鷹機在沖繩的部署與低空飛行，一直是沖繩縣民對美軍的最大不滿與焦慮之一。

4 關於國場幸之助的專訪，可參見本書2．4，〈沖繩是習近平對「臺灣有事」的壓力測試〉。

5 二〇二三年版《防衛白皮書》在日本國會眾議院的審核中，執政的自民黨一度要以「前有未有的最大威脅」來點名中國，但同為執政聯盟的公明黨卻以沒必要過度刺激中國為由，要求以刪去「最大威脅」一詞，因此最後官方用句才統一修改為「最大戰略性挑戰」。

6 〈第3回政策シミュレーションの成果概要〉，https://jfss.gr.jp/public/images/file/2023-07-28/16905342

786422.pdf。

7　指導日本國防政策大方向的三份官方指導文件：《國家安全保障戰略》、《國家防衛戰略》和《防衛力整備計畫》。

8　〈台湾危機演習に見る「戦コミュ」の現在地〉，《每日新聞》，二〇二三年八月十三日。

9　沖繩美軍基地周邊的河川與地下水，檢測出致癌物質「全氟／多氟烷基物質」（PFAS）——PFAS常見於不沾鍋塗層，也是消防化學泡沫曾大量使用的原料，但PFAS具毒性且極難分解，因此有「永久性化學物質」之稱，對健康破壞性極大。外界認為，沖繩美軍基地周邊的PFAS，可能來自於基地使用的消防泡沫，因儲存槽滲漏、防災演習時直接滲入地下水而汙染環境。類似狀況也發生在東京橫田基地、自衛隊濱松基地、倚賴地下水維生的熊本城、甚至是沖繩縣府管轄的首里城地下停車場。但美軍基地憑藉著治外法權的特殊地位，一直不願接受外界公開調查並否認責任，因此沖繩人才對此特別憤怒。

2 PART

島唄：「不要讓戰爭重返」的吶喊

在「臺灣有事，就是日本有事」的戰略框架中，沖繩不僅是臺海兵棋推演中的核心關鍵，更是日本與美國過去八十年來應對西太平洋局勢的戰略前沿。然而，沖繩在二戰末期慘遭戰火摧殘，四分之一人口因沖繩戰役而喪命，這片承載著深重歷史傷痕的島嶼，一直渴望能擺脫「基地之島」的宿命。

美軍基地的長期駐紮，雖然使沖繩成為「太平洋基石」以及日本國防的重要堡壘，但也給當地居民帶來了巨大的負擔：除了無法抹去的歷史創傷，基地問題還引發了安全風險、治安犯罪，並導致環境汙染、貧困問題，甚至連沖繩惡名昭彰的交通擁堵也與此相關。

沖繩被迫與基地共存的長年經驗，有哪些不公平的遭遇、又有哪些不得不與現實妥協的身不由己？作為解放軍騷擾最頻繁的島鏈前線之一，沖繩如何看待日益逼近的中國軍事威脅，以及「臺灣有事」的可能危機？

1
美軍基地為什麼都在沖繩？

文字——張鎮宏

二戰結束後，被美國占領的沖繩，成為駐日盟軍總司令麥克阿瑟將軍（Douglas MacArthur）眼中，封鎖共產勢力突破西太平洋的島鏈戰略核心。從冷戰至今，沖繩的基地在軍事上不僅被美軍譽作「太平洋的基石」，更成為牽連日本、朝鮮半島、臺灣海峽、甚至整個東亞命運的關鍵樞紐。

但在沖繩基地歷史與抗爭的討論裡，無論是沖繩當地評論還是日本全國新聞，都經常用「捨石」一詞形容沖繩人的命運——這個詞來自圍棋的「棄子」，指為了大局所需而犧牲一部分棋子的策略。二戰末期的沖繩戰役，日軍為阻擋盟軍登陸日本本土，迫使沖繩島民隨軍「玉碎」，超過四分之一人口死亡。然而，戰後的沖繩依然因美日政治默契而成為「美軍基地之島」。直至今日，駐日美軍基地七〇．三％的設施仍集中在沖繩，承擔了全日本最沉重的軍事壓力。

為什麼基地都集中在沖繩？二戰之後，美國軍方為何一度打算放棄並撤離？從美軍託管到回歸日本主權之間，沖繩的基地戰略有哪些變動？沖繩「基地之島」的命運，在大國政治之間又是否曾有被鬆動的可能性？

〈天皇口信〉

一九四七年九月十九日，寺崎英成緊張地打理自己，一早就慎重趕往皇居。四十七歲的他，是資歷超過二十年的外交官，長駐過美國、中國，精通多國語言。寺崎英成曾在美國留學、甚至與美籍妻子結婚，是外務省內「知美派」的明日之星——直到二次大戰爆發為止，他的前途都還一片光明。

一九四一年太平洋戰爭爆發前夕，寺崎英成被日本外務省派往華府擔任駐美大使館的一等書記官，他主要的任務是負責在華府政界情蒐美方的對日動向，並協助駐美大使野村吉三郎與

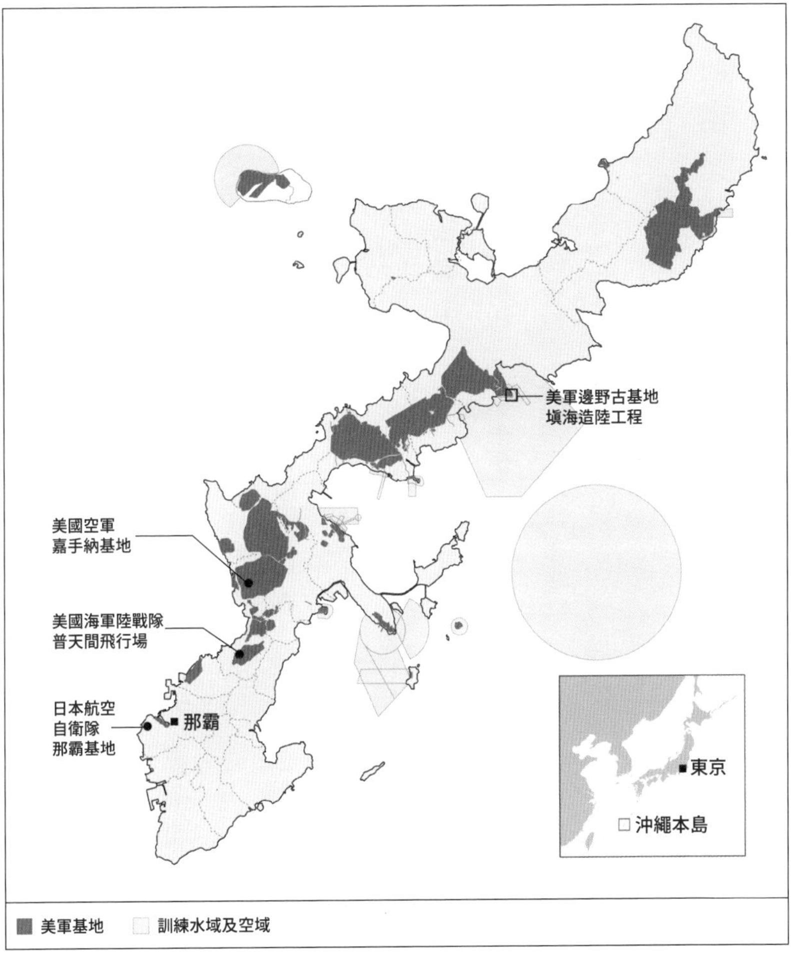

日本沖繩縣本島美軍基地分布圖

資料來源：沖繩縣政府，經《報導者》整理。（製圖：柯皓翔／報導者）

特使來栖三郎推進美日和平談判。當時，為了阻止一觸即發的太平洋戰爭，寺崎英成等駐華府的日本外交官不僅在美國政界積極奔走，甚至用盡各方人脈遊說時任美國總統羅斯福親自致信給昭和天皇，[1]呼籲美日各退一步避免戰爭。但這封信發送時已是美東時間一九四一年十二月六日。幾個小時後，日本的聯合艦隊就開始攻擊珍珠港。等到羅斯福的信於十二月八日上午送至皇居時，美日早已進入交戰狀態。

寺崎英成雖在一九四二年循外交管道撤回日本，但返國不久即因病停職，一直到一九四五年日本無條件投降為止，他都沒再回到外交崗位。事實上，包括寺崎英成在內曾在戰爭期間參與美日和平談判的知美派官員，都因昔日的和談立場，而遭主戰的軍方刻意冷落。戰爭結束後，寺崎英成在外務省的上司又一一被盟軍清算，像是外交大臣東鄉茂德淪為甲級戰犯，寺崎英成在華府的老長官野村吉三郎與來栖三郎也被判處「公職追放」——立刻被剝奪公職且不得再為政府服務。但寺崎英成看似已結束的外交生涯，卻因日本戰後被盟軍最高司令官總司令部（GHQ）占領統治，出現意想不到的轉折。

一九四七年二月，寺崎英成因為豐富的美國外交經驗，而被負責皇室事務的宮內省（即現在的宮內廳）任命為天皇的英文通譯。任職期間，他不但負責昭和天皇與駐日盟軍總司令麥克阿瑟將軍會面的即席口譯，更進行檯面下的傳話，負責建立天皇與美方直接溝通的地下管道——像是一九四七年九月十九日的盟軍總部會談，即是他「代天皇傳話」的特殊時刻。

九月十九日上午，寺崎英成先是進入皇居覲見昭和天皇，同日下午即銜著口信與麥克阿瑟將軍的政治顧問、駐日盟軍總司令部外交局長席博德（William J. Sebald）閉門會面。儘管這次談話寺崎英成與席博德並沒有留下任何會議紀錄，但翌日席博德卻向麥克阿瑟將軍以及時任美國國務卿馬歇爾（George Marshall）發出一份最高機密等級的備忘錄：[2]

……天皇的顧問，寺崎英成先生，昨日要求會面，以轉達天皇對於沖繩未來安排的想法與憂慮。

根據寺崎先生的轉述，天皇希望美國繼續維持在沖繩與琉球群島其他島嶼的軍事占領。在天皇的觀點裡，這樣的占領不僅對美國有利，同時也能為日本提供必要的安全保障。天皇也認為，絕大多數的日本人民都將支持（美國持續占領沖繩）這項安排，因為他們不僅害怕蘇俄的威脅，更擔心在盟軍占領狀態結束後，持續增溫的左翼與右翼團體衝突，可能將誘發「特定事變」，進而誘使蘇俄以此為藉口，干涉日本內政。

天皇進一步表示，美國對於沖繩（及其他有需要之島嶼）的軍事占領，必須建立在某種長期租借使用的虛擬設定下——可能是二十五年、五十年、或者是更久的期限——但主權仍屬日本。根據天皇的說法，這種租借式的占領將有效說服日本人民「美國沒有永久吞併沖繩群島的意圖」，亦能阻止其他國家——特別是蘇俄與中國——對日本提出（有吞併意圖的）對應要求……

這份被稱為〈天皇口信〉（天皇メッセージ）的最高機密電報，一直到一九七九年才曝光，但它代表的歷史意義卻爭議至今。一部分意見認為，昭和天皇在電報裡確實表達了「犧牲沖繩」的立場，更種下了如今美軍基地集中於沖繩、沖繩地方發展被日本中央政府差別待遇的遠因；但另一部分意見則強調，〈天皇口信〉是寺崎英成傳話、席博德轉譯，因此昭和天皇的個人發言是否被精準理解，天皇意見對美方政策又有多大影響，仍留有模糊空間。

然而〈天皇口信〉確實反映了美國與日本在戰後初期的戰略觀點。因為日本戰後政府確實非常擔心蘇俄共產勢力的威脅，並急欲得到美國的支持承諾。而當時的美國政府內部，事實上也正以麥克阿瑟將軍為首，不斷催促著華府下定決心、推動「長期占領沖繩」的政策決定。

麥克阿瑟的島鏈戰略

二次大戰結束後，以美國為首的盟軍占領日本全境，但在戰後處置的問題上，美國國務院與駐日盟軍總司令麥克阿瑟將軍，卻就沖繩與琉球群島的占領與否出現矛盾——華府與國務院認為，美軍雖在戰爭期間攻占了沖繩，但華府戰後軍事預算有限，相比於亞洲，對歐洲的戰略投資更為優先。再加上占領沖繩可能會刺激同為戰勝國的蘇俄也提出駐軍日本的要求，因此國務院主張將兵力集中在日本本土，並盡快從沖繩撤軍。

一九四五年九月二十七日，駐日盟軍總司令麥克阿瑟將軍（左），在美國駐日大使館內，與昭和天皇（右）首度會面。兩人並肩合照的神色差異，暗示了美軍占領下的日美地位，因此照片刊出後也讓當時的日本輿論極為震驚。（攝影：Gaetano Faillace／Wikipedia Commons）

除了國務院以外，戰後的美國陸軍與海軍也不支持久留沖繩，一方面是預算不足，二方面則是環境因素。在預算問題上，殘酷的沖繩戰役幾乎摧毀了沖繩本島的所有基礎建設，但華府卻遲遲未決定對沖繩的戰後處置，僅委由軍方以暫時接管之姿成立琉球列島美國軍政府。在缺少長期戰略與預算支援的狀況下，軍政府不僅對沖繩的戰後重建相當消極，持續駐守在沖繩的數萬美軍也因經費不足而困守在物資條件極差的簡陋營地，這讓美軍基層士氣非常低迷，進而導致軍紀鬆弛，爆發大量性侵、殺人、強盜與盜賣軍品的美軍犯罪問題。

美國軍方——特別是海軍——也對於沖繩的駐軍環境抱持極大疑慮，除了基地的物資運補與建設資源必須仰賴船運進口，沖繩夏季常見的颱風更讓駐留美軍吃足了苦頭。像一九四五年十月九日登陸沖繩的阿久根颱風，短短二十四小時內摧毀了八成軍用建築，除了造成駐島美軍三十六人死亡、四十七人失蹤，更重創停泊在中城灣的近三百艘美軍艦艇。

但麥克阿瑟卻抱持完全不同的看法，他不認同華府「重歐輕亞」的傳統思維，也多次強調沖繩之於東亞的關鍵戰略地位。冷戰時期的蘇聯專家、美國國務院第一任政策規畫辦公室主任肯南（George Kennan），就在一九四八年三月的一份最高機密備忘錄裡，[3]記錄與麥克阿瑟的閉門會談。文件中，麥克阿瑟不僅多次強調美國長期占領沖繩的戰略必要性，更強烈催促華府應當「盡速對占領沖繩下定決心」，並積極研究「藉由國際認可的手段達成此一目的法理正當性」，他向肯南強調：

……（戰後的西太平洋局勢）可看作一個U型地帶，包括北從阿留申群島、中途島、戰前日本託管的南洋島嶼、駐有克拉克基地的菲律賓，以及沖繩——但在這一（島嶼戰略的）結構裡，沖繩是最關鍵且最接近前線的戰略重地。只要掌握沖繩，我們就能輕鬆控制亞洲北部所有可能發動兩棲行動的港口，這才是沖繩之所以必要的關鍵……

麥克阿瑟的觀點，其實就是現代「島鏈戰略」的雛形。他認為，在二次大戰之前，傳統的戰略思考，都把美國的國防邊界設在美洲西岸。但經過太平洋戰爭的教訓以及戰後美蘇對峙的冷戰局勢下，他主張美國應該把握機會將國防邊界推進至「亞洲大陸西緣」，也就是藉由控制西太平洋的幾個島嶼，最大程度地封鎖蘇俄與中共等假想敵直接威脅美國。而沖繩的位置，正好處於東北亞戰略部署的核心點，美軍駐紮在沖繩的陸戰隊，更能在最短時間內投入東亞的任何一個戰場。

麥克阿瑟亦對肯南指出，為了保護日本免受外力侵略，美國最需要強化部署的不是陸軍與海軍，而是以沖繩為基地的空軍。這是因為東亞地理特性，任何對美國與其盟邦的侵攻行動都必須渡海發動兩棲登陸，但大規模登陸作戰的成功前提必定是制海與制空的優勢，因此只要能阻止對手取得其中一項主控權，敵人的兩棲作戰就不可能成功。

「在沖繩合理且精準地完成軍事部署，能讓我們以最小的兵力，最大程度確保日本乃至於東亞的安全。」麥克阿瑟不斷強調：只要能守住這條島鏈，盟軍就能壓制從海參崴到新加坡的每個亞洲港口，並阻止任何敵對行動進入太平洋。

肯南的備忘錄裡，也記錄了麥克阿瑟對於沖繩社會的認識，以及他自信滿滿的認知：美國駐軍不僅不會遭遇日本本土的反彈，甚至更容易贏得沖繩人民的支持。

麥克阿瑟將軍認為，琉球人民不是日本人，他們在日本本島社會也從未被真正接納，日本人總是看不起他們。在戰後的復員與難民返鄉行動中，將軍曾負責協助超過五十萬人返回琉球群島的故鄉。在他眼裡，琉球人是純樸而善良的人民，美軍在琉球群島上的基地開發，不僅有望讓他們從中大賺一筆，也能從此過上幸福的生活。

不過麥克阿瑟的政策主張與他在軍中的人際關係一樣：不受美國本土歡迎。無論〈天皇口信〉還是麥克阿瑟的戰略獻策，都沒能說動華府高層對沖繩採取更積極的政策作為。

美國記者吉布尼（Frank Gibney）就在《時代》雜誌上，寫下了他一九四九年底在沖繩目睹的混亂情況：

過去四年裡，貧窮且屢遭颱風侵襲的沖繩島，一直被駐島部隊苦澀地自嘲為「後勤支援的最後順位」。在這裡，美國軍官的指揮鬆散且效率低下，而島上一萬五千名大兵的士氣與紀律，可能比世界上任何一支美軍部隊都更糟糕，但當地六十萬生活在絕望與貧苦中的沖繩人民，卻還是得依靠這些軍隊維持治安秩序……[4]

駐沖繩的軍眷家庭，大多住在臨時屋裡，營地環境和流浪漢的營寨沒什麼兩樣。少部分軍官住在水泥小屋，但建材得從美國進口而來，每單位成本就高達四萬美金，[5]餘下的沖繩軍營都只是鐵皮屋，一名年輕軍官就抱怨：「我們的駐地生活令人生厭，就是不斷在修理屋頂鐵皮，然後看著那塊鐵皮被颱風吹走，一切重來繼續修理鐵皮。」

吉布尼筆下的沖繩，不僅不受美國政府重視，島上居民也深受軍紀敗壞的美軍犯罪所苦。但實際上，他正見證美國占領政策從一九四九年開始的大幅轉向，除了快速通過各種基地建設與軍事預算外，重建沖繩經濟與恢復社會秩序的統治政策也轉趨積極。但造成此一變動的原因，並不是麥克阿瑟的政策遊說，而是一九四九年中國共產黨擊潰了國民黨政府、成立中華人民共和國，以及隔年六月朝鮮半島爆發的韓戰。

中共赤化中國與韓戰的爆發，不僅讓東亞成為全球冷戰的前線，華府更開始以「島鏈戰略」之名，開始實現麥克阿瑟先前不斷提倡的種種布局。在此期間，美軍不僅在沖繩大舉擴基地部署與基礎建設，琉球群島也在一九五二年的《舊金山和約》中，正式成為美國所屬的託管地。

美國對於沖繩的態度從「短期駐軍」轉向「長期占領」，為沖繩帶來正反兩面衝擊——以社會角度，美國終於積極投入沖繩重建，除了推動戰後一度崩潰的民生經濟、交通運輸、醫療衛生與基礎教育外，美軍軍紀問題與地方治安也有明顯改善。但美國對沖繩的建設仍是「軍事至上」，與沖繩住民的土地衝突也愈演愈烈，這段時間美軍的各種強徵土地、甚至出動士兵驅逐居民，也被稱為「刺刀與推土機」（銃剣とブルドーザー）而寫入沖繩人的集體記憶之中。

「儘管美國將沖繩人歸類為『被解放的人民』，但美方統治沖繩人的態度，卻不如對待日本人那麼慷慨。」吉布尼寫到，沖繩戰役徹底摧毀了沖繩人經營數百年的傳統經濟，農民傳承好幾代的梯田與耕地，在美軍推土機下幾分鐘就被夷為平地。但美國在沖繩的開發只為了軍事用途，這限制了沖繩經濟發展路線，也強化了沖繩人在美軍統治下的不平等感，「對於沖繩的年輕學生而言，『對未來懷有希望』是相當奢侈的事。」在吉布尼的報導裡，一名沖繩的高中校長無奈地表示：「如果年輕人在島上的唯一出路，就是當美國空軍基地的雜工，那叫他們認真念書又有什麼用呢？」

戰後，沖繩西北部的伊江島被美軍徵收的基地用地告示牌：「美軍用地。美國人以外者禁止進入。違反者將嚴厲懲罰。」（圖片來源：那霸市歷史博物館）

越戰給沖繩的兩個機會

一九五二年一月，白宮特別外交顧問杜勒斯（John Foster Dulles）發表了一篇影響美國冷戰戰略的重要論文〈太平洋的安全〉（Security in the Pacific）。[6]當時的杜勒斯被杜魯門總統（Harry Truman）任命為對日本戰後和平談判的特使，也是促成《舊金山和約》的關鍵外交推手。文章中，杜勒斯提出了一個關鍵的地緣戰略新詞：離岸島鏈（The Offshore Island Chain）。

……美國的目的是確保由日本、琉球群島、菲律賓、澳洲和紐西蘭組成的離岸島鏈之安全。此外，（杜魯門）總統已經宣布：美國不會允許以武力改變福爾摩沙（臺灣），即目前中國國民政府（National Government of China）所在地的現狀，並指示太平洋艦隊依照這一政策行動。這是美國政策的重要發展，也是防止共產黨帝國主義控制太平洋的一個強有力的威懾力量。

杜勒斯的發言，使「第一島鏈」成為冷戰時代美國在東亞戰略部署的代名詞，並正式確認了沖繩作為美國「太平洋基石」的軍事地位。

美國統治下的沖繩大幅基地化，沖繩島北部成為美國海軍陸戰隊的叢林戰鬥訓練基地，嘉

一九六五年，美軍陸戰隊在被派往越南戰場之前，都會先在沖繩本島北部的叢林戰演訓場練兵。（圖片來源：那霸市歷史博物館）

手納空軍基地擴建為美軍在東亞最大的軍用機場。這些軍用設施的擴張，讓沖繩在一九六〇年代捲入冷戰的下一個衝突前線：越戰。

雖然沖繩與越南距離超過二千四百公里，但越戰期間，沖繩卻是美軍重要的後勤與休整據點。當時的日本、韓國、菲律賓與臺灣，都同樣是為美軍提供後勤與補給的「越戰後方」，但被美國直接統治的沖繩，卻讓美軍擁有更多行動自由與部署彈性。

以越戰期間的駐日美軍為例，《日美安保條約》規定，美軍若需大規模調動駐日部隊、移動或部署核武等戰略武器，或在日美共同防衛之外的任務中使用駐日基地，都必須透過「事前協議」制度取得日本政府同意。然而，當時日本社會對美軍出兵越南的反應極為強烈，許多人將美軍轟炸北越的新聞畫面與二戰時期美軍空襲日本本土的記憶重疊，進一步激發了反戰與反美情緒。但當時的沖繩仍由美國統治，不屬於日美安保事前協議的適用範圍。因此，日美政府遂達成默契，繞過政治風險——從日本出發的美軍只要「中停沖繩」，就不算使用駐日基地參與越戰。

沖繩因此成為美軍在東亞調度越戰任務的「戰爭旋轉門」。例如，美軍可以毫無政治顧忌地在沖繩部署化學武器、核彈頭；從一九六五年起，美軍更無視沖繩與日本社會的強烈反對，在嘉手納機場部署 B-52 戰略轟炸機，[7] 讓沖繩成為美軍直接攻擊北越的作戰基地，[8] 諷刺地實現了麥克阿瑟十七年前對肯南「從沖繩壓制亞洲沿海」的軍事預言。

與臺灣的狀況相似，當時沖繩經濟受到越戰紅利明顯助益，除了運輸、觀光與娛樂事業因越戰美軍休假的消費刺激而大幅成長，戰爭所導致的軍需供應鏈，也讓沖繩經濟連帶發財。然而隨著美軍在越戰陷入泥沼，這場遠方戰爭卻對沖繩人的生活帶來難以想像的壓迫感——從戰場歸來的美國大兵，對沖繩治安的負面影響愈發嚴重。當越戰規模升級後，美軍在沖繩的轟炸機墜機大爆炸、彈藥庫意外，甚至是在沖繩祕密囤放、用於越南戰場的落葉劑，更不斷引發居民的恐懼與反戰情緒。

沖繩基地只是讓美軍進出亞洲的戰術施展更為容易，並不能扭轉美國在越戰的僵局、沮喪與戰略失敗。當美國國內極為厭戰，沖繩社會又出現非常強烈的復歸日本運動時，日本政府與美國其實早已開始就沖繩主權回歸日本展開祕密談判。

一九六五年八月，日本首相佐藤榮作[9]成為戰後第一位前往沖繩的首相。在抵達那霸機場時，佐藤榮作說出了一句重要發言：

只要沖繩一日未能回歸祖國，對於我國（日本）而言，戰後狀態就一日無法結束。

佐藤榮作將「沖繩回歸」視為其首相任內最重要的政治任務，但美國方面則認為，要保護韓國、臺灣、菲律賓和越南的安全，就不能失去沖繩。曾參與沖繩返還談判的美國國防部高階幕僚哈爾佩林（Morton Halperin）指出，[10]當時的日美密談多次觸礁，就連華府高層也都意見分歧，特別是美國軍方強烈抵制「交還沖繩」的想法。一方面是因為歷史因素，許多將領認為沖繩是美軍浴血犧牲才攻克的戰略要塞，情感上不願放手；而沖繩作為不受政治干擾、完全以軍事政策為中心的基地，正是美軍可以任意控制的樞紐。

「如果沖繩不是一個擁有百萬居民的島嶼，我相信美國很可能會繼續統治沖繩。但現實並

在嘉手納空軍基地外的道之驛嘉手納展望臺，不只能眺望美軍起降，也有關於基地汙染與沖繩戰役的體驗展示廳。（攝影：楊子磊／報導者）

非如此，美國對沖繩的軍事統治不可能永久持續下去。」哈爾佩林指出，儘管美方不情願，但也很快理解：沖繩回歸日本只是時機與條件的問題。

一九六九年以「終結越戰」為首要政見的尼克森（Richard Nixon）當上了美國總統，他任內的第一年就以延長《日美安保條約》與貿易協定為交換，與日本首相佐藤榮作達成沖繩返還協議，宣布由美國託管的琉球群島將在三年後回歸日本。

但讓沖繩人失望的是，日美談判並未要求「美軍離開沖繩」或「撤除沖繩基地」。日本與美國的交涉重點在於確保沖繩返還後的軍事作用不變，美軍在東亞的戰略部署也不會因此受到影響。日本談判代表加藤良三就強調：「（沖繩）基地的存在是必要的，因為它是國防安全的核心。所以，減少（沖繩）基地本身並不是我們的目標，我們只要求美國歸還那些不再需要或非緊急用途的多餘基地。」[11]

自一九七〇年開始，美軍就已在日本本土推動撤裁駐日基地的「關東計畫」，即歸還中小型軍事設施，將駐日美軍集中在橫田基地、橫須賀軍港等戰略位置更重要的大型核心基地。一方面減少駐外成本、增加管理效率，二方面也藉由歸還基地，減緩日本政壇與社會對美軍的抵制情緒。而同一時間，準備回歸日本的沖繩，也在日本政府代墊鉅額地主賠償、土地復原費用的狀況下，歸還部分基地。但相較於日本本土的積極歸還，美軍對沖繩基地的縮編，態度明顯消極。因此在沖繩返還之後，取代佐藤榮作成為首相的田中角榮，才於一九七三年初公開向美軍表達「繼續縮編沖繩美軍基地」的立場。

中國因素的溫差，與沖繩基地返還的消極化

與一九六九年達成沖繩返還協議的佐藤榮作相比，田中角榮與美國在一九七三年的沖繩基地談判，有更強的「中國因素」背景。一九七一年十月，中華人民共和國加入聯合國，並成為安理會常任理事國。一九七二年二月，美國總統尼克森正式訪問中國，自此展開美中關係正常

化。一九七二年九月，甫當上首相的田中角榮訪問中國並簽署《日中共同聲明》，日本正式與中華民國斷交並與中華人民共和國建交。這一連串冷戰局勢的劇烈變動，不僅讓中國迅速走向世界，美國與日本在西太平洋上的戰略布局，更因與中國關係的升溫而轉變，因此田中角榮才會再以沖繩基地問題為槓桿，公開測試美國在西太平洋的戰略態度。

當時，尼克森政府對於沖繩基地的立場分成兩派：代表外交系統的國務院與駐日大使館主張保留對嘉手納空軍基地的使用權，但建議美軍應縮編其他基地、甚至考慮將駐紮在沖繩的陸戰隊全數撤回至美國本土。因為日本本土與沖繩社會對於美軍駐留的反彈明顯，再加上美國國防經費正因越戰接近尾聲而縮減，預算緊繃與閒置設施的高額成本都讓美方頗感壓力。因此華府外交幕僚大多建議：美國應主動推進沖繩基地縮減計畫，除了精簡兵力與維持成本外，更可以此作為與日本談判分擔駐軍成本的政治籌碼。

但美國軍方對於沖繩基地的態度卻非常強硬，強調自從一九六九年沖繩確定返還後，美軍就已開始精簡沖繩駐地，再加上關東計畫當時已在推動，連續的基地縮編可能讓美軍在日本與西太平洋出現戰力真空，最糟的結果恐將讓駐日美軍行動受限、在緊急狀況時無基地可用，因此強力反對縮小沖繩基地。

田中內閣亦對沖繩基地意見分歧，像是防衛省就相當反對同時縮編沖繩與日本本土的美軍基地，認為過於急躁地縮編駐日美軍，可能會對蘇聯、北韓等假想敵釋出錯誤的戰略信號，也強調美軍陸戰隊駐日的必要性，因為一九七〇年代的自衛隊並沒有兩棲作戰的能力，假若朝鮮半島爆發戰爭、或日本的外島遭到占領，駐沖繩的美軍陸戰隊都將是回應安保條約的第一批地面應變戰力。

除了防衛省的疑慮，財政也拖住了田中角榮的後腿。一九七三年十月，以色列—埃及贖罪日戰爭導致第一次石油危機爆發，暴漲的國際能源價格不僅讓日本陷入高通膨困境，一九七四年日本更陷入了戰後以來第一次經濟負成長。這股巨大的財政壓力，不僅讓關東計畫的工程成本暴增，美方提出的沖繩基地遷移方案更開出田中內閣難以接受的天價；同時，經濟問題已大幅轉移了日本本土的政治焦點，本土輿論也因安保、財政負擔等疑慮，而對撤除沖繩美軍基地的主張轉趨消極，最終促使日本政府擱置沖繩基地談判。

雖然自一九七二年沖繩回歸日本起，美軍五十年內已減少了三五％的沖繩基地面積，但包括嘉手納基地、普天間飛行場、陸戰隊叢林訓練中心等美軍核心設施卻維持不變。換言之，一九七〇年代的沖繩返還與駐日美軍基地談判的結果，依舊持續定調著沖繩維持基地化的現實。

一九九〇年代蘇聯解體、冷戰結束後，日美雙方對沖繩基地的戰略設計並未隨國際局勢的緩和而改變。一方面，一九九五至一九九六年間的臺海飛彈危機重新彰顯島鏈戰略對美軍印太部署的重要性；另一方面，二〇〇〇年後中國的軍事崛起與北韓的核武化危機也帶來全新威脅，種種情勢雖讓美國開始思考分散部署，並將駐沖繩美軍逐步後撤回關島、夏威夷等第二或第三島鏈，以避免被中國或北韓飛彈部隊一網打盡，但美軍兵力的彈性化部署，反倒進一步強化了沖繩作為日美聯盟「前線應變基地」的角色。

截至二〇二四年為止，全日本專供美軍使用的軍事設施與基地，仍有七成集中在只占日本國土總面積〇．六％的沖繩縣；光在人口最多的沖繩本島就有一四．四％的土地被美軍基地占用——沖繩縣仍是全日本軍事化程度最高、美軍部署最密集的地區。

在美國統治時期，沖繩街頭的車輛常見到一種美軍專用的黃色車牌。這種車牌除了數字車號外，還刻有那句專屬沖繩的美式標語：「太平洋的基石」（Keystone of the Pacific）。這個「基石」象徵沖繩在美軍戰略中的重要性，表示它是不可或缺的關鍵支點。然而，這句話在日本卻常被直譯成「太平洋的要石」——在日本的神話傳說中，「要石」是用來鎮守災厄、守護和平的鎮石，但若這塊石頭被撼動或移位，日本就將遭受巨大災難。

沖繩到底是美軍在太平洋的「基石」、日本安保政策的「要石」，還是國際政治的「捨石」？雖然〈天皇口信〉和麥克阿瑟的島鏈戰略已成歷史，但直至今日，沖繩的基地布局，仍是糾葛在沖繩社會與太平洋局勢之上的矛盾進行式。

在沖繩嘉手納空軍基地，美軍每年都會舉行俗稱「大象漫步」（Elephant Walk）的大規模動員演習，這是為了測試在最短時間內全軍出擊的能力，同時也向外界展示美國的雄壯軍容。圖為二〇二四年四月的演習。（圖片來源：U.S. Air Force, Photo by Senior Airman Jessi Roth）

1 Appeal to Emperor Hirohito to Avoid War in the Pacific, The American Presidency Project, 1941-12-06. https://www.presidency.ucsb.edu/documents/appeal-emperor-hirohito-avoid-war-the-pacific.

2 〈天皇メッセージ〉，沖縄県公文書館。https://www.archives.pref.okinawa.jp/uscar_document/5392

3 Report by the Director of the Policy Planning Staff (Kennan), Office of the Historian, Foreign Service Institute, 1948-03-25. https://history.state.gov/historicaldocuments/frus1948v06/d519

4 https://time.com/vault/issue/1949-11-28/page/26/

5 換算歷史匯率後，大約等於二〇二四年的五十二萬美金，也就是新臺幣一千六百三十五萬元。

6 *Foreign Affairs*, 1952-01.

7 《嘉手納町と基地》，沖縄県嘉手納町，二〇二三年。https://www.town.kadena.okinawa.jp/departments/762a5b9b071ef9b2c0a2e4305d9252e8f1f34a1e.pdf。

8 美國在越戰時的方針，是不評論、不解釋也不承認空軍空襲北越的作戰路線，因此當時嘉手納基地對外的說法皆是轟炸機在此是降落補給或進行例行訓練。而同一時間，當時開放美軍使用的臺中清泉崗空軍基地，亦有空襲北越的 B-52 轟炸機起降。

9 佐藤榮作（一九〇一—一九七五），一九六四年至一九七二年間擔任日本總理大臣。佐藤榮作是前首相岸信介的弟弟（岸信介過繼給岸家）和安倍晉三的舅公（安倍晉三是岸信介的外孫）。

10 〈沖縄返還交渉の米側キーパーソンの一人〉，《ＮＨＫ》，二〇一三年六月五日。

11 〈なぜアメリカ軍基地は残ったのか 当事者たちの証言〉，《ＮＨＫ》，二〇二二年五月十九日。

2

普天間與邊野古——不協調的雙重奏

文字——張鎮宏；採訪翻譯——海明威涼子

宜野灣市的嘉數高臺公園，是最能代表沖繩戰爭歷史的血淚遺址，也是沖繩在國際媒體中能見度最高的「新聞景點」。二次大戰末期，這片丘陵曾是日本與美國最血腥的死鬥戰場之一，短短十六天戰鬥，超過十萬人死傷。如今，高地上的眺望亭，俯瞰著因座落在人口稠密區而被稱為「全世界最危險基地」的美國海軍陸戰隊普天間飛行場，以及沖繩美軍基地搬遷問題的矛盾核心。

一九四五年四月八日，甫登陸沖繩島一個星期的美軍正一路南下，但大軍在穿越沖繩中部的比屋良川後，卻在嘉數高地遭到日軍頑強反擊。美軍當時亟欲南進包圍日軍司令部所在的首里城，於是下令部隊強攻、試圖正面突破嘉數防線。然而占據地形優勢的日軍早已布下完整防禦，本以為能輕鬆闖關的美軍死傷慘重，集結的十八萬大軍更被卡在這僅有五百公尺寬的丘陵地長達十六天，慘烈的激戰也讓美軍畏懼地稱為「嘉數絞肉機」。[1]

這場雙方死傷近十萬人的嘉數之戰，不僅是沖繩戰役最血腥的戰鬥之一，也開啟了沖繩島南部激戰的地獄之門。在戰爭結束將近八十年後，如今的嘉數高地早恢復平靜，昔日戰場成為布滿兒童遊樂器材的社區公園，唯有四散在丘陵臺階上的戰場慰靈碑，仍默默記憶著沖繩戰的殘酷與瘋狂。

從公園往上爬，這片丘陵地的最高點即是嘉數高臺展望臺，儘管海拔僅九十二公尺，卻能從南往北將宜野灣市、沖繩島西海岸盡收眼底。地球型的三層樓展望臺裡，除了零散的參訪學生，最常見的訪客是一批自攜無線電、架設長鏡頭裝備的軍事攝影師，他們鎮日守在看臺北面，瞄準著一公里之外、與宜野灣市融為一體的普天間飛行場。

普天間飛行場也是沖繩戰留下的歷史產物，一九四五年四月美軍登陸沖繩島後，隨即在普天間一帶建設能讓 B-29 戰略轟炸機起降的大型機場，準備讓沖繩成為盟軍登陸日本本土「沒落行動」（Operation Downfall）的踏板基地。儘管在普天間基地完工前，二次大戰就已經結束，但當韓戰爆發、美國也確定將持續軍事占領沖繩後，普天間飛行場就成為了美軍至今在西太平洋最重要基地之一。

「剛從你們頭上俯衝而過的 MV-22『魚鷹』傾斜旋翼機，就是普天間基地的專屬機隊。」用口罩與墨鏡蒙著面的在地攝影師告訴我們，普天間基地是美軍陸戰隊所屬，絕大多數的常駐軍機都是直升機或能垂直起降的機種，但這些直升機的飛行路線

嘉數高臺公園展望塔是普天間飛行場最具代表性的攝影角度，也是沖繩最常登上國際新聞的畫面之一。圖為一位守在展望臺的軍事攝影師，他正北望著普天間基地，這也是當年日軍在嘉數高地上瞄準美軍開火的同一方向。（攝影：楊子磊／報導者）

往往會受風向影響與低空任務屬性而大幅變動，所以普天間基地並沒有固定的起降方向，軍事攝影師只能隨機應變、帶著相機裝備在基地周邊打游擊。

「普天間飛行場雖是陸戰隊基地，但往來機種卻不僅限於直升機，陸戰隊的 F-35、F/A-18、空軍的 F-15 戰鬥機都時常在普天間起降，連巨大的 KC-135 加油機有時也會在這裡低空盤旋、做觸地重飛的戰術訓練。」在他自己的經驗裡，普天間基地的最佳攝影時間大多在一大早，當日任務要出動的數十架軍機才會排列在飛行跑道上——這種「平民住宅區藏有美國大軍」的特殊場景，就是讓普天間基地屢屢登上國際新聞的代表畫面，卻也是沖繩島民如噩夢一般的壓力日常。

全世界最危險的基地

「直到美軍掉落的裝備砸到我們頭上以前，我都不覺得軍機很吵、戰機很可怕——因為和保育園的孩子們一樣，我也是宜野灣出生，從小就『很習慣美軍基地』，以為戰機低空飛行很正常的本地人。」

六十二歲的神谷武宏，是宜野灣綠丘保育園的園長，也是本地出身的教會牧師。一九六二年出生的他，小時候就住在普天間基地的西側，沒想到成年之後，自己輾轉一大圈又回到了兒時原點，過去十多年來都在美軍基地北面、距離只有五百公尺的綠丘保育園服務。

神谷園長表示，二戰期間美國之所以選擇普天間興建機場，是因為這區地勢平坦排水佳。但沖繩戰結束後，原本因戰爭疏散的本地居民返鄉時，卻發現家園故土已被灌滿水泥成為美

一九三九年，沖繩的女子警防團參拜普天滿宮（如今基地的北側）。普天間飛行場一帶原本是長滿琉球松的林蔭大道，當地的普天滿宮自古以來便是島上重要的信仰中心。然而，在沖繩戰役爆發前，這些百年松樹卻被日軍砍伐作為防禦工事的建材。美軍登陸後，為了開闢普天間機場，更將整區夷為平地。（**圖片來源：那霸市歷史博物館**）

軍基地，他們迫不得已只能沿著基地臨時搭起鐵皮屋。許多居民選擇融入為美軍工作的基地經濟圈，但也有不少人為了堅守家族土地而不願離去，再加上普天間原本就是沖繩中部交通匯流的中心地帶，久了才變成基地嵌入城鎮中心的特殊樣態。

與普天間飛行場僅隔著一座小山丘的綠丘保育園，從一九六〇年代成立就一直照顧著基地周邊社區一歲到五歲的孩子。園內許多孩子的爸媽為美軍工作，也有積極參與反基地運動的家庭，但這些不同立場並不曾影響家長們的關係。在神谷武宏的眼裡，溫暖而平凡的綠丘保育園與其他機構並無不同，只是離美軍基地比較近而已。

但二〇一七年十二月七日，一塊從天而降的不明碎片，卻敲碎了綠丘保育園的平靜日常。「那天下午保育園裡比平常還要歡樂，因為耶誕節快到了。」對於那天發生的事，神谷武宏仍餘悸猶存，「當時三十多個小朋友正在戶外玩耍，但一架美軍 CH-53E 直升機飛過時，突然『碰！』的一聲巨響嚇壞了大家。這才看到了保育園遮雨棚被一塊紅色不明物體砸凹，上面寫著『Remove Before Flight（飛行前拆除）』——這是美國軍機從空中掉落的裝備，只差五十公分就會擊中玩耍中的孩子們。」

綠丘保育園的遭遇，在高度軍事化的沖繩並不罕見。由於基地集中、又是美軍在西太平洋部署的重點，沖繩上空全年都有美國軍機密集操練，但高強度的訓練同樣會放大意外發生

宜野灣綠丘保育園長神谷武宏，展示著當年美軍直升機掉落軍用零件的照片。（攝影：楊子磊／報導者）

的機率。例如在韓戰與越戰期間，駐沖美軍每年都會出現十多數起空中事故，其中最嚴重的即是一九五九年六月三十日發生在沖繩島中部的宮森小學美軍戰機墜落事件，當時美軍一架F-100戰鬥機因機械故障撞入正在上課中的宮森小學引發爆炸，造成包括十一名學童在內共計十七人當場死亡。

儘管沖繩在回歸日本後，美軍飛行事故逐年減少，但從一九七二至二〇二三年之間，美軍在沖繩仍發生至少四十二起全毀等級的重大空難，[2]其他各種迫降、機身裝備從高空墜落等事件更是難以勝數。其中，肇事率最高的機種，即是以普天間飛行場為主要基地、總愛低空飛越人口稠密區的美軍直升機。根據宜野灣市政府的計算，從沖繩回歸至今，包括空中掉落零件、基地外迫降、墜機等狀況，普天間基地所屬的美國軍機平均每年會發生二．七起飛安事故。[3]而在綠丘保育園事件發生的七天內，普天間基地就通報了另外兩起美軍裝備脫落事件，其中一架美軍直升機從空中落下重達七．七公斤的直升機駕駛側窗，直接砸入普天間第二小學的操場，造成一名學童受傷。

「我通報了警察、縣府和沖繩防衛局，也聯絡了美國領事館與普天間基地。但我其實很害怕，因為熟識的大學教授告訴我：掉落的紅色裝備，是美軍直升機的葉片檢測器，這種零件可能含有放射性物質。[4]當時的日本因為福島核災，社會上對這種消息仍非常敏感，我很擔心新聞傳開後，保育園與孩子們會遭遇『風評被害』，[5]所以我們一度不敢聲張。」

神谷園長告訴我們，事件發生的三天內，時任沖繩縣知事、二〇一八年因胰腺癌於任內逝世的翁長雄志，就親自拜訪綠丘保育園。翁長知事當時正因為普天間基地搬遷爭議與要求美軍撤出沖繩等問題，與日本中央政府鬧得不可開交。按照政治常理，這起美軍零件墜落事件本該是翁長第一時間宣傳反基地立場的大好良機。然而翁長知事的來訪不僅保持低調，在提供各種諮詢協助之餘，更顧慮到園方與家長可能遭遇的新聞壓力而刻意避開記者。

相對的，儘管普天間基地距離保育園僅五百公尺，美軍卻始終無人出面，不但拒絕沖繩與日本政府提出的聯合調查，還強硬地以「經基地清點後，確認沒有零件短少，因此無法證明該物體為美軍掉落物」作為官方結論。

「美軍拒絕調查的立場非常強硬，日本政府也無可奈何。」神谷武宏表示：「但保育園就在基地旁邊，老師、家長們都很怕美軍裝備再次墜落——我們這些從小就習慣戰機低飛的大人，這時才開始感到恐懼。」

不能接受美軍「無法證明」說法的神谷園長與家長們，於是自力救濟。他們先是從社區鄰里蒐集監視器畫面，接著以人工方式一一比對沖繩防衛局每個月都會對外公布的「美國軍機日常飛行軌跡圖」，試圖自行證明墜落的零件確實與美軍飛行訓練有關。神谷表示，在沖繩防衛局公布的當月美軍飛行軌跡圖裡，普天間基地的軍機不僅頻繁地在城市上方低空盤旋，飛行路線也經常穿越宜野灣市的醫院、學校等機關與人口稠密區，「美軍總說這是必要的飛行訓練，但如果場景換回美國本土，這些軍機真的敢在美國的醫院、學校、保育園上空，毫無顧忌、二十四小時全年無休地做低空訓練嗎？」神谷難掩不平地說。

「綠丘的大家決定召開國際記者會，家長與老師們的訴求很簡單：美軍調查，告訴我們真相，然後道歉、為我們的孩子提出一個解決方案。」但事情的發展並不如神谷園長想像的容易，「國際記者會當天，我代表向各國媒體講述保育園發生了什麼事，但有一名美國記者的現場反應，卻讓我們很傷心，他很不耐煩地抱怨：『所以沒人死掉嗎？這算那門子事故，真是浪費媒體資源。』」

但讓人難過的不只如此，保育園也接到了大量恐嚇的電話與電子郵件，「大部分來電都是沒有沖繩口音的男性，不斷辱罵我們、甚至暗示要對保育園不利，這樣的事情持續了好幾個星期，老師們的情緒都被這種喘不過氣的壓力逼垮。」神谷園長表示，記者會後不久，沖繩防衛局便將原本每月公布的美軍飛行軌跡圖全數下線，理由是「美軍認為航線軌跡圖涉及軍事機密」，因此透過防衛省從東京下令刪除公開資訊。與此同時，綠丘保育園發起公民請願，要求日本政府介入調查事故原因，儘管在三個月內成功募得全日本十二萬人的簽名，但最終仍遭東京當局置之不理。

多年過去，當年的孩子們早已畢業前行，但作為園長的神谷，仍繼續參加教會組織的和平倡議運動，他們定期在美軍基地門口示威，並持續監督、催促日美兩國政府應盡快履行一九九六年達成的沖繩基地協議：永久關閉普天間飛行場，並逐步撤除駐沖繩的美軍基地。

「從美軍裝備墜落的那天起，我就開始記錄綠丘保育園上空的各種軍機，這才驚覺戰機低空過頂、巨大軍事噪音的日常非常不正常。但我更害怕園內的小朋友『已經習慣』，所以保育園的老師從此始鼓勵孩子們：如果聽到軍機的聲音，除了摀耳朵、看天空，大家更要一起大聲

在宜野灣市低空盤旋的美軍 CH-53E。這種重型直升機機身長度超過三十公尺，沖繩上空終年都是其旋翼的振動噪音。（攝影：楊子磊／報導者）

對戰機大喊『吵死了！』」在保育園二樓的禮拜堂裡，神谷園長播放著他自己剪輯的保育園影片。「我希望這種做法能幫小朋友們釋放情緒，並透過大喊的身體記憶，讓他們知道這種狀況是不正常的、並能表達自己的壓力。我想讓孩子們知道，錯誤的事情不是自己習慣就好，不公平的事情就要堂堂正正地指出不公平。」

「我理解基地問題不只攸關國家安全，也與很多人的生活相關，但作為一個大人的底線，我們有責任讓下一代正常長大，我不希望孩子們從小習慣於委屈自己、繼續承擔著沖繩人世代面對的日常不公義。」在放學後空無一人的保育園裡，神谷園長向我們說道。但山頭遠方，仍在普天間基地上空不斷迴旋的直升機，卻劃破宜野灣日落後的夜空，傳來戰鼓一般低沉厚重的震動回音。

搬遷基地

一九九五年九月四日，沖繩發生了一起震驚全球的重大犯罪事件，一名年僅十二歲的沖繩國小女學生，在沖繩北部購物返家的路上，遭到三名休假的美國大兵隨機擄走、綁架性侵。犯案後的凶手若無其事地躲回陸戰隊基地，遭重傷的被害人則即時被沖繩警方尋獲而撿回一命。

事件發生後，沖繩媒體雖得知美軍性侵暴行，但顧慮到家屬與未成年被害人的心理狀況，因此第一時間的報導相當謹慎。然而，當沖繩縣警察確認三名兇手的身分，並正式要求駐沖繩美軍引渡這三名士兵交由日方逮捕調查時，駐日美軍卻援引《日美地位協定》中的規定——駐日美軍涉案犯罪時，除非日本檢方正式提出起訴，否則嫌犯將由美方負責拘留——拒絕將三名涉案軍人交給沖繩縣警。

美軍強調一切都只是按照規定行事，但其強硬姿態不僅阻礙沖繩縣警的犯罪調查，美軍高層也屢屢發出爭議言論、質疑日方刻意誇大案情，種種火上加油的處理態度，徹底激怒沖繩社會吞忍許久的委屈情緒，引爆了自一九七二年沖繩返還以來最大規模的反美軍示威與反基地運動。

這場沖繩反美軍抗爭，不僅震撼了日本，也鬆動了美國對於沖繩駐軍的態度。於是，美日開始就沖繩美軍基地的整併與土地歸還展開一系列的政策磋商，其中最受討論也最為重要的歸還地，即是位於宜野灣市正中央的普天間飛行場。根據一九九六年的協商結果，日美雙方「將在五至七年內」完成建設「替代設施」並投入運作，之後美軍將全面撤出並歸還普天間飛行場。[6]

美軍「即將」歸還普天間飛行場的消息，當時讓沖繩社會極為振奮，因為這座軍事基地不僅是駐沖美軍所使用的第二大機場，也是給沖繩人日常生活帶來最多困擾的美軍基地。

首先，普天間飛行場距離城市過近，軍事跑道距離住宅區只有數百公尺，軍機起降和直升機日夜低空盤旋的極大噪音與震動，讓宜野灣市民苦不堪言。此外，美軍訓練事故時有發生，沖繩人也擔心戰時敵國攻擊美軍基地會波及平民區，這些因素都讓普天間飛行場成為沖繩最難忍受的嫌惡設施。

另一個困擾是普天間飛行場的地理位置。該基地位於沖繩島中部的中心，占地四百八十公頃，面積約為臺北松山機場的二・二五倍。其北側五百公尺即是美軍陸戰隊的福斯特營區（Camp Foster，八十三公頃），再往西北則是陸戰隊萊斯特營區（Camp Lester，三十五公頃）與嘉手納空軍基地（一千九百八十六公頃）——四座美軍基地連成一線，占去中部大半平地，沖繩縣民的道路、電纜、自來水等設施都需繞開基地，導致島嶼被基地分割，對中北部的經濟與城市發展造成極大限制。

事實上，美國內部對於普天間基地的存廢也存在激烈爭辯。國務院與白宮認為應優先安撫日本與沖繩對美國駐軍的反感，以避免日美安保同盟出現難以修復的政治裂痕。同時，沖繩基地的返還還可作為談判籌碼，用來換取日本在強化安保政策、增加國防支出以及配合美國戰略外交部署方面的支持。例如，在二〇〇三年英美聯軍入侵伊拉克時，美方為了爭取日本的支持，多次表達願意加速美軍基地的返還。時任美國國防部長倫斯斐（Donald Rumsfeld）在訪問沖繩、視察美軍基地時，甚至說出了那句對普天間飛行場影響深遠的名言：「這真是世界上最危險的軍事基地。」

倫斯斐當時從空中俯瞰，認為普天間飛行場距離城鎮密集區過於接近，且跑道兩端均無足夠空間設置緩衝區。這不僅將周遭居民的生命財產置於險境，也威脅到美軍飛行任務的安全。尤其在基地已成民怨焦點之際，若再發生如同宮森小學空難般、導致居民死傷的墜機事故，恐將對日美同盟造成極難修復的政治傷害。

但普天間飛行場的搬遷，是以「確保可使用的替代基地」為前提。為此，美日雙方曾針對以下四種方案進行討論。

一、關島遷移方案：將普天間的常駐部隊撤出沖繩，分散轉移至關島與日本本土的美軍基地。從一九九○年代起，美國已逐年精簡駐沖繩的美軍數量，並將陸戰隊改駐回關島、澳洲等「第二島鏈」基地。在所有替代方案裡，關島遷移案也是最符合沖繩減少美軍基地、降低軍事化負擔的政治訴求。

然而關島遷移案對於駐日美軍的戰力規畫影響太大。美軍雖然持續把兵力移往第二島鏈，卻無意減少第一島鏈的基地數量與戰備彈性。再加上美日政府的共識，是確保駐日美軍在歸還普天間基地後，仍能在日本維持

美軍的 MV-22「魚鷹機」在普天間飛行場裡列隊。這種「平民住宅區藏有美國大軍」的特殊場景，也是沖繩島民如噩夢一般的壓力日常。（攝影：楊子磊／報導者）

既有規模的部署彈性，關島案因此出局。

二、嘉手納共用整併方案：將普天間的陸戰隊軍機，全數轉移到嘉手納空軍基地。作為美軍在西太平洋最大的軍用機場，嘉手納不僅有足夠的空間擴建陸戰隊停機坪和直升機起降場，陸戰隊飛機的後勤和維修也能與空軍共享資源，大幅降低部隊維持成本。

但嘉手納整併方案卻撞上了美國「軍種政治」的敏感問題。對於空軍而言，陸戰隊飛行聯隊的進駐增加了嘉手納基地的管理複雜度，陸戰隊亦對寄人籬下表達反對立場。再加上普天間飛行場不僅是陸戰隊使用，也是嘉手納空軍基地的輔助機場，為了應對緊急狀態，美軍必須維持能讓四百架以上戰機——也就是美軍常駐軍機數量的三倍左右——隨時進駐沖繩的運作空間。因此僅有嘉手納一座基地是不夠的，無論普天間飛行場的存廢，駐沖繩美軍都需要另一座軍用機場。

三、施瓦布營山區建設方案：陸戰隊在沖繩島東北部的施瓦布營區，可以重新規劃一部分營區土地為直升機起降場。

然而，這一方案在政治上面臨極大的阻力。一方面，駐沖美軍對於改造現有營區持消極態度；另一方面，這一計畫也是沖繩人難以接受的「縣內搬遷」，因為美軍不僅不會減少，反而還要在沖繩中部另一個核心地區建設全新的軍事基地。

四、施瓦布營海上設施方案：以陸戰隊施瓦布營的沿海堤岸為基礎，填海興建「海上設施」。美日兩國政府就普天間飛行場搬遷案所設立的沖繩特別行動委員會（SACO）認為[7]：這項離岸設施方案可以與既有陸戰隊基地相連，對當地居民生活的影響較小，且毋須徵收私人土地。報告還強調，海上設施的撤除成本較低，有利於未來基地返還的接收工作，因此被評估為普天間遷移的「最佳解」。

這個座填海基地，最終選址於沖繩東部名護市、面朝大浦灣的邊野古海岸。但全案卻從本來的日美政府「最佳解」，演變成了極為複雜的超級政治災難。

邊野古的呼喚

從那霸前往邊野古的路途大約七十公里，一個多小時的車程會先後穿越普天間、嘉手納兩大軍事基地，就算疾駛在高速公路上，也很難不看見低空飛行的美軍戰機。但穿越這些基地後，映入眼簾的沖繩島東海岸卻蔚藍地令人著迷——特別是車程的終點大浦灣，在那片以珊瑚白沙灘著名的平靜水域之下，很難想像這竟是日本基地政治的鬥爭最前線。

二〇二三年八月，當我們踏上入邊野古時，美軍基地的填海工程已持續超過十年。儘管大浦灣的風景依然璀璨迷人，施瓦布營外圍的海岸線卻籠罩著一種肅殺緊張的氣氛。工程區不僅被重重的柵欄和監視器設備圍繞，通往海岸的所有通道也全被數百名警衛肩並肩、猶如閱兵大典一般所築起的「人牆」重重封鎖。

雖說是為了美軍建造新的軍用機場，但邊野古填海的工程計畫、施工進度、工程預算全都由日本政府承擔，作為使用者的美軍只需等待基地完工，反而鮮少出現在邊野古工地。因此這群帶著護盔、身著藏青色裝備的邊野古警衛，全是沖繩防衛局為了阻止反基地示威者接近海岸工地所聘用的民間保全——而七十五歲的反基地運動者浦島悅子，正是這群邊野古警衛最戒備的對象之一。

一艘沖繩防衛局的警戒船，正在邊野古填海工程南側巡邏，防止反基地人士擅闖海上工程區。堤岸上的鳥居，則是邊野古漁村供奉的龍宮神。（攝影：楊子磊／報導者）

施瓦布營外，由沖繩防衛局委外保全築成「人牆」，防止示威人士接近。（**攝影：楊子磊／報導者**）

「我每週三都會守在邊野古填海工程的海岸帳篷，每週四則在基地門口靜坐；參與運動的人會輪流換班，但仍時不時會有不明人士來搞破壞，像是你們來的這天，我們在海岸的示威帳篷與桌椅就全部被人推入海裡。」我們與浦島悅子約在邊野古漁港見面，那裡是施瓦布營基地的西側，也是邊野古填海工程的封鎖區邊陲。從日本各地前來聲援的社運人士，都會在漁港旁的基地隔離網綁上彩色絲帶與反戰海報；反基地抗爭者也會定期從漁港出海，從大浦灣的海上回望邊野古施工區，確認封鎖線內的填海進度，並記錄每個工程週期所破壞的海洋生態。

「我很喜歡山，也一直很鍾情在山林裡漫步，而沖繩的自然生態，就是我當初落腳這裡的原因。」浦島悅子說，自己其實來自鹿兒島縣，在東京、奄美大島都生活過一段時間，一九九〇年代因緣際會來到沖繩的佐喜真美術館工作，從此愛上這個充滿山海故事的美麗島嶼。

佐喜真美術館位於普天間飛行場的東側，館址緊貼著美軍基地外牆、從屋頂就能望見基地內部與飛行跑道，它不僅是專門展示沖繩戰與反戰藝術品的記憶空間，也是沖繩反基地運動的重要地標與活動聚集地。而在美術館服務的浦島悅子，不僅在第一線感受到美軍基地給沖繩人帶來的日常壓力，也一路見證一九九五年沖繩反基地大抗爭與日美政府承諾「普天間基地即將歸還」的社會反應。

「一開始，大家都對普天間基地搬遷的決定感到很振奮，覺得沖繩人好幾個世代的心願與努力終於得到成果。」在邊野古的沙灘前，浦島悅子如此回憶，「但欣喜的情緒很快就被現實熄滅，因為普天間基地雖然承諾要搬遷，但美軍實際轉移卻要等到『新基地』確定位置後才會開始，最後美日政府更沒有如大家所想的把基地撤出沖繩，而是要在名護市的邊野古『填海造陸』，填出一塊比三座東京迪士尼還大的海上軍機場。」

浦島悅子指出，邊野古即將填海成為美軍基地的風聲，早從一九九七年就在地方傳開。當時名護市還舉行了公投，超過半數的投票意見反對建設美軍基地。但最後，名護市政府仍以「經濟開發與預算補助對地方發展有利」為由，逕行同意中央政府將普天間基地搬遷至邊野古沿海的轉移政策。

當年的名護市公投，讓邊野古從沒人聽過的平靜小漁村，一夜成為沖繩美軍基地問題的新焦點，「當時我隨著一群朋友來到了邊野古的岸邊，有人便開船將我們載到平島，那是沿岸最漂亮的無人島，島上的沙子非常細緻，都是珊瑚變成的白色細沙。」浦島悅子回憶，「開船的那個人，就是邊野古生命守護會（命を守る会）的發起人比嘉盛，他說他之所以反對基地填海，就是為了保護這些漂亮的白沙——很遺憾的，比嘉已於二〇一四年逝世，但他當時的話、和我一路見證的美麗海景，至今仍讓我打從心裡感動不已。」然而這份感動，並沒能阻止基地建設的政策，於是從二〇〇四年開始，浦島悅子在內的反基地開發團體開始在邊野古海岸紮營，試圖集結公民抗爭的力量，阻止軍事建設對於海岸生態的開發破壞。

邊野古的反基地運動最初曾得到日本本土政黨的聲援。例如，在二〇〇九年日本國會眾議院大選前夕，當時在野的民主黨黨魁鳩山由紀夫公開承諾沖繩選民：若民主黨贏得政權，普天間基地「至少會遷移到沖繩縣之外」。然而民主黨勝選後，成為首相的鳩山由紀夫卻無法兌現基地搬遷承諾，甚至改口辯稱：「競選時不知道美國海軍陸戰隊駐守沖繩的威懾力如此重要」、「縣外搬遷是不現實的」、「搬遷普天間基地的唯一辦法，只能留在沖繩縣內。」

最終，在二〇一〇年五月二十八日，鳩山內閣上任僅八個月後，日本與美國再次發表聯合聲明，確認普天間基地搬遷的替代新址為邊野古。儘管鳩山由紀夫在聲明發表五天後被迫辭職，但沖繩人卻再也不相信本土政黨對基地問題的任何承諾。

難以完成的海上機場

鳩山由紀夫下臺前的邊野古聲明，巧合地成為了沖繩基地抗爭的時代分水嶺。在他狼狽辭職後不久，二〇一〇年九月釣魚臺海域就發生了日本海上保安廳巡邏艦與中國漁船碰撞衝突，中國境內更於一個月後掀起全

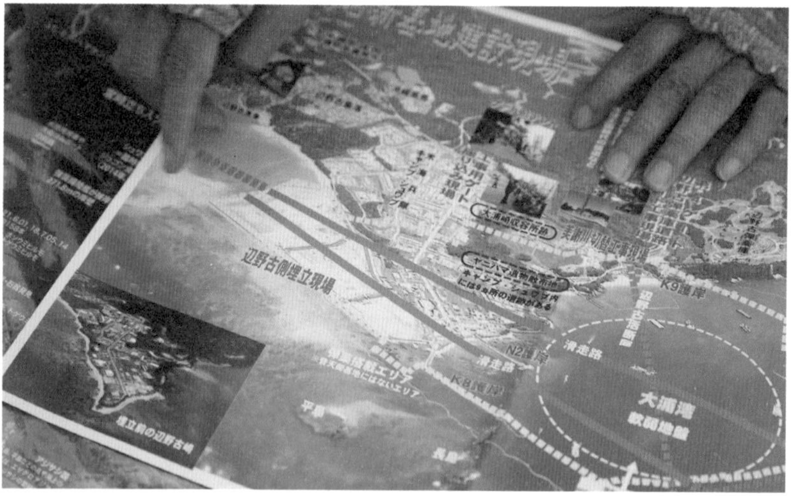

邊野古填海基地的施工圖，兩條延伸至海上的直線，即是這座新機場的V字型跑道。（攝影：楊子磊／報導者）

國性的反日本示威運動，這一連串的事件不僅讓日中關係高度緊張，中國從此也不斷擴大對日本的海空騷擾與軍事試探。就日本本土的立場而言，中國的軍事威脅已變得難以忽視，加強沖繩防衛部署也就成為日本國防政策的絕對重點。於是當二〇一二年自民黨重新執政、安倍晉三第二次內閣開始後，日本中央政府也大舉推進包括邊野古填海工程在內的沖繩軍事建設。

二〇一四年邊野古基地工程終於拍板定案，儘管當時以沖繩縣知事翁長雄志為首的在地領袖大力反對，更多次號召萬人規模的全沖繩反基地抗

邊野古本地的海砂，是潔白色的。黃土色的砂石，則是從沖繩南部運來、很可能參雜有戰爭死難者的遺骸。（攝影：楊子磊／報導者）

爭。但眾人用盡示威手段、走遍各種司法救濟，仍無法阻止沖繩防衛局在二〇一八年十二月展開的邊野古填海工程。

「邊野古的填海計畫，從公布政策到實際動工，中間相隔就超過二十年。但填海開始的五年後，至今填海進度卻只完成了一五％，整個工程不僅遭遇非常嚴重的技術問題，填海的工法設計更是不斷卡關。」浦島悅子說。

邊野古的填海之所以進度緩慢，是因為大浦灣剩下的八五％填海範圍，海底地質都是軟弱地盤區，「用白話形容，就是邊野古海底都是像美奶滋一樣的軟爛黏土，根本無法用傳統工法在上面填海造陸。」浦島悅子解釋，「日本政府在繼續工程前，必須在這片九十公尺深的海域裡，打入超過七千條基樁——就像是植牙一樣鎖住海底岩盤——才能固定住填海地基。但這種工法不僅技術極為困難、耗時且昂貴，對於海洋生態的破壞也非常恐怖。」

「以填海用的砂石為例，在原先設計中，原本預計三分之二是從日本本土運來。但在環評後發現，本土砂石的雜質與生物和大埔灣海底原本的自然環境不一樣，恐嚴重破壞地方生態，依法必須先行檢測，但這個程序不僅繁瑣、成本還很昂貴。所以現在邊野古填海都從沖繩本地挖砂，有的直接來自美軍訓練場，有些則是從沖繩南部的山裡挖來——但南部山區正是沖繩戰的激戰地，很多人沒有辦法接受戰爭死難者已化成灰、混在土壤裡的戰場遺骨，如今竟被用於建設軍事基地，因此拚命阻止取砂工程的進行。」

浦島悅子強調，日本政府初期探勘就已經知道這種地形不適合填海，卻仍因政治考量而強行開工。儘管日本防衛省聲稱邊野古的填海基地，可望在二〇三五年完工，但反基地團體卻認為：軟弱地盤區的填海必將成為施工災難，並估計邊野古工程，「恐怕還需要三十年才能結束。」

「所以普天間飛行場的撤除，還要讓沖繩人再等三十年？沖繩的海洋生態，承受得起另外三十年的工程破壞？又或者三十年過後，美軍還會需要這個半世紀前規劃的填海基地嗎？」浦島悅子質問。

除了政治原因與破壞自然環境以外，邊野古的成本、甚至軍事適用性，也面臨極大質疑。舉成本為例，二〇一四年邊野古工程啟動之初，日本防衛省所編列的總預算為三千五百億日圓，要求全案在二〇二二年竣工。而當工程受困於海底柔軟地盤區後，防衛省也於二〇一九年把總預算追加至九千三百億日圓，這也是初始預算的二．七倍。但截至二〇二四年三月為止，邊野古填海總進度只完成一五—一六％，但九千三百億的總預算卻已用掉一半。若考慮填海工程才正要進入難度最高的深水區，邊野古基地的總成本恐將膨脹至兩兆五千五百億日圓、也就是最初預算的七．三倍。

但兩兆五千五百億的工程預算，僅是「完成基地」的最低投資，邊野古作為人工填海機場，後續不但得負擔高昂且頻繁的維護成本，大浦灣的柔軟地盤區、沖繩夏季的颱風、琉球群島頻繁的地震以及歷史上曾發生過海嘯等自然災害，都讓未來的邊野古飛行場得持續面對地層下陷、海水倒灌、甚至跑道維護不易等高風險挑戰。

對於軍用機場而言，跑道維護不易、機場運作容易受自然環境影響等狀況，皆是兵家大忌。因為軍用基地必須便於維護，且能穩定維持全年無休的戰備狀態。假若遭到敵軍攻擊，軍用跑道也必須能在最短時間修復至可供起降。因此邊野古不穩定的地質條件，會否進一步影響這一海上基地的戰備彈性？在填海工程不斷卡關且持續遭遇技術瓶頸的現在，也讓作為使用者的美軍私下抱持著懷疑態度。

事實上，美方已多次對外暗示：比起邊野古的基地設計，普天間飛行場的軍事條件更為優秀——包括長度更長的跑道，更適合大型軍機的起降，也讓駐日美軍的空中調度更有戰術彈性；更穩定的自然條件，讓基地維護更容易——只是普天間基地的搬遷與替代方案，在美方認知中是政治考量而非軍事問題，因此作為「客將」的美軍，不僅刻意迴避評論日本政府的政策爭議，也不考慮搬遷所需之各種戰略部署，而是默默「維持現狀」，持續把普天間飛行場當作核心基地。

持續守在邊野古海岸的反基地運動者浦島悅子（攝影：楊子磊／報導者）

隨著時間推進，日美兩國政府推動邊野古填海的力道愈來愈大，沖繩社會對於邊野古填海基地的反對運動，也難掩長期累積的挫敗感與疲態。

「時間一轉眼已過去二十年，很多當初和我一起在這裡靜坐抗爭的夥伴，都一個一個離開人世。附近居民慢慢地也認為既然無法對抗政府決定，那不如趁早接受政府提供的補償條件，至少立刻就能拿到的補助款能讓眼前的生活好過一點，因此各方的意見也有很多利益衝突與矛盾。」浦島悅子表示，早從一九九七年開始，日本政府就一直透過預算補償的方式，試圖爭取民代與地方政府為邊野古基地背書。儘管地方民意大多不希望美軍基地擴大進駐，但在長期請願未果、幾次地方公投結果又無力改變中央政策後，居民們的情緒也從憤怒、沮喪轉為無奈、無感。

我們訪問浦島悅子的當天，在她的海岸示威營帳後方，其實還有另一個工地現場。那是名護市政府為了促進社區營造，特別在邊野古漁港整地興建的全新多功能體育場——根據名護市政府的紀錄，這座體育場不僅是棒球場、還有可以舉辦地方傳統慶典與聯誼活動的舞臺和夜間照明設備，而高達五億日圓的工程總價，全部都由日本中央政府撥發給邊野古的「美軍再編交付金」（給駐有美軍基地所在之地方政府指定別開發預算）支付。

在我們採訪的半年後，這項社區工程正式完工。落成典禮當天不僅名護市長，各級地方民代、沖繩防衛局與日本外務省也都聯袂出席。然而新體育場幾百公尺外的大浦灣海上，邊野古基地工程的砂石船，仍默默卻無盡地往海底灌入填海砂土。

採訪的最後，浦島悅子淡淡地對我們說：「但我已經七十五歲了，對我來講，守護沖繩海洋的自然環境，讓未來的孩子們有機會繼承這片美景，對我自己來講才是最重要的。」

「沖繩地方的長輩都說，在二次世界大戰之後，讓失去一切的沖繩人能夠三餐溫飽、捱過命運絕境的，正是這片海洋的賜與——我相信是大海拯救了戰後沖繩人的命運，所以阻止基地填海、守護自然本來的樣貌，就是我們這代人回報祂的機會。」

1 The Invasion of Okinawa: Meatgrinder at Kakazu Ridge, The National War II Museum, 2020-04-01. https://www.nationalww2museum.org/war/articles/okinawa-invasion-kakzu-ridge

2 https://www.pref.okinawa.jp/heiwakichi/kichi/1017460/1017464.html

3 https://www.city.ginowan.lg.jp/material/files/group/36/panfu.pdf

4 CH-53E 直升機的旋翼裝置裡，為了檢測葉片在空中飛行的結凍問題，有裝備少量的鍶 90。

5 日本社會名詞。指源於完全沒有根據的謠言或未經證實的傳聞，使得被指涉的特定人物或團體受到了社會歧視，甚至是經濟、名譽等損失。

6 https://www.pref.okinawa.jp/kititaisaku/DP-08-04.pdf

7 https://www.mod.go.jp/j/approach/zaibeigun/saco/saco_final/hutenma.html

3

沖繩與美軍共存的奇幻日常

文字——張鎮宏

沖繩本島是全日本塞車問題最嚴重的地區。每逢上下班時間，各大幹道都會被通勤車輛堵個水泄不通，尖峰路況甚至比東京、大阪等人口多出數十倍的大都會更擁擠。因此除了提早出門、避開早上與傍晚的尖峰時段，在習慣交通受阻之餘，還得抱持「哪怕遲到也不心急」的心理準備。

這種隨遇而安的心態，有時也被稱作是沖繩特有的「島時間」或「沖繩時間」，意指與日本本土相比，沖繩社會的節奏感較慢，人們的生活不僅悠哉緩慢、就連遲到也都成為集體習慣。

不過，對於沖繩本地人來說，這種「遲到風俗」背後，代表的是在地經驗的傳承，例如沖繩氣候炎熱，島上也很常驟發強降雨，因此過去的戶外移動很容易受到天氣因素阻礙；到了現代，促成「沖繩時間」的最大因素則是島上嚴重的交通壅塞，以及地方因為國土規畫的遲滯與失衡，而難以建設公共運輸系統，這都讓遲到變成無可奈何的常態。

事實上，沖繩縣至今仍是全日本唯一ＪＲ日本鐵道從不曾進駐開發的縣級地區，[1] 除了二〇〇三年才開通、至今只有一條路線的沖繩都市單軌電車線以外，島上沒有其他鐵路系統。在長期缺少大眾運輸服務的背景下，超過九成島民都倚賴私家車代步，沖繩也成了自駕比例極高的「汽車社會」。

Ｙ牌車與「保齡球神偷」——頻繁發生的軍紀事件

「在沖繩生活你只能開車，但路上得特別小心幾種狀況——一種是租車的外地觀光客，另一種是英文開頭的『Ｙ字車牌』，」在沖繩生活了二十年的臺灣記者吳俐君，半開玩笑地和我們分享在地人的街頭經驗，「Ｙ牌是駐日美軍基地人員專屬的民用車牌，本地駕駛上路都會特別離他們遠一點，因為一不小心碰上，後續麻煩真是會讓人吃不完兜著走。」

二〇〇四年還在讀大學的吳俐君以交換學生的身分留學沖繩，她笑稱一開始也沒多想，

「只聽學長姐們說沖繩對交換生的照顧非常完善，各種風土氣候也都和臺灣有很多相似之處，沒想到來了以後，人生就留在這座島上走不了了。」大學畢業之後，選擇繼續深造的吳俐君進入琉球大學攻讀社會學博士，之後加入沖繩最有影響力的媒體之一《琉球新報》，並擔任記者與編輯至今。

吳俐君告訴我們，Y牌車大多能自由進出美軍基地，駕駛要不是美國現役軍人、軍眷，就是美籍的國防承包商，他們絕大多數人都是短期駐紮在此，少則幾個月、長則兩三年，一來不一定熟悉日本的交通規定與路況，二來大多是短期派駐，許多車輛都是前代同事輪調回國前的二手轉賣，對車輛狀況往往只求堪用而已，所以時常因保養不良與維修問題而出事。

但真正麻煩的地方，在於如果與Y牌車發生交通事故，車禍究責與賠償問題往往會陷入極為複雜且難纏的日美行政泥沼，「我們一般發生車禍，就是報警、進行事故鑑定、申請保險公司賠償，然後視肇責比例看要怎麼和解或訴訟，」吳俐君說：「但如果事故牽扯到駐日美軍，美國憲兵就會介入管轄，因此每當沖繩民眾與Y牌車輛發生車禍時，沖繩警察就要與美國憲兵『賽跑』搶快，看誰先衝到現場主導事故處理。」

根據《日美地位協定》對美國駐軍的規定，美軍人員若在「公務中」造成事故，除非犯罪行為嚴重，否則日方無法追究美方肇事者刑責。然而，沖繩警察與美軍憲兵往往對「公務中」

美軍基地的存在，也影響著沖繩成為一個以汽車為主的駕駛社會。（攝影：楊子磊／報導者）

的認定範圍有所執拗，因此案發第一時間誰能抵達現場「搶案蒐證」便顯得格外重要。至於民事賠償，若事故被認定為美軍公務中，日本防衛省則會代為支付損害賠償；但若非公務原因，追究美軍人員的賠償責任則相當困難，因為在《日美地位協定》的限制下，日本檢警無權進入美軍基地進行搜查與逮捕，經由美軍基地進入日本國土的美方人員也因不受日本《出入境管理法》的約束而毋須海關檢查。因此，在過往案例中，許多美軍被告甚至刑事犯罪者，經常在案發後逃回基地，甚至回國一走了之，徒留本地被害者困在日美安保政策夾縫中求償無門。

事實上，因交通事故所產生的軍民糾紛，一直是美軍與沖繩社會之間的矛盾引爆點。例如我們與吳俐君相約見面的沖繩市（過去稱作胡差市），一九七〇年十二月就曾因一件美軍與市民間的交通事故，引爆沖繩社會累積已久的反美情緒，最後激發出數千人與美軍街頭衝突、甚至試圖衝入嘉手納空軍基地的「胡差騷亂」。

由於駐日美軍基地、士兵都集中在沖繩，所以近七成駐日美軍事故或犯罪事件都發生在沖繩縣。但除了震驚社會的重大刑案之外，沖繩美軍的「輕微犯罪」——也就是竊盜、酒駕、酒後鬧事、私闖民宅——頻率更是高得離譜。

「以這幾天的話題新聞[2]為例，有一個二十三歲的美國海軍上等兵，就在北谷町的保齡球館行竊被捕，但這名美國大兵偷走的不是值錢財物，而是總重可能超過二十公斤的四顆保齡球，」吳俐君以難以置信的口吻繼續，「沖繩法官也覺得匪夷所思，但犯案的美國大兵卻說：『因為美軍基地即將舉行保齡球大賽，所以我想用花最少錢的方式，鍛鍊我的球技大顯身手。』法官聽了也無言，只能勸他要用正當方式準備比賽並判他緩刑，結果沒幾天，這名小兵又繼續在體育館裡偷別的道具。」

「我有特別算過：在沖繩，平均每兩天會發生一起新的美軍犯罪事件。」吳俐君坦言，大家也都知道被派來沖繩的美國士兵，絕大多數都是高中畢業不久、還不滿二十歲的毛頭小子，

一九七〇年十二月的「胡差暴動」，起因是美軍與沖繩民眾的車禍事故，讓其他目擊民眾以為「美國大兵又要肇事逃逸」而與美軍爆發肢體衝突。圖為騷動翌日，美軍的武裝憲兵在胡差市巡邏。（圖片來源：那霸市歷史博物館）

這些年輕大兵一在基地外喝酒就容易忘乎所以、失控滋事，因此類似的犯罪情節，在沖繩幾乎是每天都在發生的鬧劇，除非發生重大刑事案件、或者又有美軍軍機墜機，否則當地居民都對這種「日常失態」感到麻木。

「這就是沖繩社會每一天都在面對的基地壓力。」吳俐君無可奈何地說。

凶惡犯罪與性侵，沖繩對美軍重大犯罪的憤怒與創傷

除了日常的輕罪與酒後肇事，駐沖繩美軍所帶來的另一重大問

題——凶惡犯罪與性侵——不僅給沖繩社會帶來極大的集體創傷，也是沖繩對日本政府和美國難以建立起政治信任感的關鍵原因。

二〇二三年十二月二十四日，一名服役於嘉手納基地的美國空軍士官，在沖繩中部誘拐一名十六歲的本地少女，並在已知對方未成年的情況下，以暴力脅迫性侵得逞。案發之後，沖繩縣警察很快便鎖定一名二十五歲的白人嫌犯，並於二〇二四年六月底由沖繩地檢署提出刑事告訴，全案才因此被新聞曝光、進而引爆沖繩輿論怒火——因為按照慣例，駐沖繩美軍若涉入重大刑事犯罪，知情的沖繩縣警、沖繩防衛局，甚至再上層的日本外務省和防衛省，都應該主動通報沖繩縣府案情進度。然而，沖繩縣府卻一直被蒙在鼓裡，直到新聞報導後才得知此案的存在。

儘管日本中央政府將此案解釋為「橫向溝通的疏失」，沖繩縣警則辯稱，未通報的原因是為了保護未成年性犯罪受害者的隱私。然而，沖繩媒體深入調查後發現，同一期間未按程序通報沖繩縣府的美軍性侵案件竟多達五件。再加上全案被媒體曝光的兩週前，正值二〇二四年沖繩縣議會選舉，更讓輿論質疑：日本政府是否因政治考量而壓住案件不報，以阻止反基地派在選舉中得勢？[3]

一審法庭上，犯案的美國軍人辯稱「不知道被害人未成年」，並強調雙方是合意發生關係，因此少女才會主動上車。然而，被害者表示，案發時她曾多次表明自己尚未成年。至於為何未能直接逃離現場，被害者解釋：由於歹徒與她體型差距過大，讓她無法反抗，且對方當時不斷強調自己是「美軍調查員」，甚至出示持槍照片，這讓她感到恐懼而難以動作。而這段痛苦的法庭證詞，讓沖繩人聯想起一九九五年三名美軍陸戰隊士兵集體性侵沖繩小學生的事件，以及二〇一六年美軍國防承包商在沖繩宇流麻市性侵殺人案等殘忍而令人憤怒的集體記憶。

沖繩縣警統計，從一九七二年沖繩主權回歸日本至二〇二四年底為止，美國士兵與美軍相關人員在沖繩共涉及六千二百三十五件刑事犯罪，其中殺人、強盜、縱火與妨礙性自主等凶惡犯罪就占其中的九．三%，[4]重大犯罪比率比同期日本全國平均高出十倍。進一步比較數據，駐日美軍每年半數以上的刑事犯罪都發生在沖繩。因此，沖繩對過度集中的美軍基地，才會如此深惡痛絕。

「基地包租公」？因美軍強徵土地而起的軍用地商機

儘管基地的存在為沖繩帶來了無窮困擾，但美軍超過七十年的常駐，也在沖繩發展出一套盤根節錯的「基地經濟」。除了一般的美軍基地建設、軍需在地補給之外，基地人員在沖繩的生活、消費與娛樂，也形塑了沖繩的商業發展，而其中商機最龐大卻也最爭議的，即是「土地」

緊貼著嘉手納空軍基地跑道的「軍用地農場」，是沖繩特有的景象。為了平息民怨並與當地社區維持良好關係，美軍有時會將基地內的空地開放給原地主進行農作。在沖繩，這種特殊的現象被稱為「默認耕種」。（攝影：楊子磊／報導者）

的運用。

以美軍的租屋問題為例，雖然基地內大多建有軍人宿舍，但仍有不少人為了更好的生活品質而選擇在基地外租房，因為美國國防部會提供「基地外租族」優渥的租屋津貼——以二〇二三年的標準為例，基層士兵每月補助就有十七萬日圓，高階軍官更多達四十五萬日圓——這一方面是要保障軍人家庭的生活福利，另一方面也希望透過與在地社區的密切互動，促進美軍與沖繩島民的友善交流與互信默契，進而緩減本地的反基地情緒。

曾在美軍基地裡工作的伊藤先

生(化名),是沖繩中部置產投資的「基地包租公」之一,長期和美國大兵打交道的他,非常瞭解美軍租戶的需求喜好,「美軍的租屋點都集中在特定區域,其中最熱門的地段就是沖繩中部、西海岸的北谷町,因為這個區域剛好位於嘉手納空軍基地與普天間陸戰隊飛行場之間,對基地人員上下班非常方便。而且美國人偏愛海景別墅,最好是離西海岸的沙灘只有步行距離。因此,北谷町不僅發展出許多景觀別墅,也成為沖繩數一數二的透天豪宅區。」

伊藤指出,沖繩畢竟是土地有限的島嶼,再加上經濟高度依賴觀光,人口與商業活動又高度集中在本島的中部與南部地區,因此島上的租屋行情一直居高不下。

「租屋給美軍的行情一直很好,甚至演變成一種相當熱門的投資產業,」伊藤表示,在沖繩租房市場裡,同樣一戶單位,租給美軍基地人的開價至少會比租給本地房客的租金高出五〇%;在搶手區域或擁有獨特景觀的單位,美軍專屬的租金甚至能達到在地行情的兩倍以上。以普天間基地所在的宜野灣市為例,兩房一廳的公寓單位,本地租金的平均行情約為每月七萬日圓,但租給美軍的租金卻能輕易超過二十萬日圓。

雖然軍方慷慨的租房補助,讓美軍租客很少拖延房租,但由於美軍的全球輪調與任務指派並不定期,租戶很少久租,也經常臨時終止合約。與沖繩本地房客不同,美軍租屋完全不在意學區、商店或生活機能等區位因素,因為他們大多能在基地內自給自足。然而,美軍外租的房屋需要定期接受美國國防部的「軍事檢查認證」，只有距離基地夠近且符合安檢條件的單位，才有資格開放給美軍承租。

除了租房給美軍，另一種沖繩特有的熱門「美軍投資」，則是所謂的「軍用地」。「我主要經手的不動產商品之一，就是沖繩特有的『軍用地』交易。」在那霸國際機場附近經營不動產仲介公司的當山榮作，耐心地對我們解釋：「在日本本土，大部分軍事基地都屬國有土地；但沖繩不同，在這裡無論是美軍、還是自衛隊的基地，幾乎都位在私人土地上——這種被政府租用於軍事用途的私人土地，就是所謂的『軍用地』。」

沖繩的軍用地制度，最早從二戰後開始，當時沖繩社會因沖繩戰役而破敗不堪，政府持有的土地資料與財產檔案隨戰火付之一炬，許多本地地主在戰爭中死難、失蹤或逃離家園成為難民。這些狀況導致沖繩戰後的土地認證與遺產繼承極其混亂。但琉球美軍政府亟欲安頓駐島大軍，並將沖繩建設為冷戰要塞，於是以「先上車後補票」的方式強徵私有土地建設美軍基地，並僅以極低廉的租金補償地主——據說，美軍當時每坪土地的年租金實給一・一元，但一瓶罐裝可口可樂就要十元——許多地主被美軍的剝削逼得走投無路，因此戰後的沖繩社會才不斷爆發土地抗爭。

一九七二年沖繩主權回歸日本前夕，日美政府曾就美軍基地土地問題重新協議，美軍雖然能繼續租借基地用地，但付給地主的基地租金卻轉由日本國庫預算「代為支付」。為了安撫地主民怨，基地租金不僅重新調整至合理範圍，日本政府每年還會固定上調利率。

「光是支付沖繩軍用地的租金，日本政府每年預算就得撥出一〇五〇億日圓。」當山榮作表示，以前軍用地的地主幾乎都是沖繩本地人，這一方面是因為沖繩社會傳統上非常重視家族土地的繼承，另一方面是過去日本本土的房地產與金融市場投資利潤豐厚。直到一九九〇年代日本泡沫經濟破裂、銀行長期陷於零利率甚至負利率時代，特別是在二〇〇八年金融海嘯之後，風險低且投資報酬率穩定的沖繩軍用地，才開始成為日本本土投資客的熱門標的。「以二〇二三年的行情為例，假設我們在日本的銀行有一億日圓定存，一年的利息大概只有十萬日圓；但若轉投資軍用地，一年的租金回報大概有三百萬日圓。」

當山榮作強調，除了租金收益非常穩定外，軍用地還有許多好處，「比如說軍用地抵押貸款的條件非常優惠，要出脫變現也很容易。而且因為基地政策的政治敏感性，國家支付的租金絕不會跌價，平均每年至少調漲一％。」

「軍用地的買賣價格是這樣計算的：每個地區都有一個軍用地的『市價倍率』，而某塊軍用地每年可以從政府拿到的租金，再乘上該地區的『市價倍率』，就是這塊軍用地的買賣價格——比如那霸自衛隊基地的二〇二二年的市價倍率預估是五十八倍，假設一塊軍用地今年可以從政府收到一百萬日圓租金，那麼這塊土地的買賣價格，就是五千八百萬日圓。」

當山榮作強調，雖然軍用地名義上是私人擁有，但實際卻是國家專用，買家和賣家也只是名義上持有土地，「許多軍用地主可能一輩子都沒親眼看過『自己的軍用地』長什麼樣子，一切交易都只存在紙上。也是因為這樣，儘管軍用地聽起來很敏感，但其實外國人買賣也沒問題，因為地主根本無法踏進自己的土地，所以根本沒有軍機外洩的可能性。」

「在沖繩，行情最好的軍用地是那霸自衛隊基地、美軍嘉手納空軍基

普天間飛行場內的龜甲墓（見照片右上方），象徵著沖繩基地問題與在地傳統的複雜歷史。只有在傳統節日時，沖繩人才能以「祭祖」為由，申請進入基地裡的祖傳土地。（攝影：楊子磊／報導者）

地——因為這兩座基地，幾乎不可能歸還給地主，所以未來的租金收益最穩定、軍用地的『市價倍率』也最高。」經驗豐富的當山榮作強調，軍用地投資不僅很熱門，沖繩各大媒體每年也都會推出軍用地的投資特輯，然而由於政治因素，日本政府從來不會公布不同基地的租金調幅，「每塊地每年從政府拿到的租金，基本上仍只有地主、以及經手的仲介會知道——但這就是我們的商業機密了。」

基地經濟的矛與盾

儘管美軍租屋與軍用地，在沖繩是相當熱門且穩定的生意，但任何投資都一定存在虧損風險。以美軍租屋為例，儘管美軍從來不公布沖繩駐軍的兵力數量，過去十年來沖繩社會的感受都是「美國大兵的人數正在減少」，部隊輪調的頻率也變得更快、更短期，因此基地相關的租屋報酬也不如以往豐厚。

軍用地投資的風險則更為複雜。「如果政府將土地歸還給地主，導致穩定的租金收益消失，而歸還後的土地又不能轉作其他用途，土地價格就可能暴跌，」當山榮作表示：「但運氣好的話，有些軍用地歸還後，可能會被開發成新興區域，地價甚至會翻倍——比如那霸目前最繁華的『新都心』地區，就是軍用地歸還後重新劃分的商業區。」

基地土地歸還雖是沖繩社會的主流期待，但返還後的土地投資與規畫，也需要極為縝密的政策設計。譬如，沖繩縣政府就非常期待普天間飛行場的撤除與土地歸還，因為普天間位於沖繩島的中心位置，不僅有很大的商業開發潛力，且沖繩政壇期盼數十年、但被基地擋住而無法推動的「沖繩島南北縱貫鐵路計畫」也有望實現，進而解決困擾沖繩數十年的交通問題，縮小島上南北貧富差距。

事實上，無論是沖繩縣政府還是地方居民，都將「基地問題」視為拖累地方經濟、導致沖繩遭受差別待遇的主要原因。直到今日，沖繩仍是日本經濟發展最弱勢的地區：沖繩縣民的平均年收入僅為全國水準的七五・八％，是日本最低；而在失業率與非正規僱用率等負面數據上，沖繩則是全日本狀況最差的倒數第一。

雖然外界一直存在「沖繩的經濟高度倚賴美軍基地」的印象，但根據沖繩縣政府的數據，沖繩最大的經濟支柱其實是觀光服務業，截至二〇二三年為止，美軍基地經濟活動只占沖繩縣民總所得的五・五％。因此，沖繩縣府與主流民意皆主張，若能收回美軍基地的土地，都市更新帶來的商機將大幅振興沖繩經濟——例如當山榮作反覆提及、美軍基地都更後的那霸新都心，根據沖繩縣府的說法，其重新開發的經濟效益比美軍使用時高出三十二倍，增加的就業機會更高達九十三倍。

然而，根據《日美駐軍地位協定》的規定，美軍在返還駐日基地的同時，並沒有「恢復土地原狀」或「處理基地環境汙染」的責任與義務。例如在普天間與嘉手納基地附近，就曾有消防泡沫及致癌物質汙染水源與土壤的案例；而沖繩北部更有美軍陸戰隊的叢林戰訓練場，其土地復原與重新開發不僅需要極大的資金投入，更有戰訓未爆彈與美軍軍用廢棄物等棘手問題必須處理。

「沖繩中部、臺灣觀光客和旅行團經常光顧的永旺夢樂城沖繩來客夢，就是基地返還後都市更新的經典案例。」吳俐君指出，二〇一五年開幕的永旺夢樂城沖繩來客夢是沖繩縣內最大、最知名的大型購物中心。永旺夢樂城（Aeon Mall）是日本知名的連鎖賣場品牌，而「來客夢」則是美軍過往在此處的基地地名音譯——琉球美軍司令部的縮寫：RYCOM。

這片購物中心過去曾是美軍徵用的高階軍官高爾夫球場，一九九六年因日美談判而歸還土地。儘管當時沖繩縣府曾希望在此成立新大學、將來客夢發展成沖繩的高等教育特區，但最後仍因投資成本、地方經濟訴求等顧慮，而決定將此塊土地開發成觀光娛消費目的的大型購物中心。

來客夢的發展計畫為當地經濟帶來了立竿見影的效果。「在美軍高爾夫球場時期，同一塊區域為地方帶來的工作機會可能不到一百人，但購物中心進駐後，不僅觀光能見度大增，固定的就業機會也增加十倍，超過一千人以上。」吳俐君解釋。「有趣的是，來客夢購物中心的風格和主力消費客群其實還是相當『美式』，因為沖繩中部是美軍家庭的集中居住區，所以在美軍放假的時候，你還是能在這裡感受到基地經濟的消費實力。」

然而，無論是本地人還是外地觀光客，都很少提及這座新潮明亮的購物中心原本的名字「琉球美軍司令部」與背後的歷史，以及這個名字對沖繩人來說，所概括的煩惱、矛盾，還有至今仍在面對的基地重擔與壓力。

1　在二戰之前，沖繩本島曾經擁有數條糖業鐵路，但因戰爭的摧毀以及戰後美軍統治期間交通建設政策偏向汽車而被廢棄。從日本本土的角度來看，沖繩作為離島，即使興建鐵路也無法連結到其他縣市，經濟效益有限。然而，沖繩縣在日本四十七個都道府縣中，人口總數屬於中段水平，人口密度更是全國第八，因此沖繩也一直期盼能夠積極建設島內的鐵路交通網絡，擴大地方基礎建設的發展。

2　〈米兵「金かけず、大会で勝ちたかった」ボウリング球窃盗の被告に裁判官「正しい方法で技術磨いて」語りかけ〉，《琉球新報》，二〇二三年八月十九日。

3　〈米兵を少女への性暴力で起訴…その後3カ月、国が沖縄県に黙っていたのはなぜ?-「県議選」終わった後に発覚〉，《東京新聞》，二〇二四年六月二十七日。

4 〈【事件一覽】沖縄の復帰後、6235件摘発米軍関係の刑法犯凶悪犯は586件〉，《琉球新報》，二〇二四年六月二十六日。

4

沖繩是習近平對「臺灣有事」的壓力測試

——專訪日本國會議員國場幸之助

文字——張鎮宏；採訪翻譯——黃胤毓

「臺灣有事就是日本有事」不只是政治標語，更是日本國會議員國場幸之助在應對日本國防政策與沖繩故鄉時，第一線感受的切身現實。

曾多次訪臺的國場幸之助，在二〇二二年八月裴洛西訪臺、中國圍臺軍演發射的五枚導彈打進了沖繩海域的兩週後，即被長期執政的自民黨任命為國防部會長（國防政策委員會的召集人），負責國防對策並多度訪臺展開「國會外交」，盡一切可能深化臺灣與日本間，雖沒有正式邦交卻互相關注、休戚與共的國防戰略交流。

二〇二三年九月，沖繩出身的國場幸之助被時任總理岸田文雄延攬入閣，擔任「國土交通副大臣」。國土交通省的職責遠不止於國土規畫、交通和觀光，還涉及許多重大且敏感的國家級問題，例如沖繩機場和港口的軍民兩用整備、戰時避難計畫、備受爭議的邊野古美軍基地填海工程，以及應對與中國海警對峙的灰色地帶衝突，這些工作都不免讓人聯想到日本針對「臺灣有事」的應變規畫。

花襯衫和黑西裝，東京與那霸的兩種姿態

在那霸服務處接受專訪時，國場幸之助沒有選擇國會議員最常見的西裝打扮，而是穿上一件帶有海島元素的嘉例吉襯衫（かりゆしウェア）——貌似輕鬆的穿著，其實是沖繩社會的特色符號——「嘉例吉」是琉球語中的「吉祥」，在風帆航海的時代，是對往來商旅一路順風的祝福。這種以夏威夷花襯衫（Aloha Shirt）為藍本的上衣，原本是一九七〇年代，沖繩為了在地紡織工業與觀光品牌的突發奇想。

最初，就連本地人都覺得這種花襯衫難登大雅之堂，推廣人員拜託沖繩計程車司機試穿時，甚至常被怒斥「會嚇跑客人」、「只有小混混才穿這麼花俏的服裝」。但如今，這種帶著傳統花樣的上衣，不僅被日本政府認證為夏季正式服裝，沖繩上班族也都以嘉例吉襯衫取代西

裝上衣，甚至日本首相、沖繩縣知事，及地方的各級官員，只要在沖繩有政治活動，都會特別套上一件「沖繩正裝」，以強調自己對於本地認同的尊重與善意。

而作為代表沖繩的日本國會眾議員，國場幸之助當然也準備了兩套正裝：一套黑色的西服正裝，是國場在東京的國會議事堂裡，代表自民黨保守派的工作制服；但只要回到沖繩老家，與地方選民互動時，他總會穿回另一套鮮豔的嘉例吉上衣。

在兩種狀態間切換的國場幸之助，近幾年卻因為「臺灣有事」的國際政治發展，隔海感受到愈來愈大的

在那霸辦公室接受我們專訪的日本國會議員國場幸之助。他曾多次訪臺，更曾藉由「國會外交」的方式深入與臺灣進行國防交流。（攝影：楊子磊／報導者）

各方壓力——身著西裝時，國場必須為了日本國家安全，推動自二次世界大戰以來，日本預算最高、危機感也最迫切的國防強化計畫。但當穿回嘉例吉衫，他也得優先回應故鄉選民的焦慮，因為中央政府強化軍備的部署重點，仍高度集中在沖繩境內，這讓本來就因美軍基地而負擔沉重的沖繩人，更對臺海局勢對沖繩的連鎖效應而感到惴惴不安。

事實上，國場幸之助的家族與臺灣緣分相當深厚——他的祖父是沖繩產業龍頭「國場組」的創辦人國場幸太郎，在二戰結束、沖繩回歸日本之前的美國託管琉球期間，國場組曾大量聘用臺灣勞工參與沖繩建設。即便一九七二年日本與中華民國斷交後，國場家依舊相當親臺、是連繫臺灣與沖繩交流的重要推手。而國場幸之助的岳父西田健次郎，更是積極參與臺日和平歷史的交流，像是二〇一八年故總統李登輝的沖繩之行，就是應西田健次郎的邀請而訪問那霸的沖繩平和祈念公園，為沖繩戰役中的臺灣人戰亡者慰靈碑揭碑，這也是李登輝生前最後一次出國訪問。此後，西田健次郎也曾多次在女兒、也就是國場夫人的陪同下訪問臺灣，各種紀念戰時臺灣人的歷史活動，也都有西田在日本本土、臺灣與沖繩三地大力奔走的身影。

由於過往慘痛的戰爭歷史與美軍基地問題，沖繩本島對於國防議題的態度，一直以來都較偏向左翼，這使得國場幸之助作為自民黨保守派的處境相當為難，但他的政策立場與觀察，依然是區域和平的對話中，日本、臺灣與沖繩三方都必須謹慎思考的關鍵經驗。

在接受我們的專訪時，國場幸之助也結合自己同時身為日本國會議員、自民黨國防部會長、以及沖繩本地人的多重角色，試圖說明：日本目前是如何看待「臺灣有事」？以及與臺灣同在第一島鏈的沖繩，應該如何在減輕沖繩基地負擔的同時，嚴肅面對中國軍事威脅所帶來的安全壓力？

以下是我們於二〇二三年八月，在那霸對國場幸之助的專訪。我們的提問用黑體字標示。

認知戰、灰色衝突，沖繩已感受中國對「臺灣有事」的出手

——作為日本國會議員，你怎麼看待臺海局勢？

國場幸之助（以下簡稱國場）：最重要的，就是盡量不讓「臺灣有事」發生。我的辦公室附近有個「福州園」，[1]那裡的入口處，就放著一張習近平的照片。那時他擔任福建省長，也來沖繩訪問過；而沖繩縣知事玉城丹尼（玉城デニー）最近也去了一趟北京與福州。所以可以說，沖繩是中日友好的重要節點，而沖繩對「琉球」這個古名也很有歷史感情。

近期中國有些報導說，中國並不承認一九七二年沖繩復歸日本的合法性。雖然現在還有各種觀點在爭論，但在認知戰上，「臺灣有事」的前哨行動已經開始發生，而這個戰場就是

「沖繩的歸屬」。我感覺習近平打算測試「沖繩牌」，想煽惑「沖繩歸屬日本，還是歸屬中國」的爭議，這讓我很有危機感。

但危機感的來源，更來自於中國對周邊國家不斷升級的武嚇姿態。二〇二二年八月，裴洛西訪問臺灣後，中國大規模軍事演習不僅模擬軍事封鎖臺海，更朝臺灣周邊發射了十一發飛彈，其中五發落入沖繩的海域——中國當時的軍演，不論對沖繩漁民、還是對日本的國際航班，都造成了很大的影響。我認為這種行為，已經是位在備戰和戰爭之間的「灰色地帶」衝突。

近期，我接連訪問了英國、法國和美國，發現大家對臺灣海峽危機的重視，已經上升到和俄國入侵烏克蘭戰爭一樣的程度。我也去了捷克、立陶宛，這些東歐國家也都願意和臺灣建立更深的關係，而它們派出代表訪問臺灣時，通常也會來日本，也非常積極與我們討論臺海情勢——他們告訴我，「現在的中國，讓人想起昔日的蘇聯」，所以這些曾被鐵幕威壓統治過的國家，對於中共目前對臺灣的侵略性態度，都非常感同身受。

此外，今年（二〇二三）G7（七大工業國組織）在廣島的元首高峰會議，也特別強調了維持臺海和平、聯合國際力量避免戰爭發生，因此「不要讓臺灣有事」，已經是國際之間的主流共識。

但臺灣自己也要有很高的危機意識，國際社會才有辦法幫忙。我知道臺灣即將恢復一年制的義務役徵兵，[2]日本這邊也非常關心臺灣的政治動態，及中國會怎麼文攻武嚇、試圖干預二〇二四年的臺灣總統大選。不過我相信，臺灣社會已經很清楚該怎麼守護自己的自由與生活方式。

沖繩避難計畫顯示，日本的戰時應變力嚴重不足

——如果臺海發生緊急狀況，距離最近的沖繩，會如何應變？

位於那霸市區的福州園，園內的售票窗口，仍高掛著二〇〇一年時任福建省長的習近平參訪此地的相片。（攝影：楊子磊／報導者）

國場：只要臺灣有事，沖繩一定就會被捲入戰爭。

二〇二三年三月，沖繩已經舉行了「全縣避難計畫」的第一次兵棋推練。如果發生重大緊急狀況，政府預計將沖繩線西南部、先島諸島的十一萬人，透過陸空運輸撤離到九州——換句話說，目前政府預想的最壞情況已經設定：如果中國攻打臺灣，距離臺海最近、這十一萬人所居住的日本島嶼，很可能都會變成戰場。

過去十多年來，日本政府已在先島諸島建置了一些自衛隊基地，像是二〇一六年自衛隊派駐與那國島，最近則是石垣島基地成軍。但因為戰時的安全風險很難預測，所以目前的官方的避難計畫，仍準備撤離所有島民，只留下自衛隊駐島防守。

在最嚴重的狀況下，中國在入侵臺灣的同時，恐會「先發制人」攻擊可能援助臺灣的駐日美軍與自衛隊。到時對解放軍的攻擊重點，很高機率是離臺灣最近、同時部署許多重要美日基地與空軍部隊的沖繩。

假若沖繩被攻擊，第一個狀況就是飛彈空襲。所以就軍事的準備，日本目前迫切需要數量更多、裝備更完整的反飛彈系統與防空能力。像是駐日美軍也會在沖繩建置「海軍陸戰隊濱海作戰團」（Marine Littoral Regiment, MLR），這支部隊就具備獨立海空防禦能力。

另外我們也必須考慮民用避難設施的問題，像是日本的防空洞數量目前就嚴重不足——根據政府統計，日本總共有一億二千四百九十萬人口，但全國範圍內的地下避難設施卻只有一千五百九十一處；若只考慮沖繩縣，雖然有一百四十六萬縣民，全縣卻只有六所合格防空洞，其中五處在沖繩本島、一處在石垣島，其他離島則完全沒有。

雖然過去北韓時常朝我們試射飛彈，但日本都沒人認真煩惱過飛彈襲來的避難問題，一直到去年（二〇二二）中國圍臺軍演的飛彈落入沖繩海域，大家才驚覺問題嚴重，所以政府今年才開始積極建設地下避難設施。

和平理念不是坐以待斃，中國已不是從前韜光養晦的中國

——但質疑意見主張，「日本大舉強化國防部署，反倒是在刺激中國，恐怕會增加『沖繩再度淪為大國戰場』的風險」，你怎麼回應這種疑慮？

國場：現在的中國，已經不是以前那個韜光養晦、以和為貴的中國，而是一個決策方式相當危險且難以預測的國家。所以不是「不去準備防範，中國就不會進來」，因為我們很難承受中國見縫插針改變現狀的後果——比如尖閣諸島（釣魚臺列嶼），現在中國的海警船就是一直過來，無論艦隊噸位、數量、還是配備武裝都一直加倍，這和有沒有自衛隊駐守沒有關係。

為了維持現狀、避免最壞的事態發生，日本才需要趁還來得及的現在，補上在沖繩軍力部署的「空白點」。但過程確實需要和地方民眾做更好溝通。

——二〇二二年底，日本政府修改了「安保三文書」，公開確認自衛隊將取得射程超過一千公里的地對地導彈，以建置「反擊能力」——這項政策，在最可能部署反擊部隊的沖繩，似乎引發很大的爭議？

國場：日本的「和平憲法」其實是同意日本可以保有一定程度的「源頭反擊能力」。早在一九五〇年代中期，日本政府就已經討論過這個憲法問題——和平憲法的目的，不是要求日本在遭受導彈攻擊時，只能一路挨打、坐以待斃——所以一部分的激進派認為「反擊能力」違憲，其實是錯誤的。

而且在「防衛沖繩」的問題上，中國和日本在軍備能力上的差異非常巨大：光是從中國發射飛彈空襲，射程能打到沖繩的導彈就有二千枚以上；但日本自衛隊、甚至駐日美軍的地對地導彈部署數量卻是「零」。

這是因為在冷戰時期，美國總統雷根（Ronald Reagan）與蘇聯中央總書記戈巴契夫（Mikhail Gorbachev）簽署了《中程飛彈條約》的裁軍協議，因此美國有很長一段時間都沒有在這裡發展、或部署中程導彈（射程一千公里至三千公里）。不過中國並沒簽署《中程飛彈條約》的限武協議，再加上美國與俄羅斯的關係惡化，這份條約已在二〇一九年二月被廢棄。

為了防範中國的導彈攻擊，日本必須趕快建立足以嚇阻對手的反擊能力。根據新版安保三文書的規畫，自衛隊現在希望在二〇二七年前完成一千公里以上的中程飛彈部署。日本已決定從美國採購四百枚戰斧巡弋飛彈（BGM-109 Tomahawk），但這批飛彈還只能從軍艦發射——因為過去《中程飛彈條約》的限制，美軍並沒有裝備空射型與陸射型的戰斧飛彈——美軍和自衛隊目前都還沒有研發出陸

與那國島離臺灣只有一一〇公里，島上駐有自衛隊的軍事雷達站以及飛彈部隊，是日本監控與應對臺海局勢的最前線。圖為與那國機場。（攝影：楊子磊／報導者）

基於這個理由，日本政府二〇二二年重新調整安保戰略，將從源頭打擊的「反擊能力」列為自衛隊的重點發展項目。而射程一千公里以上的中程導彈，則因大略符合從日本國土瞄準中國沿海與北韓的「預期敵軍導彈基地」，而成為反擊導彈的最低需求標準。

但日本輿論大多認為，日本政府之所以急切地想要取得反擊能力，是因為美國政府在二〇一九年退出《中程飛彈條約》後，曾多次明示或暗示東京：希望能在日本本土部署美軍中程導彈。但美軍導彈入駐的政治成本，對於日本而言過於沉重，因此東京才決定自行掌握反擊能力，一方面在戰略上減輕對美軍的倚賴，二方面也避免美日安保同盟再次成為國內爭議。

導彈射程一千公里的日本「反擊能力」爭議

戰後的日本《憲法》第九條規定：「永遠放棄以國家主權發動的戰爭、武力威脅或武力行使作為解決國際爭端的手段」，同時「不承認國家的交戰權」。

但一九五〇年代中期， 隨著美蘇冷戰的惡化以及彈道飛彈科技的突破性發展，日本本土遭遇地對地飛彈攻擊的可能性成為了現實——由於當時並沒有反飛彈的攔截技術，若遭到導彈攻擊，受到和平憲法限制的日本，擔心將成為無法還手的活靶。因此時任首相鳩山一郎在一九五六年向日本國會表示：在別無選擇的情況下，為了阻止日本被空襲，對境外敵軍基地發動反擊，符合憲法原則「使用最小限度的武力」的自衛定義。

不過由於《美日安保條約》的分工，反擊敵軍基地的任務，就交由駐日美軍負責。直到冷戰結束、中國崛起後，面對中國數量龐大的導彈威脅，日本才在過去二十年積極部署飛彈防禦系統，卻發現無論是技術、攔截成本、還是建置安全性上，很難只憑原地防守來面對一波波導彈的飽和攻擊——相比之下，從源頭消滅敵軍的導彈威脅，透過反擊、主動消滅敵軍瞄準日本的飛彈載具或基地，無論是技術難度或成本費用，都比固守攔截更為可行。

射的中程導彈系統，所以對外軍購之餘，日本防衛省也正在想辦法自主研發。[3]

——但現行的憲法規定，日本要先被攻擊，才能使用反擊能力？

國場：不一定要已被攻擊才能回擊，而是「確認對方已有明確的攻擊意圖和計畫」後，就可以主動展開反擊。只要日本先認定已經進入了「武力攻擊事態」（戰爭狀況），這些反擊行為就是符合現行憲法的。

不過這要用到很多高科技技術，比如用衛星去偵測敵人的動作——這也需要和美軍合作。

仍在建設中的陸上自衛隊石垣島駐屯地。日本向美國採購的戰斧巡弋飛彈，未來有很大機率將在此部署。（攝影：楊子磊／報導者）

日本的法律上也制定了各種狀態的級別，屆時也會在國會監督下，依據《和平安全法制》4的規定，一步步確認實際狀況升級。

三十二個沖繩美軍基地，有三十一個日本自衛隊進不去——回到沖繩，雖然戰略位置非常重要，但沖繩民間卻因長期受到美軍基地困擾。在日本強化國防之餘，有什麼方式能減輕沖繩目前的基地負擔？

國場：現在最大的問題是：沖繩約有三十二個美軍可以使用的場地，其中就有三十一個是「美軍專用」，自衛隊根本無法進入——這點和日本本土很不一樣，包括關東橫須賀軍港在內的基地，駐日美軍大多都與日本自衛隊共用基地。

在國會裡，我一直主張：美軍基地應該由自衛隊管理，再讓美軍進駐，而不是讓日本自衛隊無法進駐這些基地——這個對民眾觀感的差異很大，因為沖繩民間雖然「反對美軍基地」，但主流民意仍非常信任自衛隊、並沒有要趕走自衛隊的運動。因此光是讓自衛隊接管基地，地方觀感就能改善不少，反基地的情緒也會降低很多。

未來兩年內，沖繩美軍將進行大規模的兵力重整，目前駐沖繩的一萬九千名陸戰隊兵力，其中約有九千人將移防回關島。因此沖繩的美軍基地將留下相當大的可調配空缺，自衛隊就能順利進駐去填補、甚至談判接管這些美軍基地。

不過，針對美軍兵力的調動，坊間也出現了兩種解讀：一、因為反美軍基地的問題，美軍想要降低沖繩對美軍的負擔，提前緩解日本反美的政治壓力；二、因為中國的飛彈數量過於龐大，把太多軍隊押在第一線的沖繩太過冒險，所以美軍才要積極把兵力分散到關島、菲律賓、澳洲，以免戰時遭解放軍突襲一網打盡。

——所以自衛隊已做好準備，能填補美軍撤出沖繩的空缺嗎？

國場：答案是——還沒有。因為自衛隊的現役兵力嚴重不足。除了超高齡社會與少子化的人口萎縮問題，自衛隊一直以來都處於徵不到人的困境。因為加入自衛隊的起薪待遇，比警察、消防隊、海上保安廳都還要低，在大家都在搶人才的時候，就更難吸引新血入隊。但日本仍可以對全國的自衛隊做兵力調配，比如從北海道的基地，把自衛隊調來更靠近中國前線的沖繩。

不過目前由美軍陸戰隊所使用的普天間基地，未來確實很有可能會被自衛隊接管、改為日美共同使用——這個計畫已經在談了，因為沖繩社會對美軍反彈太大，所以美軍也有意這樣做，反而是日本防衛省有點疑慮。

畢竟普天間基地的爭議太大、跑道離平民區也過於接近，因此沖繩民意都很希望這個基地趕緊廢除，若由自衛隊接管，反而會變成政治上的燙手山芋。

用最悲觀預期來準備「臺灣有事」，才有最樂觀的生存機會
——自民黨怎麼看待黨內大老、日本副總理麻生太郎，在二〇二三年八月訪問臺時，公開表達「要有不惜一戰的覺悟」的演講發言？

國場：麻生先生就是講話風格很直接，所以他在臺灣那樣說，我們並沒有嚇到。他本來就是很常對媒體做出驚人言論的人，因此沒必要大驚小怪。他演講中提到的仍是同一個關鍵：不要讓「臺灣有事」有機會成真。

日本每年都會對重大國政進行全國民調。其中一個題目是：如果戰爭爆發，你會怎麼辦？在日本，絕大多數國民都會選「不知道」，選擇「挺身對抗」的人一定最少——不論怎麼調查，每次總是同樣的結果。

但這就是國民的想法。以日本政府的角度，為了讓其他人能正常生活與工作，日本也需要自衛隊具備更專業的戰鬥能力。如果真的遭遇戰爭，我們也希望自衛隊能在戰鬥上多多努力，其他國民就是各盡其責，在各自崗位上盡自己的本分，讓學生繼續讀書、農人持續下

田、上班族還是照常上班，戰鬥這件事就由專業的自衛隊員負責。

——雖然說「臺灣有事就是日本有事」，但臺灣和日本沒有邦交，要如何進行軍事交流？

國場：我是日本執政黨自民黨的國防部會長，二〇二三年三月我們曾經訪臺、並和臺灣執政黨（民進黨）負責國防事務的立委會面，後來民進黨的國防事務負責人也在同年七月二十七日來東京交流——這在臺灣歷史上還是第一次。

也就是說，雖然日本的防衛大臣、外務大臣，（因為外交承認的問題）無法直接和臺灣的國防部長、外交部長一對一當面交流，但國會與政黨之間的交流是沒問題的。我認為創建這種機制的方式很多，也認為保持這種替代路線非常重要。

日本也希望讓這種交流繼續、甚至變成定期化的對話平臺。不過自民黨國防部會長的任期只有一年，雖然也可以申請連任，但黨內也有很多人報名這個職位。所以我也會對黨內接任者再三強調：絕對必須和臺灣保持暢通的互信與溝通管道。

除此之外，日臺之間的戰略對話，若有美方代表一起加入就更加理想。不過現在一點點風吹草動，都會讓中國政府變得很激動，因此我目前還無法證實日美臺三方的同場對話究竟會不會發生。

——最近的兵推都設定「二〇二七年臺灣有事」，你對於臺海未來局勢樂觀嗎？留給臺灣與日本的準備時間，還夠嗎？

國場：我是用最悲觀的態度，去準備這件事情——但這樣做的目的，是為了在「萬一」臺灣有事的時候，能有最樂觀的自信去面對變局。

像是日本自衛隊也面臨很大的裝備問題，我們有戰車、潛艦，但因為缺少零件，重要裝備妥善率很低。我認為原因就是預算不足，所以現在日本現在才拚了命地增加國防經費。此外，高科技的應用力不足，也一直是自衛隊亟需改善的弱點。其中，資訊戰的防禦就非常關鍵。

日本一直沒有像臺灣那樣，嚴肅面對假新聞、資訊戰。我也注意隨著臺灣即將舉行總統大選，來自中國的假新聞數量也同步暴增，但日本卻一直缺少對資訊戰的危機意識，直到最近才終於開始有所防備。

——所以沖繩也感受到了中國假新聞、資訊戰的壓力嗎？

國場：有些人已感到威脅，但另一部分人仍不自知。但如同我們一開始講的種種不安發展，至少能確定的是——沖繩確實已成為「認知作戰」的操作戰場。

1 福州園是昔日琉球國久米村(福建華人移民社區)的遺址所在地。一九九一年,為了紀念福建與琉球的特殊歷史因緣,福州市協助那霸市政府在久米村原址上建立了這座中國式庭園,並命名為福州園。

2 編按:已於二〇二四年一月一日恢復。

3 日本預計以現役的十二式反艦飛彈為改造藍本,設計一款射程可達一千二百公里的地對地飛彈。但由於日本自衛隊已將「十二式反艦飛彈」部署到沖繩本島、與那國島、石垣島等地,因此沖繩民眾也非常擔心:這將是未來「十二式中程地對地導彈」部署到沖繩各島的序曲。

4 指二〇一五年安倍晉三內閣推動的中《安保法》修法,其內中規定日本自衛隊的事態應處層級與可被授權出動的範圍,諸如前述所曾提及的「重要影響事態」、「存立危機失態」、「武力攻擊事態」等程序。

5

抖音上，中國對日本的沖繩認知戰主弦律

——「該回歸的不只臺灣」

文字——張鎮宏、簡毅慧、柯皓翔、李易安

從二〇二三年起，習近平政權就不斷釋放「琉球地位未定論」的暗示，中國社群網路上亦出現兩波針對「琉球親中反日」與「琉球法理上不屬於日本」的罕見討論。中國官媒在二〇二三年七月沖繩縣知事玉城丹尼訪中期間，曾對《環球時報》表達「反對臺灣有事就是日本有事」，此話題在社群網路迅速發酵，並激怒了日本政壇的敏感神經。但在接受我們的專訪時，玉城丹尼卻重申他並無此意。

究竟，中國是否在煽動對沖繩的認知作戰？沖繩本地是否又感受到來自中國的「琉獨」助

力？為了釐清中國操作對外輿論的背景，我們梳理了抖音、Tiktok與X（原Twitter）對於「沖繩／琉球操作」的資料，也特別取得玉城丹尼對於「臺灣有事」立場的澄清回應——結果發現，中國的認知操作雖然手法粗劣，卻擊中日本與沖繩彼此嫌隙已久的政治痛腳。

三個名字的親中網紅

「我不知道琉球人民和日本能否達成共識，奴隸和奴隸主之間能達成共識嗎？」社群網路上三十多歲的比嘉孝昌，可能是最知名、背景也最神祕的「琉球獨立運動網紅」。出生於夏威夷的他，自稱是琉球移民的後代，因為拒絕承認日本併吞琉球王國的合法性，他堅持使用古名「琉球」而不使用日本取名的「沖繩」。

過去幾年來，比嘉孝昌一直相當積極地在網路上宣傳琉球獨立的願景，而二〇一八年他曾在很短時間內號召了二十萬人簽名，向美國白宮請願「反對沖繩美軍填海建設邊野古基地」，這不僅讓他一炮而紅，更因此受沖繩縣知事玉城丹尼邀請會面。但當時他使用的名字卻是「羅伯特．梶原」（Robert Kajiwara），之後他更名為琉球名「比嘉孝昌」或使用中國名「魏孝昌」，一舉變身為主張琉球獨立的政治網紅。

與在地的琉獨運動極為不同，比嘉孝昌的主要受眾似乎並不在沖繩，而是中國——他的

中國網路社群於二〇二三年內出現了兩波「琉球地位未定論」煽動性認知操作，觸發背景都與臺海局勢直接有關。例如圖中沖繩知事於二〇二三年七月訪中期間，前往北京通州的琉球國墓地遺址祭祖，使「中琉一家親」的輿論在抖音平臺甚囂塵上。（截圖來源：抖音；設計：江世民／報導者）

貼文多是簡體中文，在中國微博上相當活躍，甚至連媒體採訪也以《中國環球電視網》等中國官媒最多。但在接受我們的信件採訪時，比嘉孝昌卻認為這都是理所當然，「中國是一個大國，有很多瞭解琉球人的聰明人，他們寫了很好的評論並提出了聰明的問題，所以我喜歡用中文交流，古代琉球歷史文獻，也大多是用中文寫的。」

自稱住在沖繩的比嘉孝昌表示，自己過去多用英文與日語宣傳琉球問題，例如二次世界大戰沖繩戰役對平民所造成的慘烈傷亡，他就認為這是日本政府對琉球民族的「種族滅絕」，「很多美國人和日本人都對琉球人與中國人都有偏見，所以我不喜歡用英語與日文書寫，因為對牛彈琴。」

不過當我們進一步邀請，希望在沖繩與他見面時，比嘉孝昌卻以「自己即將出差幾個月」為由婉拒。數星期後，鮮少曝光生活照的他，在X上傳了一系列自己在中國的訪問照片。但之後，對於我們試圖再追問他與中國政府和官媒的互動經驗，以及日本與沖繩近期正緊張討論的「中國認知戰」議題時，比嘉孝昌卻不再回信。

習近平的「話中有話」，啟動沖繩認知戰？

「比嘉孝昌是個非常有意思的案例，沒有人知道他到底是誰？到底人在哪裡？實際上到底叫什麼名字？」一名長期往來沖繩的資深外媒記者私下向我們表示，雖然在琉球的風俗與歷史討論上，比嘉孝昌在社群經營上「相當認真」，但他的政治立場對沖繩社會卻過於激進、互動的對象也以中國網友為主，因此沖繩本地記者、知識分子都刻意與他保持距離——直到最近，日本政府與媒體開始高度留意「中國對沖繩的認知戰」，比嘉孝昌所代表的觀點才開始令人在意。

日本最近的擔憂，始於二〇二三年六月四日，中國官媒《人民日報》的頭版頭條〈賡續歷

史文脈 譜寫當代華章〉，該文以極長的篇幅敘述了習近平視察中國國家版本館[1]的經歷。當時，習近平經過了明代文書《使琉球錄》的展示櫃，工作人員向他解釋該文件是記錄釣魚臺「屬於中國版圖的早期版本著述」，是「一件發揮著政治功用的古籍版本」。習近平聽完解說後，並未重申釣魚臺主權，反而罕見地對「琉球」發表個人感想：

我在福州工作的時候，就知道福州有琉球館、琉球墓，和琉球的交往淵源很深，當時還有閩人三十六姓入琉球。

這段發言很快便引發國際社會的側目。一方面，這是習近平當上中共最高領導人之後，第一次公開提及琉球；二方面則是習近平使用的歷史名詞，是昔日作為中國藩屬的「琉球」，再加上前段所稱的《使琉球錄》與「證明中國版圖的重要政治文件」，種種敘述引發了一連串對於北京意圖的政治揣測。

「習近平罕見提琉球」的論點，最初由香港建制派媒體《星島日報》[2]主動提出，之後國際媒體《BBC》[3]與《經濟學人》（*The Economist*）[4]也報導，並強調習近平的言論正好與「中國國內正再次流行的『琉球地位未定論』」相互呼應。最後，不僅日本右翼的《讀賣新聞》、《產經新聞》跟進，就連立場相對溫和的《朝日新聞》、[5]《日本經濟新聞》[6]與《每日新聞》[7]等，幾乎所有的日本大型媒體都開始嚴肅討論中國針對日本的「沖繩認知戰問題」。

這是因為長期以來，每當中共準備提出爭議主張時，總有一套固定「帶風向」的政治步驟：第一步通常會先透過學者對外發表非官方言論，內容接著再被官媒報導和政府文件引用或討論，等到輿情認知穩定後，最後才由高階官員出面推進決策。因此，習近平的琉球發言儘管乏味平

中國政府協助建設的福州園，位於日本沖繩縣那霸市區，原是琉球王國時期福建移民聚集的久米村遺址。在明清海禁時期，福州是琉球特許貿易的重要商港，雙方往來密切，因此直到今日，中國對沖繩仍時常打出「福州歷史」、「福州情」的外交口號。（攝影：楊子磊／報導者）

淡，但在中共政治邏輯的暗示下，卻足以讓日本政府感受到「被故意針對」的緊張感。

抖音上的琉球煽動：二〇二三年出現兩波操作高峰

為了分析中國輿情操作的背景，我們的數據團隊蒐集了二〇二三年一月至八月的中國社群平臺資料，並針對傳播效果最強的短影音平臺「抖音」及國際版抖音「TikTok」進行分析，結果發現：中國網路於二〇二三年內出現了兩波「琉球熱」煽動性操作，觸發背景也都與「臺海局勢」直接有關。

早期抖音上與沖繩相關的討論以「反美軍基地」為主，主軸多為沖繩人反基地抗爭、美軍在當地的犯罪與汙染事件等時事新聞。

二〇二三年四月開始，與「沖繩／琉球」相關的煽動性素材明顯增長，兩大高峰波段分別為：四月十六日「日本主辦七大工業國（G7）外長會議，將臺海局勢納入討論議程與聯合聲明」，和七月三日「沖繩縣知事玉城丹尼訪問中國」。

在這段期間，抖音出現大量「琉球地位未定論」、「沖繩不屬於日本」，或稱中國不排除「支持沖繩獨立」以作為「對日本插手臺海的復仇」等非時事評論。

第一波琉球煽動，四月G7外長峰會提臺海

而在四月G7外長會議後，抖音上的第一波「琉球煽動」主要分成四類內容形式：一、捏造時事類；二、歷史故事類；三、戰略對抗類；四、感性喊話類。

捏造時事類的宣傳素材，以二〇二三年三月沖繩副知事照屋義實拜會中國駐日大使吳江浩為主。此事當下並未在中國掀起討論，然而自四月日本將臺海局勢納入G7會議議程後，借此題發揮、虛實參半的影音大行其道。

內容聲稱「中國與沖繩達成共識恢復稱呼琉球」，並指沖繩縣府將與日本中央的外交立場切割、同中國友好，部分影片稱「中國改稱琉球」是「日本在G7大談臺海問題的報應」——但事實上，上述內容完全虛構，且沖繩縣府並沒有正名計畫。

同一手法也由抖音擴散至微博、YouTube等其他平臺，並經移花接木升級偽造為「中國外交部長秦剛公開表態：琉球不是日本的領土」，儘管當時仍為外長的秦剛本人並沒有說這些話，但涉及中共高層的對外謠言，卻沒有被中國管制刪除。直到秦剛從六月二十五日因不明原因失蹤並遭解除外長職務後，部分素材才因此開始消失。

歷史故事類宣傳，分為四種主要敘事：一、琉球自古以來就是中國藩屬；二、十九世紀末日本趁清朝軟弱不振，強行併吞沖繩；三、二次大戰的沖繩戰役，琉球平民死傷慘重是日本

再次出現的「奪回琉球論」

中國與日本之間關於「琉球地位未定論」的敏感風波，指的是二〇一三年中共官媒《人民日報》所刊出的爭議專文〈釣魚島歸中國 琉球也到可再議的時候〉。這篇由中國社會科學院學部學者張海鵬與李國強共同撰寫的評論，主張日本並不擁有釣魚臺群島的主權，但卻也認為：代表中國的清朝，從沒正式承認日本吞併琉球的合法性，只是因為甲午戰爭的慘敗讓中國無力抗議。但日本在二次世界大戰的戰敗與無條件投降，「不僅讓臺灣回歸中國……歷史上懸而未決的琉球問題，也到了可以再議的時候。」

雖然張海鵬與李國強並不具備政治身分，對外也無法代表中國政府，但其評論被國家級的《人民日報》刊登後，卻很快在中國輿論中形成一股「奪回琉球論」——包括正名運動，喊話中國外交部應將「沖繩」一詞全面改稱回「琉球」，甚至主張北京應積極表態：「琉球主權不屬於日本」。奪回琉球論的邏輯，在於否認一九七二年美國將沖繩主權回歸日本的合法性，因此主張不要使用日本稱的「沖繩」，改回象徵琉球獨立、不屬於日本的古名「琉球」——但實際上，中國政府的官方立場，不僅從未反對一九七二年的沖繩返還，毛澤東與周恩來甚至都曾以「反美鬥爭」的名義，支持美治沖繩歸還給日本。

二〇一三年的這波「奪回琉球論」，當時引發了日本政府對中國的強烈抗議，但中國政府卻回應《人民日報》該文屬於新聞學術的發表自由，不代表中國官方立場、中國也沒有要改變對沖繩的稱呼。然而琉球地位未定論的說法，自此成為中國網軍系統對外輪播的「宣傳箭頭」之一。

故意安排的種族滅絕；四、一九七二年沖繩主權移交日本，是美國與日本違反國際法的私相授受，因此琉球主權存在法理疑義。

戰略類宣傳，主張日本與美國對臺灣問題指手畫腳，所以「中國當然可以在國際法的『公正立場』上，就拿琉球主權未定論的痛腳做文章」。

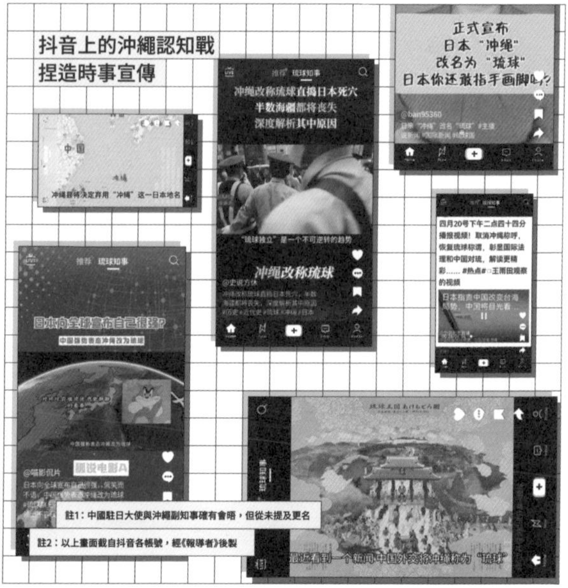

感性對話類則盜用日本高中合唱團唱中國國歌畫面，營造「琉球人心向中國」之景，並強調中國與琉球都「愛好和平」，因此切莫讓美、日煽動的「臺灣有事」，犧牲沖繩人的未來。

「抗日義士」素材勾連前後兩波煽動

值得注意的是，四月的操作裡，歷史類宣傳特別受到中國輿論歡迎。其中傳播力最強的內容，即是一八八〇年琉球王國的親清朝派外交官林世功，因為無法阻止日本併吞琉球，最後悲憤地在北京自殺殉國，並被安葬在北京琉球人墓園。此一影響力案例，後來也連結到了七月玉城丹尼訪問北京時，中國網路引發的「第二波琉球煽動」。

在中方的安排下，玉城丹尼也前往北京琉球人墓園祭拜——在日本與沖繩本地的新聞裡，玉城丹尼是慎終追遠，向古代因經商、求學而客死異鄉的琉球先人致意，並沒有提林世功的故事；但在中國網路宣傳下，玉城丹尼卻是前來弔唁「反日民族英雄林世功」，藉以暗示沖繩意欲與中國重拾傳統關係，達成「琉球復國」的政治悲願。

第二波琉球煽動，七月沖繩知事訪中國

二〇二三年七月的沖繩知事玉城丹尼訪問中國，是抖音操作的第二波高峰。玉城丹尼先是

參訪了北京，與中國國家總理李強會面、接受《環球時報》專訪、祭拜北京琉球人墓園，並與北京沖繩僑胞宴會餐敘。但玉城丹尼的北京行程，很快在抖音被發動了第二波宣傳——與G7外長會議相比，關於玉城丹尼訪中的操作內容，宣傳數量與針對性明顯加倍。

在此波宣傳中，主要操作分為三個方向：

一、玉城丹尼接受《環球時報》專訪「拒絕『臺灣有事就是日本有事』」。
二、玉城前往琉球人墓園祭祖，弔唁琉球王國的「反日民族英雄」林世功。
三、玉城丹尼在中國宴會跳起琉球傳統舞蹈《唐船到》，[8]日本輿論氣得跳腳。

我們分析數據發現，抖音的兩波琉球高峰，都有刻意操作的時間差痕跡——絕大部分的煽動性內容，都會緊跟在「中國官媒報導／評論相關事件的隔天」，與事件發生的新聞時間點，反而沒有絕對關係。

四月中旬以前，與琉球相關論調是介紹中琉歷史淵源、美軍基地負面消息；四月中旬以後，大量官方媒體與自媒體介紹歷史都會明言「琉球不屬於日本」、「波茨坦宣言未明定琉球主權」、「琉球獨立」、甚至「琉球自古就是中國的一部分」。

註：以上畫面截自抖音各帳號，經《報導者》後製

註1：玉城確有受訪，但通篇未提及「台灣有事」或「反對台灣有事」
註2：以上畫面截自抖音各帳號，經《報導者》後製

但兩波煽動內容裡，關於「臺灣」的篇幅占三成以上，包括藉由沖繩來批評「臺灣有事」論調謬誤，以及沖繩在第一島鏈的重要性。但其中煽動性最強也最常見的主張是：「如果臺灣有事就是日本有事，那麼琉球有事就是中國有事。」

玉城丹尼的信：沖繩對臺灣的真實立場

一系列網路操作中，沖繩知事玉城丹尼被中國輿論形容為「親中反美日的國際同路人」，除了聲稱沖繩縣新設的地域外交室，是為了「琉球獨立」的對外準備；玉城接受《環球時報》的專訪，更被中方詮釋為「反對臺灣有事就是日本有事」，而在臺灣引發了質疑甚至不滿。

但事實上，在《環球時報》的專訪〈沖繩知事透過環球時報發聲：絕不能因「臺灣有事即日本有事」讓沖繩淪為戰場〉裡，玉城丹尼通篇都沒有說出「臺灣有事」或「反對臺灣有事」的發言，甚至還希望透過《環時》呼籲中國政府以對話和平處理區域緊張。

為了確定沖繩知事的實際觀點，我們特別經由沖繩縣地域外交室提出訪問，並取得玉城知事的書面答覆——他清晰釐清了沖繩的立場，並間接駁斥了中國媒體對他「親中反日謀復國」的抹紅說法。

「我為沖繩曾經是琉球王國的歷史——作為一個被國際社會認可的獨立國家、並能與歐美等國家簽署通商條約、和亞洲各國交易並有繁榮的歷史——感到榮耀，我認為多數的縣民也有同樣的想法。」玉城丹尼表示：「但現在的沖繩縣，是在日本國之下的地方公共團體[9]——基於《維也納外交關係公約》，外交事務為國家之間的權限，而沖繩如今並沒有這種權限——這也是包含我在內、多數的沖繩縣民都認知的事實。」

玉城丹尼強調，沖繩縣理解日美安保體制對於亞太區域安全與和平的重要性，涉及國家主權的問題，例如領土領海的爭議、或者有關軍事安全合作，主要需由國家層級的外交談判來負責解決。他這次訪問中國的「沖繩地域外交」，絕非與中央政府競爭外交話語權，而是在日本政府的支持與鼓勵下，推進地方「軟實力影響」的外交多元性。

2023年3～7月與「沖繩知事」相關的抖音、TikTok影音量

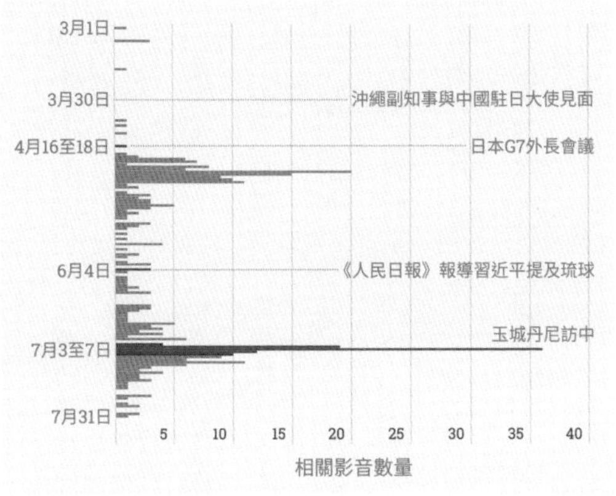

資料來源：抖音、TikTok

註：《報導者》在抖音、TikTok平臺搜尋「冲绳知事」、「琉球知事」整理而得，已排除非相關影片

整理：簡毅慧

設計：江世民

至於沖繩美軍基地負擔與日本加強國防的矛盾，玉城丹尼則表示：「近年來亞太地區局勢升溫，有中國軍事力的強化、試圖改變東海及南海地現狀的行動，以及圍繞在臺灣及朝鮮半島的問題存在。在此狀態下，沖繩縣雖能理解日美安保體制、以及日本為了『專守防衛』而保持最低限度的自衛能力之立場，但僅占國土面積的〇・六％的沖繩縣，卻必須肩負七〇・三％美軍基地負擔，這種異常集中的失衡狀況，仍有盡早消解的必要。」

另一方面，玉城丹尼也澄清並沒有「反對臺灣有事」的論點，「於《環球時報》的訪問時，我講述了二〇二三年三月造訪美國時，就沖繩的現狀及臺海和平安定的重要性，傳達了『絕不能讓臺灣發生有事危機』這件事。」因此他當時希望美日政府能藉由外交與和平手段緩和區域緊張，而強調包含中國在內所有周邊國家，都應該做出「不要讓臺灣發生戰爭」的和平努力。

玉城知事與我們的書面採訪寫於二〇二三年十月，當時他正準備訪問臺灣，「這將是我第二次以沖繩縣知事的身分訪臺。」玉城當時也強調自己非常期待在文化、經貿與區域和平對話上，與臺灣作更多交流，「因為臺灣是沖繩的重要夥伴。」

臺沖間的互動平衡被破壞了嗎？

事實上，臺灣與沖繩政府的高層互動一直有著密切深厚的傳統，像是二〇一八年逝世的故沖繩縣知事翁長雄志，就曾在中國政府罵聲不斷的國際氣氛下，熱情地答應了臺灣政府的邀請而參加二〇一六年蔡英文總統就職典禮。儘管翁長知事任內以反對美軍基地駐紮沖繩的剽悍風格聞名，日本右翼保守派也屢屢質疑他與中國政府的往來關係，但翁長知事的區域外交卻仍力求平衡，無論是多次訪臺、拜會總統、或者是慷慨解囊為臺灣天災捐款，沖繩都不曾刻意冷落或忘記臺灣。

但隨著中國對外政策的轉硬，沖繩過往的外交平衡感，如今也也面臨重重顧忌與阻礙——二〇二三年十一月底，玉城丹尼極為低調地抵達臺灣。與此前「期待與臺灣更多交流」的場景相反，玉城的訪臺時機不僅刻意避開二〇二四臺灣總統大選，在臺行程也僅限於商界和民間團體，不但沒有公開行程和媒體訪問，更刻意迴避與臺灣政府接觸互動。然而這樣低調至極的臺灣行程，卻仍遭到北京的憤怒譴責，中國駐日大使館甚至指名警告訪臺的玉城知事，「中方一貫堅決反對日本同臺灣進行任何形式的官方往來。」

臺灣方面對於玉城知事的「重中輕臺」也相當不滿，像是臺灣外交部駐那霸辦事處處長王瑞豐，二〇二四年五月接受沖繩媒體《HUB 沖繩》專訪時，[10]就極為罕見而尖銳地公開批評玉城丹尼對臺灣的「輕視態度」，在沖繩與外交界引發不小的爭議。

「最初我們也很歡迎（玉城知事所推動的）地域外交，但實際上的發展卻是一面倒地偏向中國，對臺灣展現了很不友善的姿態。」王瑞豐處長對沖繩媒體表示，臺灣與沖繩長期以來一直有很密切的民間交往，雙方也建立了極為友好的關係，縣民對臺灣的好感度也很高，但沖繩縣府近年來在中國與臺灣之間厚此薄彼、甚至刻意的差別待遇，「都讓臺灣政府對於未來與沖繩縣的關係抱持悲觀態度。」

在該篇報導中，王瑞豐以國慶酒會、新冠疫情過後臺灣恢復與那霸直航、與玉城知事二〇二三年的臺灣訪問為例，質疑玉城幾乎在所有場合都迴避與臺灣官方的公開接觸，這不僅打破了歷任沖繩知事與臺灣的互動傳統，他更不諱言地表示：「沖繩縣政府與臺灣的關係，目前甚至可以說是全日本最糟糕的。」

中國的琉球議題大內宣，對日本有影響嗎？

然而以中文為主、僅針對於中國網路使用者的輿論操作，對沖繩或者日本有什麼實質影響嗎？根據我們數據新聞團隊針對日本第二大社群平臺X（原稱 Twitter）的公開貼文分析，[11] 我們發現：日本網路對於沖繩知事訪問中國的反應，並沒有與中國煽動內容出現明顯連動。

以二〇二三年七月沖繩知事訪問中國期間為例，日本社群輿論雖然對「玉城訪中」有所討論，但討論熱度主要來自於右翼意見領袖，內容大多是對玉城丹尼政治風格的負評——相較之下，沖繩縣內對於玉城訪中所激起的外界漣漪，幾乎完全無感，不僅本地媒體沒有太多報導，對中國突然燒起的「琉球熱」，社群也無特別反應。

在沖繩知事訪中期間，引發日本網路反應最大的內容，是玉城在北京僑宴上的跳舞影片——該影片在X上已有八百七十萬次觀看——但該貼文內容與延伸的轉貼討論，大多是在批評玉城知事「得意忘形」、「在國際場合過於失態」，進而質疑他的危機控管能力。至於中國社群熱議的參訪北京琉球人墓園、祭弔林世功、跳《唐船到》舞蹈、「拒絕臺灣有事就是日本有事」的《環球時報》專訪、甚至琉球獨立等爭議與虛假內容，則沒有引發日本網路的同步討論、或出現異常機器人帳號和協同行動的證據。

「我認為中國一定會對日本作認知戰部署，沖繩議題也很可能成為被針對的槓桿。」在接受我們專訪時，日本資訊戰領域的專家、明治大學資科系教授齋藤孝道表示：「但我不認為社群網路平臺，是中國對日本操作認知戰的主要場域。」

「日本之所以『暫時免疫』於外國認知戰的原因，並不是因為日本人的資訊素養，而是人口結構、語言與社會文化封閉的『先天壁壘』所致。」齋藤孝道認為，日本社會結構非常保守，高齡化社會信任的資訊來源，固定集中在以報紙、電視為主的大型傳統媒體；而活躍於網路平臺的日本年輕世代，又是世界出名的「政治冷感」。再加上日語並不是國際通用語言，這都大幅增加了境外協同操作的成本與門檻。

被利用的沖繩，北京打「琉球牌」是想影響東京

既然中國操作的琉球煽動目前只有中國人在收看，國際社會為何還如此緊張？長期追蹤威權國家網路敵意行為的 TeamT5 網路威脅分析師黃利安，向我們解釋：「不要忘記中國是一個高度資訊管控的國家，重點不是它的操作給你帶來什麼影響，而是它故意讓你看見了什麼內容。」

「中國網路刻意操作的資訊內容，主要受眾雖然是中國網民。但包括日本、韓國或者是其他鄰近國家，其實都會一直緊盯這些言論風向。」黃立安表示：「例如說前幾年韓國允許美國在其境內部署飛彈防禦系統，中國大內宣的操作就激起反韓貨運動；日本更是經常被中國的『反日情緒』影響，不僅日貨、日商會被針對，就連日僑安全都有風險。因此中國網路上到底正在釋放什麼樣的國際資訊？或者中國政府允許中國網民收到什麼國際資訊？也就成為各國時刻預警的風向球。」

黃立安強調，網路上的可疑資訊雖然看起來錯綜複雜、很難發現絕對證據能證明「某些資訊就是某國政府刻意製造的認知站攻擊」，但藉由長期與結構性的趨勢分析，我們仍能從這些

可疑行動裡發現通用的指示性證據，例如這些資訊出現的時間、問題素材是否被特定旗幟性帳號所引用或再製、這些行為針對的目標是否符合特定政府利益、可疑單位之間的IP位置與登記地址是否有重疊關聯。以網路散播的「奪回琉球論」為例，透過關鍵觀察指標的追蹤，我們或許無法直接證明這一定有指定任務的「認知作戰」，但卻有足夠的證據還原出這些爭議輿論的操作，確實與中國政府的利益有所牽連。

在Team T5團隊透過長期追蹤，發現源自中國網路的操作內容，往往會被分配、再製，接著透過各種機器人帳號、特定網路意見領袖多次傳播。這些內容若有進一步政治升級的價值，則可能在被分到中國外交部的「戰狼外交官」手上，像是過去知名的趙立堅、秦剛、盧沙野，或目前還在日本的中國駐大阪總領事薛劍，都曾涉嫌協同操作的傳播問題內容。

「沖繩議題也常是被這些可疑帳號使用的話題，但截至目前，沖繩素材的『境外傳播力』不高，」不過黃立安表示，雖然中國對外的操作內容多以中文與英文為主，但過去一年來，可疑帳號使用AI工具的頻率愈來愈高，「中國針對日本操作強度，也開始有變強、增多的跡象。」

事實上，中國近期的「琉球煽動」已讓日本國內有所警覺，不只保守派的日本國會議員國場幸之助在專訪中對我們強調「沖繩已成為中國認知戰的戰場」，就連對日本右翼抱持批判

琉球大學名譽教授我部政明認為，真正讓中國認知戰「開始生效」的，並不是沖繩，而是日本本土的右翼。（攝影：楊子磊／報導者）

態度的沖繩著名政治學者、琉球大學名譽教授我部政明，也同樣對我們表示：「中國可能正在以沖繩為槓桿，針對日本發動資訊戰。」

「有人說玉城丹尼已經被中國控制，而『琉球地位未定論』也會吸引沖繩更向中國靠攏——但這些說法根本不是事實，」我部政明表示，對於沖繩社會來講，玉城知事訪問中國一事並沒有太多的政治意義，一般民眾雖對經濟投資、直航班機、觀光交流樂觀其成，但卻不會因此提升對中國的政治好感，更從沒想過要讓中國「幫助」琉球爭取獨立。

「基本上，沖繩的年輕人大多認

為自己『既是日本人，也是沖繩人』，甚至對日本的認同感還更強烈一些。在這種氣氛下談『琉球獨立』？我認為現在不可能，因為這種意見在沖繩非常邊緣。最近關於琉球歸屬的話題，沖繩根本狀況外，這也是習近平與中國政府的單方面煽動。」

我部政明認為，中國的「琉球地位未定論」在沖繩社會根本沒有共鳴基礎，但日本本土卻因此把沖繩當作「親中派」而加以攻擊與猜疑，甚至藉此扭曲沖繩縣民對於基地負擔沉重、經濟發展與國民資源分配不均的抱怨，進而加深沖繩人在日本的被歧視感，「所以這算是琉球人想要獨立？還是日本自己把沖繩推開？」

「在大聲疾呼『沖繩認知戰』的同時，日本似乎還沒有意識到：中國操作認知戰的對象，不是針對沖繩，而是瞄準日本本身。」我部政明表示，雙方猜忌愈來愈深，「琉球獨立論」的煽動威力才會愈來愈強。最後，那怕再蹩腳的認知戰手段，也會因為疑心生暗鬼，成為最具破壞力而不可挽回的對立現實。

---

1 位於北京昌平區，是蒐集中國古籍、中華民國統治中國時期的文獻、官方出版品、歷代貨幣、郵票與糧票等印刷出版品的國家博物館。

2 〈中國觀察：習近平罕見提琉球〉，《星島網》，二〇二三年六月八日。

· 根據推文超連結抓取文字內容、轉推數、喜愛數、作者資訊、引用連結等各式欄位。
· 將日文內容翻譯為中文、進行內容編碼、人工排除無關本主題資料，最後共計有效資料共三百零六筆。

二、抖音、TikTok 平臺

◎ **資料抓取：**

八月初分別在抖音、TikTok 平臺，蒐集「冲绳知事」「琉球知事」相關影音。

◎ **條件設定：**

· 抖音可設定時間範圍，因此以二〇二三年一月以來資料為主。
· TikTok 無法設定時間範圍，因此在爬下搜尋結果後過濾二〇二三年一月以前資料。
· 人工排除與本主題無關、重複資料一千一百二十三筆，最後共計有效資料三百六十二筆。

數據團隊如何抓取各社群平臺沖繩知事訪中的相關資料？

一、Twitter 平臺（今改稱 X）

◎ 資料抓取：

透過 Twitter「進階搜尋」蒐集「沖繩知事訪中」相關貼文

◎ 條件設定：

· 玉城丹尼等沖繩團隊於二〇二三年七月三日至七月七日訪中，時間鎖定 七月一日至七月十日區間。

· 以喜愛數（按愛心）達五十以上，作為影響力篩選標準。

· 進階篩選介面以「最新」為準，該分頁下，貼文會按時間順序排列。

· 關鍵字組合：以下列五組關鍵字進行搜尋。

玉城 (okinawa OR 沖縄)

知事 (okinawa OR 沖縄) - 玉城

玉城 (デニー OR 知事) - 沖縄 -okinawa - 琉球

琉球 (知事 OR 玉城) - 沖縄 -okinawa

中国 (沖縄 OR okinawa OR 琉球) - 玉城 - 知事

· 去除重複推文後，得到三百五十五筆推文。

3 〈中日關係・習近平為何提及「琉球」歷史?北京打「沖繩牌」的政治戰略〉,《BBC NEWS》中文,二〇二三年六月二十七日。

4 China has its eyes on Okinawa, *The Economist*, 2023-06-23.

5 沖縄に近づく中国、「国際秩序は不変にあらず」 元大使の読み解き,《朝日新聞》,二〇二三年七月二十八日。

6 習近平氏がこだわる琉球「日本が奪った」という歴史観,《日本經濟新聞》,二〇二三年六月六日。

7 中国の「沖縄独立工作」を問う=鈴木英生(オピニオン編集部),《毎日新聞》,二〇二三年七月十二日。

8 琉球傳統民謠。「唐船」指的是琉球王國時代,往來中國與琉球的貿易商船。這首曲子風格熱鬧,是在形容琉球海上貿易的繁榮,每當有大船入港時的港口熱鬧。

9 日本政治名詞,等同於臺灣所稱的「地方政府」。

10 〈沖縄県の玉城知事は台湾軽視」台北駐日経済文化代表処那覇分處・王瑞豊処長(下)〉,《HUB 沖縄》,二〇二四年五月八日。

11 日本第一大社群媒體平臺為 Line,但 Line 在用戶公開意見的交換上,不如X開放。因此在輿情蒐集上,大多會以X的聲量數據為主。

3

PART

最前線：國境之島的光與影

臺灣可能已不記得與那國，但與那國卻一直沒忘記臺灣。

在天氣晴朗的日子裡，從日本國土最西端的與那國島可以清楚望見一百一十公里外的臺灣東部海岸。曾經，與那國島和石垣島與臺灣往來密切，甚至是「臺灣經濟圈」的一部分。宜蘭、花蓮曾是與那國人「進城辦事」的一日生活圈，石垣島的臺裔移民家族至今也還記得家中長輩的臺語口音。當臺灣開始進入白色恐怖、成為國際孤島之際，與那國島也曾是繁榮一時的對臺走私重鎮，甚至連臺獨運動都曾打算以這座遺世小島作為「反攻臺灣」的基地。

然而，因國際情勢的更迭，這片海洋如今不僅被無形的國界分隔。隨著自衛隊在島上大規模建設基地、部署飛彈、並與美軍頻繁進行聯合演習，當地居民對臺灣曾有的憧憬印象，逐漸被「臺灣有事」帶來的軍事緊張氛圍所掩蓋。

1

距離「臺灣有事」只有一百一十公里

——與那國島的國境戰雲之一

文字——張鎮宏；採訪翻譯——黃胤毓

距離臺灣東海岸只有一百一十公里遠的與那國島，是日本國土的極西之地，也曾是臺灣獨立運動「教父」史明夢想推動臺獨起義的海外前線基地。根據史明自述，一九六〇年代後期，他雖被國民黨政府以叛亂罪通緝而流亡日本，卻多次從與那國島開著漁船祕密出海，帶著要給臺獨地下組織的起事資金、情報與裝備，偷渡返回臺灣。

當時的史明，為了確認偷渡路線，不僅潛伏在與那國觀察洋流海象，也曾在釣魚臺列嶼上和不受各國政府法規約束的漁民一同生活。行動期間從未被抓，在日本、美治沖繩與臺灣之間的國境穿梭如入無人之境，晚年接受日本記者專訪時，史明也曾得意地自誇：「除了臺灣漁民，就屬我對釣魚臺海域最是熟悉。」[1]

但除了偷渡返臺，與那國島上的史明，還有更天馬行空的臺獨計畫，「我想在日本缺乏管理、靠近臺灣的島嶼上面架設無線電放送臺，從日本把訊號打回臺灣，作為宣傳獨立運動的利器。」[2]

史明在《史明口述史》中詳細回憶：當時才剛要成立的極左翼武裝組織——日本赤軍——許多成員給過不少幫忙，史明曾請他們代為潛入臺灣「臥底」探勘國民黨政府的鐵路與電臺部署狀況，也聘請他們傳授無線電技術，並在一九六七年左右開始，於離臺灣最近且最容易干擾臺灣電波信號的與那國島設置了臺獨革命電波塔。「可惜電臺快要架好之際，一九七二年琉球的統治權從美國手上交還日本，一九七五年左右《ＮＨＫ》與那國島一帶設了很大的據點，蓋掉我的訊號。」《史明口述史》如此記錄，「最後不得已，只好把電塔等設備全部拋入海底。」

在史明電波塔沉入太平洋的三十多年後，與那國立起了另一套「遠眺臺灣」的軍用電波設備——二〇一六年起，日本陸上自衛隊正式進駐與那國島，成立「與那國沿岸監視隊」部署軍事雷達站，讓這座距離東京超過二千公里、占地不到三十平方公里的國境之島，一夜之間成為日本應變臺海情勢的戰略最前線。

在史明電波塔沉入太平洋的三十多年後，與那國立起了日本自衛隊「遠眺臺灣」的軍用電波塔。（攝影：楊子磊／報導者）

國境戰雲

二〇二三年八月，當我們踏上與那國島時，第一眼的印象是機場大廳裡，滿滿的《小孤島大醫生》（Dr.コトー診療所）日劇海報，這部二十年前開播的經典日劇，至今仍是這座離島在觀光上的最大招牌。但接下來，目光則被停駐在機場門外的自衛隊吉普車所吸引，幾名身著迷彩服的自衛官突兀地混雜在觀光客群之中，安靜地等待他們的接機任務。

我們登島採訪的時間點，剛好踩在了一個軍事敏感的風頭上——因為二〇二二年，時任美國眾議院議長裴洛西訪臺後、中國解放軍圍臺軍演的導彈試射，就落在與那國島南方的日本專屬經濟水域。「臺灣有事」自此成為日本頭號新聞焦點，湧入大量媒體登島取材的與那國島，也被形容成「臺海戰爭的日本前線」，造成島民們極大的困擾與焦慮。

與那國島是日本國土與琉球群島的最西部，在地理上和宮古海峽以西的宮古島、石垣島……等島嶼併稱為先島群島。由於四面環海且黑潮強勁的關係，與那國自古多與世隔絕，直到十六世紀才被來自沖繩本島的琉球王國武力征服，之後再隨日本吞併琉球的「琉球處分」而於一八七九年被日本納入領土。

一八九五年《馬關條約》簽署後，臺灣被併入日本，與沖繩的往來互動也因為「成為同一國」而變得密切。其中，與那國島因為離臺灣最近，而順利成章地被納入「臺灣生活圈」，除了海上交通的頻繁往來，與那國島民無論求學、醫療、經商，都會「返回」臺灣本島處理。

二次大戰期間，與那國島更成為戰時海上樞紐，日軍會經由這條航線從臺灣將糧食、軍火運往沖繩，而沖繩戰前的平民疏散也常途經此地。但戰後，中華民國接收臺灣，與那國島則隨沖繩全縣一併成為美國託管地，兩地的密切往來才被新設立的「國境」所截斷。

與沖繩本島遭遇戰火血洗的悲劇略有不同，戰爭期間的先島群島雖屢遭盟軍空襲與海上封鎖，各島也因物資不足而爆發饑荒與嚴重疫病，但美軍直奔沖繩本島的登陸選擇，卻讓先島群島躲過了殘酷的地面戰鬥；美軍之後在沖繩的基地建設，也集中在腹地較大、人口最多的沖繩島，況且在一九七九年美國斷交中華民國之前，美軍在宮古海峽以西都可以自由使用臺灣基地，這讓冷戰期間的先島群島，變成第一島鏈上沒被軍事化的罕見地帶。

但二〇〇〇年以來，中國經濟與軍事快速崛起，日中兩國屢屢因為歷史爭議、民族主義情緒與海上主權問題而引燃外交衝突，尤其釣魚臺列嶼的主權爭議，更多次在中國引發全國性的反日暴動。為了因應與中國日漸升溫的軍事對峙壓力，日本中央政府這才積極調整戰略方針，並於二〇一〇年開始所謂的「南西大移轉」——也就是把日本自衛隊的駐兵重點，從傳統上為了抵禦俄國入侵的北海道、日本關東地區，逐步調往九州與沖繩群島，以防禦來自中國的軍事威脅——長期沒有自衛隊駐守、也未有美軍基地的先島群島，因此地位驟變，從昔日的「國防真空地帶」，一舉升成為日本政府強化軍備、大舉興建基地的國防重點。

日本在先島群島的戰略重點，主要針對三個關鍵島嶼：與那國島、宮古島與石垣島。二〇一九年開設基地的宮古島，監控著宮古海峽——解放軍海軍出入西太平洋的關鍵水道——宮古島市西面的下地島機場，也擁有先島群島中唯一一條長度超過三千米、足以起降各式重型軍機的飛行跑道。二〇二三年才開設基地的石垣島，地理位置介於前述兩島之間，在釣魚臺列嶼長期對峙中國海警艦隊的日本海上保安廳艦隊就常駐於此，而島上的石垣港不僅是先島群島的物流重鎮、也是日本最南端的重要港灣。

至於距離臺灣最近的與那國島，則是先島群島中最早接受自衛隊開設基地的島嶼。二〇一六年日本陸上自衛隊成立「與那國沿岸監視隊」，除了部署監控雷達、電戰部隊外，自衛隊更準備進一步在島上部署防空飛彈系統與反艦飛彈部隊，這都確認著與那國島已成為日本應對中國軍事動態與臺海局勢的關鍵第一線。

二〇二二年底，日本自衛隊與美軍聯合舉行了動員三萬六千人的大規模軍事演習「利劍二十三號」（Keen Sword 23），其中特別針對日本遭遇武裝攻擊、離島遭遇敵軍攻戰等假想題目，在鹿兒島和沖繩兩縣實兵操演，其中一個關鍵且受到日本新聞高度注意的演習地點，就是與那國島。

利劍二十三號因兵力規模與敏感時機而受國際高度關注，在演習所在的沖繩更引發相當大的爭議——因為這不僅是日美第一次在與那國島展開聯合軍演，自衛隊更特別從九州福岡縣的築城基地，空運一輛十六式機動戰鬥車[3]在與那國的一般道路上進行「公路訓練」，目的是測試在緊急狀況下，與那國島的機場與公路等交通基礎建設的長寬與負重，是否足以讓自衛隊的重型裝備登島。儘管這輛輪式戰車登島的演習項目，只是從與那國機場行駛至陸上自衛隊的與那國駐屯地、[4]訓練路程來回不到十公里，卻是一九七二年沖繩返還日本以來，沖繩縣內第一次有裝甲車在公共道路上訓練，過程中美軍陸戰隊還派員公開隨行，過去從來沒有看過重型裝備登島的與那國島民們，也對「戰車穿越自家門口」的畫面感到極為驚訝與不安。

但與那國島的各種「第一次」這才剛要開始。在利劍二十三號結束後，日美開始以每半年一次的軍演頻率，不斷在先島群島頻繁操演。二〇二三年四月開始，北韓以「發射衛星」為由，多次朝太平洋方向試射可用於洲際彈道飛彈的長程火箭，對此日本政府不僅嚴詞抗議，更緊急在與那國島、石垣島與宮古島三地部署愛國者防空飛彈系統，針對「可能威脅

陸上自衛隊的與那國駐屯地，除了部署監控雷達、電戰部隊，日本政府更準備在島上進一步部署防空飛彈系統與反艦飛彈部隊，以應對中國軍事動態與臺海局勢。（攝影：楊子磊／報導者）

日本國土安全或侵入領空的北韓火箭」發出主動攔截的命令。

儘管日本政府強調，愛國者飛彈的緊急部署是針對火箭經過的預期路線所做的臨時安排，但在北韓試射結束後，自衛隊卻沒有下令撤收，反而將愛國者飛彈「原地留下」，直接常駐在三地的自衛隊基地。

由於日本政府一直規劃要在先島群島部署防空系統、反艦飛彈，甚至是瞄準敵軍基地做源頭打擊的巡弋飛彈，以因應中國不斷升高的軍事威脅，因此「以防禦北韓為理由」而留在先島群島的愛國者飛彈，不僅讓地方人士大感事有蹊蹺，也讓不少島民很難接受原本平靜的離島生活，突然之間變成了日美圍堵中國、甚至面臨解放軍第一擊威脅的要塞之島。

美軍來航

「老實說，這幾年自衛隊進駐與那國島，讓我感覺非常安心。因為之前的與那國實在太鄉下，整個島上只有兩名警察和兩把槍，大家私下常開玩笑說：根本不需要中國入侵，只要幾個身強體壯的小混混登岸，與那國大概就要全滅啦。」二〇二三年八月，在與那國西濱的久部良漁港，豪邁地在採訪中對我們開玩笑的中島勝治，是與那國島漁業協會的漁民頭人之一，也是贊同自衛隊駐島「強化國防」的政策支持者。

「我今年五十七歲，過去二十三年來都在靠近臺日國界線、離與那國大約四十公里的近海處捕魚。最主要是捕赤鯛，這種魚在沖繩屬於高級魚種，主要分布在水深三百公尺處。但與那國人口凋零嚴重，地方消費量也很少，所以我們抓到的魚，一般都用飛機空運回沖繩本島，像是鮪魚、旗魚這類大型漁獲，也會銷往日本本土。」中島勝治過去曾擔任與那國的漁民代表，也多次代表日方前來臺灣協調《臺日漁業協議》、分配雙方的捕魚時間，「所以我去過臺灣好多次，和臺灣漁民、漁業署都熟，也很明白臺灣的國際處境與面對中國壓力的種種難處。」

而當時雙方協調的爭議漁區，也包括過往臺日漁民交流頻繁、如今卻因主權問題而充滿政治爭議與民族主義情緒的釣魚臺海域，「以前我常去尖閣諸島（臺稱釣魚臺列嶼）捕魚，但二〇一〇年中國漁船和日本海上保安廳巡邏艦艇相撞、二〇一二年日本政府又把尖閣諸島國有化之後，沖繩漁民就愈來愈少去那裡，畢竟那塊水域的政治敏感性太高、又有中國艦隊常態化入侵——如果是被臺灣海巡署扣走還能有公正對待，但要是被在那裡密集出沒的中國海警局抓走，那就真的是『莎呦哪啦』、會有什麼下場都不知道。」

中島勝治指出，在自衛隊計劃開設與那國基地之前，島上曾於二〇一五年就基地問題舉行公投，過半島民都支持自衛隊進駐，這是因為與那國的地理位置偏遠卻又經常遭遇颱風、地震等天災挑戰，因此光是基於「自衛隊支援地方救災」的考量，就讓島民們放心不少。

曾參與《臺日漁業協議》談判的與那國島漁民中島勝治，他曾多次來臺，非常關心臺海局勢。（攝影：楊子磊／報導者）

「二〇二二年解放軍圍臺軍演的時候，有顆中國飛彈打到了與那國和波照間島中間的海域，當時大家都很緊張、不敢出海。萬一中國攻擊臺灣，與那國和臺灣也就一百一十公里遠而已，雖說現代的導彈都很精準，但天知道習近平在想什麼？」中島勝治強調，「最近北韓不是又發射飛彈了嗎？但與那國島現在部署了愛國者防空飛彈、也有自衛隊戒備防守——對我們來說，這些都是『看得見』的國防保證，也代表中央政府更能掌握與那國周邊的安全情勢，這種有所準備、局勢正在掌握之中的安心感，我認為是非常重要的存在。」

「回到基地問題，我也知道美軍在沖繩本島做了很多不能原諒的事，但現實就是日本的國防安全就是建立在《日美安保條約》之上、日本就是得仰賴美國保衛，所以美軍使用這些設施也是沒辦法的事。然而與那國上的部隊，不是美軍而是日本自衛隊，自衛隊防守日本領土，不是天經地義嗎？更何況我們也進行了島民公投，是經過了民主的程序才決定讓自衛隊進來的。」

中島勝治連珠炮式地向來自臺灣的我們提出反詰：「我反而希望你們去問反對派，如果都不給美軍使用設施、要撤走美軍，大家能不能接受日本大增軍事預算，國防完全靠自己？還是要乾脆完全去軍事化？日本又不是紐西蘭，可以在非常安全的地方慢慢思考和平，我們就是住在中國、北韓和俄羅斯這些威脅旁邊，你真的天真以為『不要軍備』就能不要戰爭嗎？」中島勝治強調，自己當然希望與那國維持寧靜和平的氣氛，但在國際局勢詭譎多變的狀態下，他很難不對眼前的風向感到迷惘，「如果中國有一天真的武力統一臺灣，與那國距離專制鐵幕就只剩下一百一十公里，光是想像都實在太可怕。」

並非人人對自衛隊的部屬都感到安心

「戰雲、要塞之島、美中緊張、臺灣有事……這一類的新聞討論，對於日本本土的觀眾讀者來講，可能就是時事新聞的熱門話題，但對於先島群島的島民來說，卻帶來很多負面情緒與生活壓力。」六十三歲的狩野史江，是我們投宿的與那國島民宿崎原莊（さきはら荘）的主人。離島工作多年的她，十幾年前才為了照顧年邁的母親而回到島上接手民宿生意。

每年春夏季節，與那國島都會迎來一批又一批的觀光客，他們許多人是專門前來潛水，但也有不少嬉皮、在學業和職涯空檔年感到迷惘疲倦的「浪人」，為了找尋人生意義、放空、或者是自我歸零，踏上這座日本極西點的「國境之島」，徜徉於海洋與遺世生活。而在打工換宿與接待觀光客之外，崎原莊也是島上相當重要的公民活動據點，許多獨立電影放映會、讀書會、甚至島上的文化活動籌備會都時常在這裡聚集。

但過去兩年裡，狩野與其他島民們的定期聚會，卻時常為了另外一件事心煩——自衛隊開設的與那國基地——因此，當狩野知道我們來自臺灣，並為了「臺灣有事」議題進行跨國採訪時，狩野也毫不見外地向我們說出自己的看法與故事。

狩野告訴我們，對於沖繩觀光旅宿業來說，關於戰爭的新聞話題經常導致令人想像不到的「風評被害」，[5]因為日本人旅遊的習慣非常敏感而保守，任何新聞的風吹草動都有可能讓遊客產生不安全的聯想進而集體取消行程，例如二〇〇一年的「九一一恐怖攻擊事件」，雖然發生在美國東岸，但沖繩觀光業卻因為「駐有許多美軍而可能成為下一個遇襲目標」的滑坡聯想而掃到颱風尾，更別提如今的解放軍進逼、臺灣有事、自衛隊大舉進駐強化國防等新聞的「軍事標籤」，會給島民們帶來多少困擾與無力感。

狩野表示，「自衛隊基地駐島」的政策爭議，已是島上爭執十幾年的敏感議題。但島民們的不安與質疑情緒近年卻不斷升高，這一方面固然因為解放軍在臺灣周邊的軍事活動讓離臺最近的與那國首當其衝，但島民更大的擔憂，卻是日美聯手加速的與那國島「要塞化」政策。

「島上一切轉變的起點，都來自二〇〇七年美軍戰艦在與那國島靠港的那一天。」回憶起當年仍忿忿不平的狩野，從手機裡找出了翻拍的新聞剪報：二〇〇七年六月二十四，美國海軍常駐於日本九州佐世保軍港的兩艘獵雷艦「衛士號」（USS Guardian）與「愛國者號」（USS Patriot），在完成於東海海域的航行操演後，以「親善交流」與士兵休息之名義，首度在與那國島靠港。

美軍停泊與那國的計畫，雖然由日本政府和與那國町批准，卻仍在沖繩引發很大的疑慮與反彈。一方面是因為美軍靠港的前一天，正逢年度的「沖繩戰役慰靈日」，[6]令悼念沖繩戰的地方民眾感到不快；二方面則是兩艘獵雷艦的靠港，是一九七二年沖繩主權返還日本以來，美軍艦隊第一次進入並使用沖繩縣內的「民用港口設施」，這也讓輿論高度懷疑美軍「親善停泊」背後的真正目的。

兩艘軍艦在與那國北側的祖納港停泊了三天，除了補充淡水與物資，艦上的美國水兵也在附近海灘志願發起淨灘活動，與那國鄉紳與町議員甚至安排「接風晚宴」款待美軍軍官，雙方互動很是熱絡。至於不滿美軍靠港的島民，雖一度進入祖納港內示威抗議、試圖阻止美軍離艦上岸，不過雙方並未正面發生衝突，全案也被視為美軍「例行軍民交流活動」，很快就被日本本土、甚至沖繩本島輿論淡忘。

維基解密：停靠行動的作戰意義

但二〇一〇年十一月，美國爆發了國務院外交電報外洩事件，超過一萬五千份機密檔案被維基解密（Wikileaks）上傳公開，其中就包括美國駐沖繩總領事馬赫（Kevin Maher）當時對美軍獵雷艦停靠與那國島的內部報告[7]——在這封機密電文裡，馬赫開宗明義地強調：「美國海軍在祖納港的停靠行動，具有相當重要的作戰意義。」

馬赫在電文指出，美軍二〇〇七年在與那國島的靠港行動，真實目的是「戰術應證」與那國島的港口、機場與後勤應變機制，在緊急狀況下是否符合軍用條件。像是與那國港口的船舶容量與碼頭深度，能停泊多大噸位的美軍艦艇？與那國機場的跑道長度與航管系統，能不能作為美軍直升機的臨時任務基地？若港口被軍事徵用時，其現有的港區規畫能否保證基地出入的維安？如果美軍欲前進使用先島群島的非軍事設施時，美方又能從日本外務省、海上保安廳、沖繩防衛省與沖繩縣警察之間，各自取得怎樣的政治引導與行動支援——而確認的結果，也讓美國軍方與身為時任駐沖繩總領事的馬赫「極為滿意」。

「我們驗證了祖納港的碼頭深度，足夠讓美國海軍操作獵雷艦，甚至同時停泊四艘同級軍艦都不成問題。港口兩英里內，還有具備二千米長的飛行跑道與一座小型直升機坪的與那國機場，」馬赫如此報告，「如果美軍能夠使用這些設施，並從這座機場操作直升機、支援獵雷艦的海上行動——假若哪天臺灣海峽有不測風雲——作為日本離臺灣距離最近的與那國島，也將成為我方執行反封鎖與海上掃雷的戰略樞紐。」

電文中，馬赫不斷強調《日美駐軍地位協定》允許美方在「美軍認為必要」的狀況下，僅需知會日本中央政府，就能使用日本的機場、港口等民用基礎設施。以與那國島為例，儘管獵雷艦的靠港遭遇到示威抗議，但報告也表示，「不少與那國民代私下告訴我們：大家都很期待美國海軍能定期停靠與那國……他們說『最好每年美軍都能來一次』。」因此馬赫也在結論強調：與那國的重要經驗，已經為美軍未來擴大使用沖繩民用港口打開了政治前例。

諷刺的是，在完成「與那國報告」不久後，馬赫就被調回美國本土、並晉升為國務院日本事務處主任。直到二〇一一年三月，也就是維基解密洩漏國務院電文的四個月後，馬赫才因為在一場國務院的交流演說中，涉嫌失言嘲諷沖繩人「懶惰、缺乏自制力又愛喝酒」、「只想著政治勒索美軍基地不勞而獲」引發軒然大波。儘管馬赫事後堅稱自己從沒有說過這些話，但他仍被國務院嚴厲懲處而辭職，黯然結束了自己長達三十年的外交官生涯。

狩野史江認為，二〇〇七年美軍獵雷艦靠港事件後，日本中央政府對待與那國的方式就開始明顯轉變，除了防衛省開始頻繁登島視察，時任防衛大臣濱田靖一[8]也在二〇〇九年七月對外暗示日本自衛隊即將常駐與那國島，日本政府對與那國和先島群島的軍事化政策從此一路加速——就好像是那兩艘獵雷艦的到來，強行推動了某種禁忌的齒輪一樣。

---

1 二〇一一年，平野久美子對史明的專訪，http://www.hilanokumiko.jp/web/03_taiwan/index_003.html

2 史明口述史訪談小組，二〇一三，《史明口述史》。前衛出版。

3 日本自衛隊現役的輪式戰車。

4 「駐屯地」即是基地營區之意。在日本自衛隊的用語裡，海上自衛隊和航空自衛隊才稱為「基地」，但陸上自衛隊的基地則稱作「駐屯地」。

5 日本社會新聞名詞。指源於完全沒有根據的謠言或未經證實的傳聞，使得被指涉的特定人物或團體受到了社會歧視，甚至是經濟、名譽等損失。

6 一九四五年六月二十三日，沖繩戰的日軍指揮官牛島滿自殺身亡，日軍在沖繩島的組織性戰鬥自此結束。這一天被認為是沖繩戰役的結束日，故定為「沖繩慰靈日」。作為告慰戰死者之靈和祈願和平之日，於一九九一年定為沖繩縣內法定假日，沖繩各地也都會有大型追悼與默哀活動，是沖繩每年最重要的紀念日之一。

7　https://wikileaks.org/plusd/cables/07NAHA89_a.html。

8　自民黨籍的濱田靖一曾兩度擔任日本防衛大臣，文中所指的是二〇〇八至二〇〇九年，麻生太郎內閣期間，濱田第一次出任防衛大臣。

2

自衛隊來了！先島群島的要塞化苦惱

——與那國島的國境戰雲之二

文字——張鎮宏；採訪翻譯——黃胤毓

與那國島首開先例後，美軍也持續以「敦睦交流」為名，派遣軍艦進入先島群島探測港口的水文條件與地方反應。像是二〇〇九年，衛士號與愛國者號兩艘獵雷艦就再次出動，代表美國海軍首度停靠石垣港，而同樣模式亦在二〇一〇年於宮古島的平良港重演。

但二〇二二年中國發動圍臺飛彈軍演、加速破壞臺海穩定以來，日美政府對先島群島的「戰術驗證」又進一步升級，其中之一是宮古島的下地島機場，另一個則是先島群島的海上交通動脈、石垣島的石垣港。

石垣港的下地島機場的「測試訪問」

擁有一條三千米長跑道的下地島機場，雖然飛機起降數量極少，卻是先島群島最大的機場，也是沖繩縣內跑道長度僅次於美軍嘉手納空軍基地和那霸國際機場的第三名。下地島機場最初是訓練民航機師操作大型噴射機的練習機場，但因成本考量與模擬訓練技術的精進，過去二十年來日本大型航空公司紛紛撤出下地島機場。直至今日，往來宮古航線的民航航班大多都在十五公里外的宮古機場起降，只剩下香港國泰航空、以及日本海上保安廳和航空局，仍持續使用下地島機場進行機師訓練。

在日本戰略調整的「南西大轉向」中，下地島機場一直是備受關注的戰略焦點，因為自衛隊在先島群島並沒有軍用機場，但下地島機場不僅位置適中，三千米長的飛行跑道更足以讓日美現役的戰鬥機與重型運輸機順利起降，假若先島群島發生緊急狀況，下地島機場將是軍機馳援與前線空防的關鍵據點。但下地島機場啟用之初，曾因為地方居民強烈反對，而由時任琉球政府行政主席屋良朝苗同日本中央政府簽署政策備忘錄《屋良覺書》，約定下地島機場僅限民航使用、不得轉作軍事用途。

然而二〇〇〇年以來，下地島機場的民航訓練量不斷減少，為了填補地方收入減少與工作機會流失的缺口，地方政府曾一度希望「邀請航空自衛隊進駐下地島」。再加上二〇一〇年以後的中國軍事崛起，解放軍空軍不斷升級對日本海空騷擾的強度與數量，但自衛隊執行攔截任務的 F-15 戰鬥機卻只能從數百公里外的那霸機場出動，等到戰機緊急飛過宮古海峽、趕到釣魚臺等主權爭議區時，中國軍機早就悠悠離去。因此日本政府為強化對中國的軍事嚇阻與國境應變的戰術彈性，曾一度考慮增派戰機中隊駐守下地島機場，唯因地方反彈且東京當局也不願過度刺激北京才作罷。

裴洛西訪臺事件過後，美中關係陷入新一波緊張，下地島機場的戰略位置分別被防衛省與駐日美軍重新提起，沖繩縣府與日本中央的政策攻防也因此不斷升級——像是二〇二二年十二月，日本航空自衛隊的特技飛行表演隊「藍色衝擊波」（ブルーインパルス），就以宮古島進行交流表演活動為名申請使用下地島機場，但沖繩縣府卻強調藍色衝擊波仍是自衛隊的「軍事單位」，因此拒絕開放下地場機場協助自衛隊的空中表演。

到了二〇二三年初，美軍曾申請在下地島進行「人道救援訓練」，直到沖繩縣府強烈反對才作罷。同年四月，又有兩架美國空軍駐守韓國的 F-16 戰鬥機因「機械信號異常」而迫降下地島機場，但故障排除過程中美軍不僅滯留超過三天，更接連派出多架中型運輸機以維修名義飛抵下地島機場。儘管沖繩縣府強調「軍機迫降屬於不可抗力狀況，並不違反《屋良覺書》的非軍事化約定」，但這起戰機迫降維修事件仍因「太過類似於美軍對於『臺灣有事』的兵推劇本」，引發沖繩輿論的懷疑眼神。

相同的狀況也出現在石垣島。作為八重山地區的海上中心，石垣港是日本在宮古海峽以西最大也最重要的港口，石垣市政府更是近年最積極配合日本中央防衛政策的離島。

與沖繩本島色彩鮮明的反基地運動相比，八重山地區的政治光譜一向保守，對傳統右翼的支持也比較強烈。這一方面是離島的政經生態更倚賴中央政府的預算補助政策，二方面也與在地影響力深厚且立場多保守的漁業協會等利益團體有關。而石垣島不僅是八重山地區的政經中心，長期引發日中臺主權爭議的釣魚臺列嶼，也被歸屬在石垣市的管轄範圍。

石垣島面臨的軍事化壓力

「一開始我也以為，自衛隊進駐石垣島，對日本整體的防衛力、以及沖繩的安全，應該是有幫助的。因為從一九九六年臺海飛彈危機開始，石垣島就一直面臨著很強的區域壓力。」二〇二三年八月，石垣市議員砥板芳行在石垣島的議員服務處接受我們專訪時這麼說。

五十五歲的砥板，是石垣島軍事化過程的政策見證者，他過去曾是自民黨在石垣市的實力戰將，也擔任過保守派團體「八重山防衛協會」[1]的事務局長，和日本中央政府、防衛省、甚至駐日美軍的互動都相當密切。此外，石垣島與臺灣一直很有淵源——日治時期，大批臺灣

石垣市議員砥板芳行對於自衛隊駐島的態度從原本的大力贊同轉為反對，主要是因為軍事化已對島民生活與安全造成重大衝擊。（攝影：楊子磊／報導者）

人移居石垣島落地開墾，並在戰後歸化日籍。在臺灣開始與中國「大三通」直接通航以前，石垣島也曾是重要性與吞吐量僅次於香港的中臺中介港——而砥板芳行不僅家族有臺裔連結，從政以來更公開訪問臺灣超過三十次，包括二〇一六年李登輝前總統訪問石垣島、或者日本李登輝之友會在沖繩成立時，知臺且親臺的砥板也都一直熱情助力。

「疫情前，我每次去臺灣都會看到很多中國觀光客。就我的觀察，中國和臺灣在經濟上的往來是密不可分的。我在臺灣也常聽臺灣人說，中國武力入侵臺灣的可能性並沒有想像中的高；臺灣的產經界人士也很常對我們說『臺海打不起來，因為中國早就把臺灣買下來了』，但我也知道，絕大多數的臺灣人只想維持穩定現狀、很少人想被中國統治，特別是二〇一九年香港發生的反送中運動，讓很多臺灣人覺醒、出現危機感，」砥板謹慎地加重語氣：「在見證香港的經歷後，臺灣人開始有『昨日香港，今日臺灣』的說法，日本這邊也同樣有『今日臺灣，明日沖繩』的討論，畢竟沖繩和中國也有尖閣諸島的主權紛爭。」

砥板芳行表示，二〇一五年，日本防衛省向與那國島、宮古島與石垣島提出「開設自衛隊基地」的計畫，當時已是石垣市議員的砥板也大力支持自衛隊駐島，「因為二〇一〇年中國海警船和日本漁船相撞引發兩國外交緊張，也促使二〇一二年日本把尖閣諸島國有化，自此之後中日就一直海上對峙。」

在砥板的議員服務處裡，有一整排書櫃都是「尖閣研究」的資料文獻，「有一個說法是，中國之所以想要取得尖閣諸島，是為了在臺灣的東邊也擁有一個據點，以便入侵臺灣。考慮到這點，日本並不想要讓尖閣諸島被中國奪走。尤其近年來，中國為了實質控制南海的主權爭議區而在南海建了很多軍事基地，我們也擔心尖閣諸島會出現類似的狀況、甚至成為中國的軍事基地，這將給日本帶來極大的麻煩，屆時連駐沖繩的美軍很也會難應對——出於上述的這些原因，當時的我才認為『石垣島確實需要自衛隊』，並支持自衛隊開設駐島基地的決策。」

二〇一八年底，同為保守派的石垣市長中山義隆，正式同意自衛隊開設石垣島基地的申請，為此感到疑慮的石垣市民發起「基地開設公投」，但公投案卻遭石垣市政府與市議會聯手封殺。而當時仍是自民黨議員的砥板，不僅與阻擋公投的石垣市府站在同一陣線；在自衛隊駐島的問題上，砥板的立場更為強硬，甚至還曾與八重山防衛協會公開喊話，呼籲日本中央政府在石垣島增設海上自衛隊基地，以回應中國海警與解放軍對石垣島周邊海域的騷擾壓力。

但幾年過後，砥板芳行對於自衛隊駐島的態度，卻出現了一百八十度的轉變。二〇二二年初，砥板芳行決定參加石垣市長選舉，並與昔日的保守派盟友、現任市長中山義隆捉對廝殺，形成罕見的保守派對決，「自衛隊基地公投」一案也是選戰的激辯政見——當時石垣市政府爆出一連串公有土地開發的圖利與環評爭議，其中就包括自衛隊仍在建設中的石垣島基地。但以保守強硬聞名的中山義隆市長仍堅持「防衛部署是攸關國家安全的重要對策」、不允許地方就基地問題發動公投。而被推選為島內反對派領袖的砥板芳行則轉換了昔日立場，公開承諾自己若是當選，將重新檢討自衛隊駐島問題並重新推動「石垣島基地公投」。最後，成功回固基本盤的中山義隆順利贏得連任選戰，陸上自衛隊的石垣基地也於隔年如期成軍；挑戰市長失利的砥板芳行則離開自民黨，持續就石垣島的軍事化問題，不斷對石垣市府與日本中央提出挑戰。

「當年的基地公投，是島上一群年輕人發起的，他們主張自衛隊建設基地問題應由市民公投背書。我也理解他們的訴求，但我的那時立場是：『市民公投比較適合處理地方民生議題，這種攸關國家安全保障的事，並不適合用地方公投決定』。」砥板芳行表示：「但二〇二二年以後，日本『借勢』強化軍備的速度，在我看來已經明顯衝過頭，對石垣島民生活與安全所造成的巨大影響和忽視，也因為缺乏透明的政策辯論而到了令人無法忍受的程度。」

砥板芳行指出，二〇二二年底日本中央政府以「臺海緊張」為輿論背景，大張旗鼓地修改安保三文書、明確點出日本將擁有可攻擊境

二〇二四年三月，自衛隊以「防禦北韓試射長程飛彈」為名，在石垣島南方、用於停泊大型觀光遊輪的石垣港新港地區署愛國者防空飛彈，與當地的人工海灘遊客只有百餘公尺的距離。（攝影：楊子磊／報導者）

外敵軍基地的反擊能力，而作為日本國境前沿的先島群島正是日本部署這種反擊兵力的關鍵第一線，「自衛隊不僅打算進一步擴大在石垣島的兵力規模，還暗示將在島上裝備射程可達一千公里以上、緊急狀況下可能用於源頭打擊中國作戰基地的中程導彈，現在又不斷提出『戰時沖繩疏散計畫』要讓島上所有平民全員撤島，」砥板不滿地質問：「但對於實際生活在這裡的我們，這些部署轉變卻和當初說好的不一樣，大家也開始質問：當初邀請自衛隊是要保護石垣島，可為何島民的安全處境與生活，反而因此變得更加緊張危險？」

事實上，在我們進行採訪的二〇二三年八月，石垣島正就美國海軍獵雷艦「先鋒號」（USS Pioneer）的靠港訪問而掀起政治風暴，因為這是繼衛士號睽違十四年以來的新一回「靠港試探」。「美國軍艦一靠岸，石垣島的反軍事運動一定會再次集結，」採訪當下，砥板悻悻然地說：「因為大家都很擔心美軍會軟土深掘，藉故更頻繁地使用石垣島基地、港口、民用機場訓練，進而演練『戰時徵用』，甚至把美國大兵帶到島上，讓石垣島也遭遇和沖繩本島一樣的美軍困擾。」

但砥板當時還不知道，自己的質疑與抱怨，很快就會在幾個月後成為新的現實——二〇二三年九月，在碼頭工會罷工、島民反對示威的包圍下，先鋒號仍順利停靠石垣港。一個月後，日美又在沖繩展開代號「決心之龍」（Resolute Dragon 23）的大型軍演，美軍陸戰隊不僅藉此進入石垣和與那國的自衛隊基地，更在石垣島成立了日美聯合作戰的前線指揮中心，進行防空、反艦，以及戰時徵用民航機場等民用基礎設施的作戰訓練。

「從石垣島的觀點來看，我很難不認為日本政府沒有煽動『臺灣有事』的意圖，因為如此一來，政府就可趁勢增加防衛預算、日美雙方也有理由強化軍事合作，但石垣島卻可能成為這種政策的試驗品，」在接受我們採訪時，砥板不斷地使用「煽動」一詞來強調自己對東京中央的不信任感。

「八重山的居民都是希望臺灣和平，就算臺海真的遭遇不測事態，我們也希望能在最低軍事介入的程度上，和臺灣安全站在同一陣線，」砥板表示：「但在八重山部署攻擊性武器，能否達成此一目標？對於中國的嚇阻，是真的有其作用？還是被煽動出來的衝突螺旋？這個大家就有不同解釋了。」

二〇二四年三月，美國海軍又再度向石垣港發起「軍艦交流」，這次靠港的是美軍神盾艦「拉斐爾．佩拉塔號」驅逐艦（USS Rafael Peralta），與此前停靠石垣港的美軍獵雷艦相比，排水量超過九千噸的拉斐爾．佩拉塔號的船身體積大了兩倍，戰艦吃水也超過石垣港的安全停泊上限，[2] 因此日美雙方雖然堅持要讓這艘神盾艦靠港，拉斐爾．佩拉塔號卻只能在石垣港外下錨，並透過小型泊船來補給和運送休假士兵上岸。

美軍神盾艦拉斐爾．佩拉塔號的造訪，引發了沖繩地區相當大的媒體關注與反對聲浪，因為在此同時，日本中央政府也公告了一份「特定利用機場、港口」的名單，計畫撥出巨額預算，升級這些民用機場與港口的基礎設施，以便在「緊急狀態」時，能符合自衛隊任務徵用的軍規需求——其中，石垣港和沖繩本島的那霸機場，均被列入這項敏感的重點升級計畫。

日本政府解釋，特定利用機場、港口整備計畫旨在增強國內基礎設施的硬體彈性，以應對重大災害、大規模居民疏散或武力侵略等「需要自衛隊出動的『緊急狀況』」。然而，計畫內容卻涉及延長機場跑道、提升跑道強度以便戰鬥機或重型運輸機起降，以及加深港口深度、增設碼頭設施，使大型艦艇能夠靠港補給。更引人注目的是，首波整備的民用設施中，超過一半位於九州與沖繩縣。因此，從政策規劃之初，包括《NHK》[3]在內的日本媒體多認為：「這顯然是日本為『臺灣有事』做的戰略準備。」

除了石垣港和那霸機場，下地島機場、新石垣機場、波照間機場、與那國機場都在積極爭取列入下一波自衛隊整備計畫。但其中最敏感且具爭議的建設提案，卻是位於與那國島南方的比川灣——因為與那國町政府與日本中央政府，正規劃要在離臺灣一百一十公里的此地，興建一座全新的軍用港。

在雷達和愛國者飛彈之後的與那國軍港計畫

「與那國島是目前沖繩縣極少數還留有『洗骨』風俗的地方，」二〇二三年八月，引導我們前往比川港預定地的與那國島民山田和幸，[4]帶著我們穿過一片海岸墓地，指著一片綠叢叢的溼地和金黃色的沙灘。儘管他一身黝黑膚色，又穿著一件非常「衝組」、大大寫著「別惹與那國人」（Don't Mess With Yonaguni）字樣的奇妙上衣，但山田和幸卻是我們在島上所遇過最親切也最熱情解釋與那國基地故事的島民，「洗骨是琉球喪葬的傳統風俗，聽說和臺灣的撿骨文化有些類似，就是人死埋葬數年，等到遺體差不多腐爛之後，再將先人挖出來，由至親家屬用海水清洗骨骸，再放到甕裡二次埋葬。其意思是要替亡者洗掉塵世的牽掛與汙穢，讓他們能純淨而無罣礙地前往極樂世界。」

「過去在與那國島，洗骨之前的埋葬，有土葬也有風葬。土葬就是埋在我們海岸邊看到的龜甲墓，風葬就是放在海邊懸崖的洞穴裡。所以你們一路看到的這片海灘，才會有那麼多墓地——但現在，與那國町長和日本中央政府，正在商討要在這裡興建『比川軍港』，我很擔心與那國島這樣下去，傳統記憶會徹底消滅、成為只剩下自衛隊的軍事要塞。」

七十多歲的山田和幸，其實是退休才搬入與那國的「後來居民」。他原本來自於九州，曾長年在日本各地做地方創生的社區規畫，之所以會和與那國島結緣，是因為他個人對於亞洲手

從比川灣沿海西行，除了極為險峻與壯闊的峭壁沿岸外，也可以看到在公路旁悠遊散步的在地名產：與那國馬。（攝影：楊子磊／報導者）

工木造船的傳統工藝極感興趣，因此走遍各國記錄與學習，其中與那國就曾是日本國內極少數仍有這項古老航海技術的重要寶地。

儘管與那國島的傳統造船技術，最後仍因歲月與島上人口嚴重外流而失傳，但山田和幸卻對這一國境之島的海洋歷史與故事產生了感情。最後，他才選擇在島上租一塊能夠看見大海的農地，過著晴耕雨讀的逍遙人生。山田和幸的離島生活，恰好和日本防衛政策的南西轉向時間重疊，他因此見證、甚至參與了與那國人與自衛隊基地之間所經歷的社會矛盾，也積極透過投書、研討會、民間政策交流等機會，協助島上的公民團體凝聚社區意見並對外發聲。

「二〇一五年與那國舉行了『自衛隊進駐公投』，當時大家都以為自衛隊開設基地可以促進經濟、帶來新的人口。但居民的生活，後來卻沒有因為基地而改善，自衛隊員來來去去、拿到防衛省鉅額建設合約的也都是外地公司，」山田表示，近年來中國軍事威脅增強、以及俄羅斯入侵烏克蘭的戰爭，讓日本輿論不斷討論著「臺灣有事」的戰爭可能性。再加上從二〇二三年開始，自衛隊在島上部署飛彈，美軍也多次登島訪問基地、甚至協同自衛隊軍事演習，這不斷蔓延的緊張情緒，反而逼使更多島民離開了故鄉。

「但與那國地方政府的當權者卻認為：島民們離島是因為工作機會不足，是因為『自衛隊建設蓋得不夠多、不夠快』，所以現在才會有要延長機場跑道、建設軍港的計畫。不過與那國町政府與議會根本沒有能力畫出這麼細節的建設計畫圖，所以島民們都懷疑是防衛省在幕後捉刀、用『地方提出要求』的藉口來閃避在國境增設軍港的政治爭議。」山田懷疑地表示。

在與那國町所推出的政策計畫書裡，這座位於與那國南岸的港口建設，被官方稱為「比川港灣計畫」。町政府對外表示，與那國島目前雖然已有兩個港口，但北濱的祖納港與西濱的久部良港都很容易受冬季的東北季風影響而難以泊港，再加上近年來「臺灣有事」升溫和天然災害頻傳，為了有效提升「島民緊急狀況疏散計畫」的可行性，與那國島才需要在南濱的比川地區建設新港。

不過更直白的原因，還必須加上日本防衛省目前正以「強化民防」為由，大舉投資軍民兩用的基礎建設，因此力推比川開港的現任與那國町長系數健一，就不斷向島民喊話[5]：「日本中央政策已經確定要在五年內增加四十三兆日圓的防衛預算，所以我們一定要用『開港計畫』搶下防衛省的預算大餅——講白一點，這就是一場四十三兆預算的爭奪戰，與那國島絕不可錯過千載難逢的翻身良機！」

雖然系數健一町長拒絕了我們於二〇二三年八月的採訪與提問，但在登島採訪的過程中，島民們對於系數町長的主張確實是相當分裂。因為自衛隊進駐所帶來的中央補貼預算，確實讓島上的基礎建設有所進步，例如島上過去幾十年來都很頭痛的垃圾處置問題，就是因為防衛省專款補助才有焚化爐。但系數町長卻與日本中央的傳統右翼過從甚密，甚至以與那國代表的身分公開在東京表態支持修改和平憲法，「讓日本恢復戰爭權」。[6]事實上，在二〇二二年故首相安倍晉三的國葬典禮，無黨籍的系數健一是唯一一個收到中央正式邀請函且應邀出席的沖繩地方首長，當時沖繩媒體大多都認為：這是中央政府為了拉攏他繼續支持基地強化與防衛政策而做出的政治邀請。

儘管町政府並沒有特別點出比川港的軍事用途，但山田和幸在與我們對話時，卻不斷以

「軍港」一詞來稱呼比川港灣計畫——因為比川港的工程設計，是要朝島嶼內陸開挖、鑿出一條至少兩公里的水道，其目的不僅是要讓海上保安廳與海上自衛隊的軍艦能夠停泊，更要讓運補艦隊可以直接開入陸上自衛隊的與那國基地。

山田和幸帶著我們從比川灣一路沿著海岸線西行，一路上除了極為險峻與壯闊的峭壁沿岸外，就是成群結隊、放牧在公路旁悠遊散步的在地名產：與那國馬。在馬群之中，我們看到了海岸高地上的機動雷達系統與愛國者防空飛彈部隊。這片草原在當地名為南牧場，島民們盛傳防衛省正準備以高價徵收，作為自衛隊即將部署在島上的飛彈基地。

「與那國島的島民們，大多不是『反對基地』、也並不主張自衛隊撤離，因為與那國的經濟困難，島上居民光是為了生活奔走就已經很吃力了，像是我都七十多歲了，難道每天要去基地前抗議？只是徒耗能量而已，要和國家對抗當然不是這麼容易，」山田和幸悠悠地表示，島民們只希望與那國軍事化的腳步能夠稍微放緩，「讓中央政府聽見島上的建設需求與焦慮，而不是一意孤行地朝『要塞之島』的計畫猛衝。」

「與那國是一個只有一千七百多人的小島，島上自古以來就有一種吞忍、不敢表達個人意見的『沉默文化』，所以就算自衛隊基地早已駐島七年，但島民們卻仍不好意思攤開來講自己心裡的疑慮，大家都不知道該怎麼發表意見、更難有發起改變的想法，」山田以惋惜的口吻表

與那國島的西崎海岸是日本國土最西之地，從燈塔往西眺望，被雲霧掩蓋的海之彼端，即是臺灣。（攝影：楊子磊／報導者）

示，自己是因為年紀大又來自於外地，所以才敢在媒體上不斷投書、受訪、或代表其他顧忌「島內氣氛」的公民夥伴，就敏感的基地與開發問題公開發聲。

「幸好過去這兩年，島上的年輕人們開始積極組織島民對話，我們才終於在二〇二三年第一次在島上召開『基地問題說明會』。會議前夕，協辦活動的年輕人們也主動向島民們發出『匿名問卷』，希望讓大家能沒有壓力地提出心裡的真正疑慮。但最後統整的十大島民問題，卻多與『教育』相關，像是：基地對小孩會造成什麼樣的影響？與那國島最靠近國境，但孩子從小看著軍人、基地、槍，他們真的能學到和平嗎？」

山田和幸表示，儘管自己至今也沒有理想答案，但來自海之彼端的低鳴戰鼓，或許正默默地推動著與那國島上從未有過的公民對話，「雖然大人們對於基地問題的立場不一，但對於該如何在基地環伺的環境中教育下一代，卻是島民們都想要找到答案的共同疑問——能找到共同問題，我相信就是凝聚社會共識、討論解決辦法的關鍵第一步。」

在我們離開與那國之前，幾篇日本旅人留下的與那國紀行，或許也因社群演算法的關係被推上了搜尋頁面。其中一篇無名隨筆就提到了與那國北濱的祖納海岸步道，還留有一面有些不合時宜的「讚・與那國島」之碑，碑上刻的詩文，是八重山出身的日本詩人伊波南哲，在一九四三年為了鼓舞與那國島戰鬥士氣所寫的二戰愛國詩，其結尾以豪壯卻未能預見歷史結局的筆鋒寫下：

人情的花朵在此盛開，巍然屹立的與那國島啊。喔，汝乃默默無聲，挺身保護皇國南海的不沉二十五萬噸航空母艦。

1 沖繩縣防衛協會在八重山郡的支部團體。該團體是沖繩地區保守派政商組織，以支持日本自衛隊、駐日美軍，與強化國防意識與政策的推廣為宗旨。

2 美軍通報的神盾艦標準吃水深度是九・八公尺，但日本港灣協會規定的安全公式是「船隻吃水深度乘以一・一倍」，因此拉斐爾・佩拉塔號的泊港安全深度是十・八公尺，超過了石垣港目前只有十・五公尺的容量極限。

3 〈「特定重要拠点」の空港と港湾 民生利用を基本と説明 政府〉，NHK，二〇二三年十二月一日。日本政府原以「特定重要據點」之名來推定整備計畫，但因輿論對民用運輸設施被軍事化的擔心，因此之後才更名為「特定利用機場、港口」。

4 關於山田和幸的故事，可參閱本書3・4〈「臺灣有事」發大財？〉。

5 〈新港湾計画に与那国町長「防衛費43兆圓の奪い合い」町が比川地区で住民説明會環境、軍事、振興…賛否割れる地域の苦悩〉，《琉球新報》，二〇二四年四月二十九日。

6 〈「9条を変えて交戦権を認めて」与那国町長が都内の集會で主張〉，《朝日新聞》，二〇二四年五月五日。

3

臺海開戰誰先撤？

——不允許再次失敗的「沖繩大疏散計畫」

文字——張鎮宏；採訪翻譯——黃胤毓

二〇二三年八月二十四日清晨三點五十七分，沖繩那霸市的旅館裡，明明已轉成勿擾模式的手機，突然發出陌生且激烈的警報音。黑暗中的螢幕，是一則發亮且不斷喊叫著的日文警告——即使睡眼惺忪，無法立刻理解螢幕上的片假名，但光看到「發射」、「北朝鮮」、「避難」這幾個日文漢字，就足以明白尖叫中的手機是想警告什麼事：

【緊急警報】飛彈發射。飛彈發射。偵測到北韓的導彈發射。請立刻進入建築物內或地下室避難。

我雖然想起小時候在教室裡進行的防空演習，臥地跪姿、遮眼張嘴的空襲避難動作，但剛從沉睡中驚醒，根本無法做出任何反應。腦中閃過的第一個念頭是：「算了」，乾脆躺平等待命運。

但在放棄人生的短短十秒後，情勢似乎有轉機。窗外的那霸市區一片寂靜，沒有避難廣播、也沒有消防警笛，旅館走廊和窗外的夜空一樣毫無動靜。我打開電視，日文凌晨新聞的跑馬燈顯示北韓朝太平洋方向發射了不明飛彈，但畫面中播放的卻是幾個小時前的另一則重大國際新聞——因帶兵入侵烏克蘭並企圖發動兵變推翻俄國總統普丁（Vladimir Putin）而聞名全球的俄羅斯瓦格納傭兵團首領普里格津（Yevgeny Prigozhin），在路人目擊的影片中，於莫斯科近郊墜機身亡。

一覺醒來，整個世界彷彿都在燃燒。但十分鐘後，手機再度傳來同樣節奏的第二次聲響：

【緊急警報】飛彈通過。飛彈通過。剛才通報的北韓飛彈，清晨四點〇〇分已進入太平洋。避難通報解除。若發現空中墜下可疑物體，千萬不要靠近，請立刻聯絡警消處理。

發出通報的是 J-Alert 日本全國瞬時警報系統，一枚北韓長程火箭當時正朝沖繩飛來。根據自衛隊的監控，火箭於清晨三點五十一分從北韓東北地區發射，日本確認彈道方向後，隨即在三點五十四分對沖繩全縣發出國家級警報。不過四點五分火箭就確定發射失敗，墜毀於菲律賓東方六百公里外海。

但警報發出的一分鐘內，北韓火箭就已進入日本空域，並在四點左右穿越了沖繩——換句

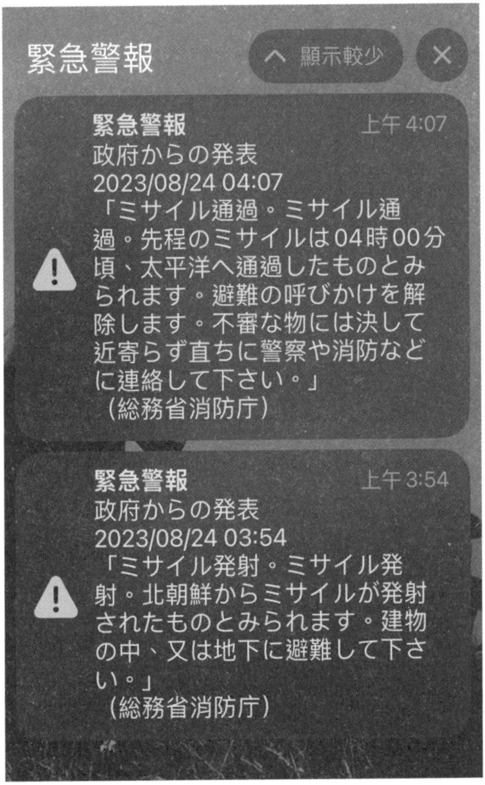
緊急警報
顯示較少
緊急警報
上午 4:07
政府からの発表
2023/08/24 04:07
「ミサイル通過。ミサイル通過。先程のミサイルは04時00分頃、太平洋へ通過したものとみられます。避難の呼びかけを解除します。不審な物には決して近寄らず直ちに警察や消防などに連絡して下さい。」
（総務省消防庁）
緊急警報
上午 3:54
政府からの発表
2023/08/24 03:54
「ミサイル発射。ミサイル発射。北朝鮮からミサイルが発射されたものとみられます。建物の中、又は地下に避難して下さい。」
（総務省消防庁）

從收到警報到導彈飛越沖繩上空之間，一般民眾只有不到五分鐘的反應時間。此為 J-Alert 日本全國瞬時警報系統發出的警示簡訊。（**攝影：楊子磊／報導者**）

話說，假若北韓真的發動飛彈空襲，沖繩民眾從收到飛彈警報到被擊中之間，最多只有五分鐘的避難機會。

這次北韓飛彈警報，在沖繩並沒有引起太多反應。一方面是普里格津的新聞占據了全球媒新聞與日本社群的頭條討論；二方面則因為北韓頻繁的飛彈試射，早已讓日本社會對J-Alert國家警報無感。

然而響起的飛彈警報，卻為日本的另一重要政策做出政治背書：二〇二二年以來，日本政府就不斷要求沖繩提升特殊災難應變能力，但假想情境不是颱風、地震、海嘯[1]等天然災害，而是從蘇聯垮臺以後，日本國內就不曾認真討論過的「戰時國民避難計畫」。

對此官方強調：戰時避難演習只是正常的民防預演。因為日本早在二〇〇四年就制定的《國民保護法》——全名為「在武裝攻擊等情況下的國民保護措施相關法律」——原本就要求各級政府對「武裝襲擊」的災害情境，提前做好應變、救難與平民疏散的具體對策。

但實際上，日本政府推動沖繩避難計畫的原因，明顯與二〇二二年八月裴洛西訪臺過後的中國圍臺飛彈軍演有關。當時中國以軍演名義朝臺灣周邊海域發射的十一枚彈道飛彈，就有五枚打進日本專屬經濟海域、彈著點離沖繩的與那國島只有八十公里。

此後，日本政府全力推進沖繩的戰時應變能力，包括增建防空設施、實際演練社區空襲警報，更在一年內研擬出「沖繩平民的戰時撤離草案」，模擬當日本處於戰爭邊緣時，該如何於最短時間內，疏散沖繩全縣一百四十六萬平民。

在研究疏散草案後，我們也前往沖繩戰時平民避難計畫的規畫重點——與那國島與石垣島——採訪曾實際參與該計畫討論或演習的地方官員，卻發現疏散沖繩平民的行動不僅難度極高，極為複雜的事前運輸規劃更需要整個西日本的動員配合、甚至傾全國之力，才能勉強達到撤離目標。

由於二次世界大戰的慘痛記憶，沖繩人對於「戰時要往哪裡逃難？」、「軍隊會不會保護人民？」等問題非常敏感。圖為與那國島機場內的旅客。（攝影：楊子磊／報導者）

沖繩大疏散預想：本島原地避難，先島群島十二萬人全數撤離

沖繩的戰時國民避難計畫，主要分成三大預演問題：一、島民疏散範圍有多大？二、撤退路線怎麼安排？三、在最理想狀態下，完成撤離行動需要多久時間？

根據沖繩縣府公布的計畫草案，若以「臺灣有事」為預設情境，[2] 沖繩全區都將頒布避難命令，但避難指示將以宮古海峽為界，切分成兩大應變區。海峽以東的沖繩本島一百三十四萬人，屬於「原地避難區」；海峽以西的先島群島——包括宮古群島的宮古島、下地島，以及八重山群島的石垣島、與那國島——各島共計十二萬人，[3] 則是必須立刻撤離家園的「島外避難區」。島外避難區，又再進一步以地理位置與機場設施容量，區分為以石垣市為主的「八重山集結區」，和以宮古島市為中轉地的「宮古島集結區」。

以被分配在八重山集結區的與那國島為例，島民們收到疏散命令後，將先行於島內集結，並由船運、小型飛機接駁，疏散至作為上一級的集結點石垣島。負責統整八重山疏散的石垣市，除了自己島上的五萬平民，也必須接應竹富町的四千三百人和與那國的一千七百人，接著才透過大型輪船或飛機空運，將任務範圍內的六萬人從分批送往再上一級的島外疏散點：日本九州。

「疏散計畫還得大幅修正現實面的問題。」實際參與疏散規劃的與那國島防災對策負責人

洲鎌浩二，向我們解釋：「像是現在，我們只確定所有平民都要撤到石垣島。但到了石垣島之後，六萬平民會被送去九州的哪裡？之後生活由誰接應？目前都還沒定案。」

離臺灣最前線的與那國，只有二十四小時撤出所有島民

洲鎌浩二是與那國島最近的話題人物。因為在臺海開戰的避難預想中，與那國島將會是「全日本第一個下令平民撤離」的前線地區。

洲鎌浩二的官方職稱雖然是「總務課防災擔當」，但卻是撤島行動的計畫協調人。他的「職場背景」也引發日本媒體特別關注——因為洲鎌浩二其實剛從陸上自衛隊退伍，就立刻從武官身分轉為地方政府的「戰時疏散聯絡人」，也讓輿論猜測：這或許是防衛省為了主導國境疏散政策的特意安排。

不過洲鎌浩二表示，與那國島的防災問題最主要是颱風、地震等自然災害，一旦大規模天災就必定需要自衛隊出動幫忙，因此特別找上有自衛隊背景的自己，希望讓連繫更加順暢。「但與那國島離臺灣真的太近、只有一百一十公里遠，沒辦法不考慮臺海戰爭的可能性，所以疏散全島的島民避難，確與『臺灣有事』有關。」

洲鎌浩二指出，與那國島從二〇二一年開始就一直討論戰時疏散，但直到二〇二三年三月

與那國町總務課課長輔佐洲鎌浩二。二〇二三年春天才從自衛隊屆齡退伍的他，是協調先島群島疏散計畫的重要聯絡官。（攝影：楊子磊／報導者）

才正式公開，基本路線就如同我們上面所述之演習資料：先將與那國島民送往石垣島，再從石垣島分批撤離到九州的福岡、鹿兒島等地。

「從命令下達到全島疏散，與那國只有二十四小時的反應時間——二十四小時之內，全島就必須撤出所有島民。」撤離工作不只是船舶與空運，運送疏散群眾的交通巴士要提前簽約，依居住區分配的集結點也得和居民溝通，甚至遇到拒絕疏散的民眾，地方警消也只能「強力說服」，但無法強制撤離。「與那國島只有二名警察、加上消防隊也不足二十人，到時應該會很吃緊吧，」他苦笑著說。

「但撤離計畫公開後，居民確實產生更多疑惑。」洲鎌表示：「有些長者堅稱自己無論如何都不會撤離。還有更多人懷疑，這麼複雜的疏散計畫，真的能二十四小時完成嗎？」

難題一：脫離現實、沒記取歷史教訓？

「就結論來講，目前規劃的沖繩戰時避難計畫，非常嚴重的脫離現實。」石垣市議員砥板芳行，也是疏散計畫的監督者之一，「疏散計畫草案光在議會就已被罵翻，主動拿出來宣傳也只會徒增社會恐慌、甚至激怒市民而已。」

砥板芳行表示，戰時平民疏散本就非常複雜，沖繩的離島地形、海象氣候，更讓撤離交通有極多變數；但目前政府的疏散計畫，只追求數學上的最佳解，嚴重忽略各種現實細節——例如本次演習就提出了一個「運量最大化模式」，預設戰時只要全面徵用民航客機，就能在極短時間內，把往來先島群島的海空運量增加至正常狀態的二·三六倍。在「運量全開的最佳數據預期」下，先島群島的十二萬平民，最快六天內就能達成全面撤離。

但在戰時狀態中，民航機可因飛安顧慮拒絕高風險任務；疏散民眾的大量報到、安檢、行李運送與機場二十四小時延長疏運的輪班人力，只要任何一環出狀況，都可能癱瘓極限運轉的撤離行動。日本民航界亦在演習過後表示，如果日本真的遭遇「臨戰狀態」，海內外撤僑、物資運補、各地其他緊急航班的需求量都將同步大增，「日本航空界根本調不出那麼多空運量能以配合沖繩大撤退。」

「在現實狀態下，光把八重山六萬居民疏散到九州福岡，至少就得花上一個月。」砥板芳行火力全開地表示：「『沖繩國民避難計畫』聽起來很棒，彷彿真心替人民著想似的——但實際上，所謂的『避難』根本只是軍事計畫的幌子，目的是為了把先島群島當成主戰場使用，所以才需要提前淨空場地、為了軍事部署要居民撤離。」

砥板芳行表示，當沖繩撤離方案的基本概念在媒體曝光後，地方民眾都感覺極為荒謬、甚至不可思議：「大家都覺得這是天方夜譚，把撤離計畫當成笑話來看。現在的日本政府與社會，根本沒有面對這些戰時抉擇的心理準備。」

對馬丸事件與沖繩戰役疏散失敗的慘痛記憶

儘管砥板芳行把話講得很重，但他對沖繩避難計畫的批評，卻反映了沖繩輿論對於「臺灣有事」的另一層焦慮——沖繩在二次大戰的慘痛歷史。

一九四五年沖繩戰役中，日本政府荒腔走板的「平民避難政策」，就是造成四分之一沖繩人口慘死戰場的主因，也是沖繩人永遠無法原諒的歷史傷口。

一九四四年七月美軍攻陷塞班島[4]後，日軍就已判斷：盟軍即將對日本本土發動攻擊，而沖繩則是日本阻止美軍登陸本土的最後決戰機會。因此自一九四四年夏季，日本開始在沖繩大增兵，強行動員平民參加沖繩本島「要塞化」的軍事工程。

為了準備沖繩決戰，日軍一方面要求成年沖繩男性加入戰鬥，另一方面卻為了保存儲糧與穩定社會秩序，而同時下達了「沖繩疏散令」，命令島上的十萬名老弱婦孺——也就是不具備戰鬥能力的平民——分批撤離到臺灣與九州「避難」。但此一政策卻成為「對馬丸慘案」的悲劇背景。

一九四四年八月二十二日，被日軍徵用為軍需船的貨輪「對馬丸」，從沖繩那霸港出發，開往九州長崎。當時船上的一千七百八十八名乘客，近半數是奉命疏散到本土、卻不滿十二歲的沖繩小學生。是夜，對馬丸進入鹿兒島海域時，卻遭埋伏的美軍潛艦以魚雷擊沉。由於當時颱風逼近，海面風浪極大，再加上船上大多數都是體力已經很虛弱的平民與兒童，對馬丸慘案因此造成一千四百八十四人葬身大海——其中，將近一半、共七百八十四名死者都是小學生。

對馬丸被擊沉的消息，第一時間被日本軍方以「影響軍民士氣」為由強令封鎖。無論是鹿兒島沿海尋獲的死難者遺體、還是生還者獲救，所有人都禁止談論對馬丸的遭遇。

沖繩的平民疏散，隨後因美軍擴大海空封鎖，以及民眾的拒絕配合而難以進行。因為被疏散到日本本土，等於和沖繩的家人斷絕一切聯繫，就連家族匯款等經濟支援也會斷炊，若沒有本土親友在地接濟，老弱平民很難在日本本土活下去。

就算接受疏散，缺乏規畫也可能導致駭人結果。像是在沖繩八重山地區，日軍強行把各離島居民送進深山「疏散」躲避美軍。但美軍最後沒有登陸，反而是饑餓與嚴重的瘧疾造成大量平民死亡。例如波照間[5]島民，就有三分之一因戰爭引發的瘧疾而死在疏散地。

不能有效疏散平民並支援避難者的結果，最後導致大量沖繩民眾被捲入沖繩戰的血腥肉搏。但平民不只死於美軍炮火之下，許多沖繩人更被日本軍人當作間諜屠殺、甚至搶奪老弱所在的避難所作為軍用——因此，日本當年的「疏散計畫」失敗，至今仍被沖繩社會銘記，並視為日本在關鍵時刻「遺棄沖繩人民」的戰爭教訓。

難題二：「下令疏散」是否會激怒中國？「臺灣難民」又如何救援？

沖繩戰役雖然早已遠去，但留下的失敗經驗，仍是自衛隊與沖繩政府至今不斷研究的「前車之鑑」。例如目前的疏散計畫，日本都先排除「自衛隊幫忙撤離」的可能性。因為疏散命令的發布，必定是日本已經或即將遭遇軍事攻擊的「武力攻擊事態」，屆時自衛隊必得以「戰鬥任務」為絕對優先，甚至還可能徵用民間機場與港口充作軍用；此外，戰爭狀態下，如果自衛

一九四四年的對馬丸慘案，至今仍是沖繩人心中的痛。此為對馬丸全景。（圖片來源：日本郵船史博物館／WIKIMEDIA COMMONS）

隊與平民疏散混合在一起，也可能導致平民被捲入戰鬥，成為敵軍連帶攻擊的藉口。[6]

以國家角度而言，自衛隊在戰時的「作戰優先」是忠於職責，對許多第一線島民來說，卻是極大的失望與怨懟。「當初我們支持自衛隊駐島的關鍵理由，是期待島民的安全能得到更好的保障。」砥板芳行就向我們轉達石垣市民的不滿意見：「怎知真的遭遇戰爭時，自衛隊不但不能保護我們，反而還逼著島民放棄家園？」

但沖繩疏散的矛盾不僅止於此。

另一個與臺灣有關的議題，亦成為日本戰禍應變的判斷痛點——僑民撤退。「我目前還沒聽過『從臺灣撤僑』的討論，但疏散在臺日僑本來就是國家應該考量的事，」洲鎌浩二表示。

假若臺海戰爭爆發，在撤僑與島民疏散之外，對臺灣難民的人道救援，亦逐漸成為日本討論「臺灣有事」的重點之一。這一方面是因為二〇二二年俄國入侵烏克蘭以後，歐洲對於烏克蘭難民的支持安置，也慢慢鬆動日本缺少公眾討論、非常限縮的難民政策討論態度；再者也因為臺灣離沖繩實在太近，在衝突兵推中，幾乎不可能不提一旦戰爭發生的難民收容問題。

洲鎌浩二就說：「如果要日本協助臺灣人避難，一定也會利用目前研擬的『八重山疏散路線』。畢竟臺灣和日本雖然沒有邦交，但彼此非常友好，而且臺灣離與那國島一百一十公里、離石垣島也只有二百二十公里，就人道救援，彼此幫忙也非常合理。」

在二〇二三年八月我們的採訪當下，洲鎌浩二告訴我們沖繩的避難疏散對策，預計將以年度為單位召開大規模的沖繩疏散總兵推，屆時會對流程、運輸細節與支援制度做更進一步律定。但實際上，日本中央政府卻更為著急，像是二〇二三年十一月，自衛隊就在與那國島集結直升機與登陸艦舉行防災撤離與海上搜救演習；同一時間，時任內閣官房長官松野博一也就沖繩疏散計畫，親自要求九州各縣與山口縣配合「盤點收容量能」，包括確認九州與山口縣內，究竟有多少可被徵用於安置疏散者的旅館、宿舍，各縣可臨時調度的醫療藥品、病床、幼兒與高齡者收容處所、民生物資和糧食的預估數量。

但真正的「實兵測試」卻真的來自於臺灣——二〇二四年四月三日一早，花蓮縣近海發生芮氏規模七・二的大地震。震災發生當下，日本離臺灣最近的與那國島不僅感受到搖晃，日本氣象廳也立即對與那國島、石垣島與沖繩本島沿海發出海嘯警報，並預估最高可達三公尺的海嘯，將在花蓮地震的十六分鐘後抵達與那國島、三十四分鐘內抵達石垣島。

儘管花蓮大地震最終並沒有引發海嘯災情，但在警報撤離過程裡，沖繩縣內卻出現了種種預期之外的疏散混亂。像是在人口五萬人的石垣島，避難車潮就引發了明顯的交通堵塞；而有數小時準備海嘯疏散的沖繩本島，雖然美軍基地緊急開放給周遭居民進入避難，但各地仍出現各種避難命令不清楚，導致避難處所人潮塞車、甚至是大量外國觀光客被留在海岸邊搞不清楚狀況的混亂場面；更別提幾乎每個城鎮，都出現高齡長者與嬰幼童「無人協助疏散」，只能被迫留在原地的情況發生。

「海嘯」與「戰爭」的狀況雖然有著明顯差異，但在緊急災害中，大規模疏散與就地避難可能會遇到的實際風險與問題，也因為這場有驚無險的海嘯風波而提前現形，並再次引發日本政府的應變檢討。

洲鎌浩二強調，作為防災應變負責人，他們的態度就是保持透明溝通，就算可能會引發民眾疑慮，也要多蒐集島民意見作為修正指標。像是，日本政府在規劃疏散運量時，也準備計算並提出建議的避難行李重量，像是與那國島的二十四小時全島疏散對策裡，目前就律定每人最多一個後背包、一個登機箱——因為這在避難行動時，小則會影響安檢通關的速度，大則嚴重影響機場運作的效率，進而攸關眾人生死。

「島民當然有很多問題，但我們工作就是要讓所有人安全、平安度過災難，」洲鎌浩二總結道。

與那國町役場內懸掛的一張自與那國島西端眺望臺灣的相片。據說與那國一年之中只有五、六個視線清朗的晴天，能看見110公里外、臺灣的中央山脈。（攝影：楊子磊／報導者）

1 沖繩曾在一七七一年四月二十四日發生「八重山明和大海嘯」。大地震過後，超過三十米高的海嘯襲向石垣島東南部，造成至少一萬一千人死亡。

2 是次演習以「某A國試圖侵略與美日關係友好、地理位置接近沖繩的某B國」為背景，並以「該A國藉口大規模軍演，集結大量軍隊與艦艇，判斷將對目標B國發動大規模兩棲登陸作戰」，最終情勢惡化為「A國也將連帶對日本發動武力攻擊」。

3 日本政府估算：先島群島長居人口約略十一萬人，另外一萬名為預想旅客或外來短居者，因此估計疏散總數至少十二萬人。

4 位於關島西北方二百公里，是太平洋的北馬里亞納群島之一。當時塞班島由日本託管，卻成為二戰太平洋戰場最血腥的戰役之一，美軍在攻陷塞班島後，B-29轟炸機就能直接轟炸日本本土，日軍也再無法阻止盟國部隊進入西太平洋。

5 波照間島，八重山群島之一，位於石垣島西南四十五公里。

6 二〇二二年日本戰略研究論壇（JFSS）的「臺灣有事」兵棋推演中，針對沖繩平民疏散的模擬議題曾出現爭議。兵推中，防衛省建議內閣宣布「武力攻擊預測事態」，以此授權開始沖繩疏散計畫。但內閣擔心事態升級的決策恐讓中國誤判「日本已決定與中國開戰」，從而加劇對日的敵意。最終，模擬內閣以「還有十一萬日本僑民滯留中國，必須避免刺激北京」為由，選擇推遲事態升級。

4

「臺灣有事」發大財？

——與那國島乘風破浪的臺灣夢

文字——張鎮宏、李易安；採訪翻譯——黃胤毓

作為日本國土的極西之地，與那國島的「臺灣眺望」，是日本天皇[1]都曾特別造訪的特殊奇景。據說在最晴朗的日子裡，光憑肉眼就能從與那國西部，看見巨神一般高聳的中央山脈；入夜之後，有時基隆或是宜蘭的城市燈光，也能穿透一百一十公里遠的海上國境，照亮與那國的遠方海面，並於天際線浮出猶如「天火」的魔幻夜景。

但這些奇景，全年的出現率卻不到五天，而且大多都在颱風襲來之前——因此能在與那國島看見臺灣的日子，要不代表極其幸運，要不就預告著災難當前。

「與那國島離臺灣只有一百一十公里，如果和臺灣通航，將成為臺灣觀光客的門戶。我們要吸引臺灣人到『臺灣村』來投資，活絡島上經濟。」

那霸市區一間餐廳裡，旅日臺灣商人蔡文慶，正與與那國地主野底武則討論著「臺灣村」的建設計畫。兩人在地圖與提案報告上指手畫腳，眼神如炬的野底武則再三向我們強調：在他看來，現在全世界都在關心的「臺灣有事」，就是與那國島再也等不到第二次的翻身機會。

「與那國為了國家犧牲，讓自衛隊進來蓋基地，町長應該用這件事和中央交換條件，增加建設，」野底武

與那國島是日本最西端的有人島嶼，在該島最西部的海角立有「日本最西端之碑」。天氣良好時，可自此處遠眺臺灣的中央山脈。（攝影：楊子磊／報導者）

則甚至大膽地認為，萬一臺海發生戰爭，臺灣村可以成為臺灣人的避難天堂，至少有備無患不會是壞事。

老家在臺北松山的蔡文慶，在沖繩經商已三十多年。雖然年過古稀的他早已歸化日本籍，在地方也以「石村慶一」之名走跳，但七十六歲的蔡文慶只要一講到生意——特別是自己汲汲奔走，寄予夢想商機的「臺灣村」——就完全遮不住身上那種一卡皮箱走天下、專屬上一代臺灣商人的特有氣勢。

蔡文慶說自己一直看好臺日邊境商機，早在二〇一七年就去與那國島買了一棟別墅。提到島上開發的願景

臺僑商人蔡文慶（左）與在與那國出生、成長的臺灣村建設準備室室長野底武則。（攝影：楊子磊／報導者）

時，蔡文慶更眉飛色舞地講起各種天馬行空的招商發想，「臺灣人這麼會種水果，應該招募農民來『臺灣村』種龍眼、種釋迦，」他甚至提議，臺灣的年輕人也可以在「臺灣村」租個店面、做些小生意，「賣賣蚵仔麵線也非常歡迎。」

與那國部分居民的「臺灣夢」：和軍事基地並存的國境樂園？

蔡文慶和野底武則口中的「臺灣村」夢想，最初的起點還得從一場臺灣記者會講起。二〇二二年五月三日，時任民進黨籍立委陳歐珀在立法院舉行記者會，宣布成立「與那國島直航大聯盟」，將推動臺灣和與那國間的交通船直航，打造「黑潮經濟生活共同圈」；當時出席記者會的，還有來自臺灣東部的幾位前市長和民意代表。

野底武則在沖繩看到記者會消息之後，覺得「談了十幾年的直航，終於有望成功了」，於是召集其他住在沖繩本島的與那國鄉親，一起成立「臺灣村建設準備室」，打算整合與那國的閒置土地，以低廉租金提供給臺灣人使用。

在與那國島出生的野底武則，是島上的「戰後世代」。從小便離島求學的他，曾是日本最大的電信公司 NTT DOCOMO 的經營企劃部部長，目前定居於沖繩本島，並與幾名同輩朋友組成了與那國同鄉會。野底武則對於坐擁國境利多、卻不斷沒落的家鄉，一直懷著恨鐵不成鋼的情緒，因此他長年在各大報紙上投書，主張將與那國與整個沖繩「國際化」，希望吸引更多移民與資金方式打造「小臺灣」、「小香港」，作為日本和整個亞洲交流的樞紐門戶。

擅長企劃的野底，甚至為這個計畫取了一個動聽的口號：打造和基地並存的樂園「多南島」。[2]

「二〇一六年自衛隊進駐之後，雖然與那國人口在數字上有所增加，但移入者大多都是因為基地而言來的短期居民，土生土長的與那國島民依舊繼續往外跑，島上到處都是棄耕的荒地，」野底武則說道。此外，由於交通不便，島上現在也只剩下幾間低檔次的旅館，很難發展觀光事業。長期惡性循環的結果，就成了野底武則口中反覆批評的「與那國荒原」——明明就是面向海洋的交流之島，卻因為政策問題反成為被大海封鎖的遺世之地。

在野底武則的想像裡，「臺灣村」是與那國一切問題的最佳解方，而達成此一計畫的關鍵，即是與那國與臺灣的開放直航。「臺灣人不是很喜歡來日本買東西嗎？如果可以直航，臺灣村就可以設立商品物流中心，以後臺灣人跑單幫可以直接到與那國來，不用跑去那霸、大阪批貨，」野底武則興奮地說著未來的願景，「臺灣人可以來臺灣村蓋旅館，中小企業也可以進駐，不只活用閒置土地，還可以發展觀光。」為了增加與那國的吸引力，野底武則還主張與那國開設到沖繩其他離島的船班，方便臺灣人跳島旅遊。

與那國島西端的涼亭壁畫描繪出遠望臺灣的景色。在與那國島，大概每一百公尺就能看到一個關於「臺灣」與「花蓮」的符號，密度可能是全日本最高的。（攝影：楊子磊／報導者）

除了觀光利益之外，野底武則也指出另一個更實際的好處，「與那國的民生物資，現在都要從東京、那霸運過來，物價比沖繩本島貴三至五成；如果和臺灣直航、進口臺灣物資，也能減輕島民的日常支出負擔。」

隨著臺海局勢升溫、自衛隊在與那國持續擴張，地緣政治的「危機」在蔡文慶和野底武則眼裡反是「轉機」：一來與那國出現「反基地」的抗議，促使日本政府不得不考慮地方需求，二來蔡文慶也強調，「打仗是打臺灣，又不是打沖繩。如果打到與那國這邊來，聯合國、美國不可能不介入。」他們反向思考，堅信當前的緊張局勢，將是與那國翻身的最後機會。

「與那國的土地如果臺灣人沒有來開發，接下來整座島都會變成基地。」蔡文慶雖然長年在臺灣與沖繩商界走跳，但他和與那國的緣分，卻一直都和臺海情勢的變動有關。

蔡文慶回憶自己第一次去與那國，是一九九六年跟著國民黨的商務考察團一起登島——那時正值香港主權移交中國的前夕，時任總統李登輝非常擔心中國統治後的香港，將喪失對臺灣的貿易中轉功能，因此要求政府相關部門加速研究「香港替代方案」，並指示國民黨黨營事業管理委員會主任劉泰英等人率團訪問沖繩——特別是離臺灣最近的八重山群島一帶——考察官民投資，希望說服日本政府開放沖繩供臺灣旅客轉機前往中國。而那年也正值第三次臺海危機，中國對臺發動多次飛彈試射和軍演，因此國民黨在沖繩的考察投資，也有在緊張局勢中拉攏日本政府的意味。

當時的李登輝政府雖然有意願大規模投資沖繩，但後來的發展卻難稱順利。一方面當時日本的橋本龍太郎內閣正忙於推進與中國的經貿與外交，對於國民黨的沖繩投資計畫，抱持著低調觀望、無意配合推進的消極態度；二方面則是九七年後的香港，仍持續對臺灣開放維持其兩岸中轉港的地位，沖繩方案也就失去急迫性。因此國民黨當年的沖繩投資計畫，大多無疾而終。

時隔近三十年後，臺海局勢的動盪宛如歷史回聲，再次為沖繩和與那國帶來了危機與契機，也再次把蔡文慶帶回與那國島。蔡文慶一方面找上了野底武則等與那國的地主仕紳，希望整合與那國向中央政府交涉的政策意見；另一方面則積極在臺灣東部各個縣市奔走，向立委、地方政府、商界團體推銷與那國島的投資機會。

儘管過程中，「臺灣村」天馬行空的想法不斷遭到島民與地方頭人嘲諷冷對、甚至質疑他們只是投機炒作，但蔡文慶仍堅稱「與那國島的未來可期」，「這個島要有出路，接軌『臺灣經濟圈』就是唯一的機會！」

看得見中央山脈，與那國曾處臺灣經濟圈

蔡文慶和野底武則會有這樣的「臺灣夢」，從歷史的角度來看並不令人意外——因為在與那國人的集體記憶裡，臺灣幾乎就是「繁榮」的代名詞。

「一百年前，與那國人都會去臺灣買東西回來——對我們來說，臺灣就是個大都會，什麼現代化的東西都找得到。」野底武則強調，「當時的與那國島，不僅屬於臺灣經濟圈，更是臺灣生活圈的一分子。」

長期研究與那國歷史的中研院民族學研究所研究員黃智慧指出：一八九五年臺灣成為日本殖民地之後，不少與那國人趁地利之便前往臺灣工作、升學，而宜蘭蘇澳和與那國也在頻繁的

漁船往來之中，一起成為黑潮上的漁業重鎮，帶動了與那國的經濟發展。由於在臺灣工作的與那國人會將工資寄回家，導致臺灣銀行券（日治時期的臺灣貨幣）在島上甚至比日幣更為流通，足見在二戰之前與那國島已幾乎融入了臺灣經濟圈。

二戰結束後，與那國和整個沖繩成了美軍的託管地。新的國界線雖然將臺灣和與那國分隔開來，但兩地之間依然存在走私貿易，讓與那國迎來史無前例的經濟榮景——大量的美軍軍需品被盜賣到臺灣，而臺灣則把糧食與日用雜貨賣回沖繩，與那國島就是雙方非法貿易的交易中心。在走私全開的全盛時期，與那國島人口一度逼近兩萬人，島上不僅開了好幾十間酒店，甚至連時髦的洋服裁縫店也有好幾家，那時夜夜笙歌、家家戶戶都塞滿了糧食物資的紙醉金迷，至今仍是島上耆老無限感嘆的浮華記憶。

但一九五〇年代開始，美國對沖繩的統治開始穩定，美軍也嚴加取締軍品盜賣與走私，與那國的走私貿易因此迅速退出時代舞臺。到了一九七二年沖繩主權返還日本、日本又與中國華民國斷交，與那國和臺灣的連繫便逐漸中斷，島上經濟也自此步上了衰退之路，時至今日，若扣掉自衛隊駐軍人數，與那國的島民只剩下不到一千五百人。

帶著這些與臺灣有關的記憶，與那國人近期不斷希望活化「邊境」區位、提升和臺灣的往來和連結。一九八二年，與那國和花蓮市結為姊妹市，開啟地方官員互訪和學生的定期交流，與那國島的中小學生們每年也都會訪問花蓮——儘管得先回頭飛回那霸，再從桃園機場入關，最後還得搭車繞著北臺灣才能進入花蓮——這樣的路程在蔡文慶和野底武則眼裡，是毫無道理的阻礙。

「明明臺灣就在對面，天氣好的時候，從與那國就能看到臺灣的中央山脈，但現在從臺灣過來，還得先『折返跑』繞回沖繩本島轉機，」蔡文慶不斷抱怨，「與那國島離臺灣只有一百一十公里，但國境的阻礙卻讓島民得花上十多倍的路程，[3]這真的很不方便、也很不合理。」

好在與那國和臺灣直航的訴求，似乎露出了一線曙光。

「臺灣夢」的關鍵拼圖：直航為何難以實現？

二〇二三年七月四日，時任立法院長游錫堃搭乘「南北之星」快輪，從宜蘭的蘇澳港直航前往與那國；登島後，游錫堃除了和日本眾議員西銘恆三郎、島尻安伊子會面之外，當天也陪同日本國會「日華議員懇談會」會長古屋圭司搭船赴臺參訪。

游錫堃的來訪似乎想為直航破冰，讓與那國—臺灣的通航出現曙光。不過，二〇二三年八月我們訪問在與那國町役所擔任課長、負責花蓮直航業務的田島忠幸時，他表示「推動直航」

位於與那國島西側的久部良港，是與那國主要的漁港，也是往來石垣島輪船的停靠點。與那國和花蓮市的高速船「試航」，就規劃從久部良港出發。（攝影：楊子磊／報導者）

是他負責的業務，但他和町役所都是在游錫堃抵達的兩週前，才從日本國會接到指令、得知這個直航行程，而啟航地並非與那國的姊妹市花蓮，而是游錫堃的故鄉宜蘭——換言之，游錫堃的「破冰直航」是中央執行的「國會外交」，和地方政府長期推動的通航沒有直接關聯。

不過田島忠幸也強調，其實地方層級的直航預算，早在二〇二〇年就已經核發下來，只是因為COVID-19疫情才一再延期。田島當時表示，與那國島正在和花蓮進行最後的行動討論，「最快將於二〇二四年三月進行首次高速船的『試航』。」

但推了近二十年的交通船直航，為什麼直到現在都難以實現呢？參與直航交涉多年的田島忠幸坦言：與那國之所以想推動直航，起初最重要的目的是開放貨物流通，藉由與臺灣貨運通來振興島上的經濟，「但與那國沒有太多物產可以輸出臺灣，很難只靠臺灣單向的貨物輸入，來維持定期航班。」

此外，雖然地方已和中央爭取多年，但與那國的港口至今仍然不在日本《關稅法》開港名單之內，因此沒有海關、移民和檢疫的設施及人員，導致每次外國船隻靠港都需專案申請，再由東邊的石垣島調派人員支援，手續非常麻煩。「也是因為這樣，來年『試航』的兩個半小時航程裡，預計將會全面禁止飲食，以迴避檢疫方面的問題，」田島忠幸表示，面對這些困境，町役所目前擬定的策略，就是增加和花蓮市的交流活動，同時讓學生前往花蓮畢業旅行，「基本上就是透過人為的方式，創造出交通往來的需求，藉此讓中央政府認同定期通航的必要性，將與那國列入開港名單。」

然而長期關注八重山地區的日本記者松田良孝卻直指，考量法規、成本等現實因素，即便只是每月一次的定期航班，恐怕都仍難以實現。

松田向我們指出，根據《海上人命安全國際公約》（*SOLAS*）的規定，國際通航的船隻必須符合一定的安全標準，但能符合這個安全規範的船隻成本較高，以目前兩地來往的交通需求，恐怕難以支撐定期航班。

此外，與那國和臺灣一樣，夏有颱風、冬有季風問題，海上航行經常受到天候影響，也會為船班營運帶來很大的變數。像是二〇〇九年時，與那國和花蓮市就曾發起第一次高速船直航，最後就是因為天候因素無法成行，只能改以包機代替。

但積極爭取開通臺灣高速船直航的，也不只有與那國，同為八重山群島的石垣島，過去十年來也不斷要求日本中央政府開放「基隆─石垣島」的海上直航。多次來臺交涉合作的石垣市長中山義隆就強調，高速船的直航將讓石垣島更容易從臺灣運補民生物資，未來也能藉此強化雙邊的轉口貿易與加工供應鏈合作。如果遭遇「緊急狀況」，這艘高速船也能參與中央政府正在論的沖繩疏散計畫，協助轉移石垣島民到外地避難。

曾參與「與那國自立展望」計畫的小嶺博泉，也曾是島上的自民黨議員，但因反對自衛隊駐島而與黨部鬧翻，最後返家牧牛、退出政壇。（攝影：楊子磊／報導者）

然而石垣島的臺灣高速船直航計畫，也和與那國島面臨同樣的挑戰：營運成本。儘管比起與那國，石垣港本來就可以對國際開港，海關、檢疫與行政配套也都早已具備，但根據石垣市政府在二〇二三年底公布的檢討報告：基隆—石垣的高速船通航光租船成本就得投入二十二億日圓（新臺幣四．五億元），營運初期每年還得承擔至少十億日圓的虧損（新臺幣二億元）——如此龐大的赤字預期，就已讓擁有五萬人口的石垣島猶豫再三，對與那國更是超乎負荷的天文數字。

諷刺的是，雖然「臺灣有事」的

話題為與那國帶來了大量關注，也讓地方政府取得要求中央同意開港通航的籌碼，但緊張的臺海情勢和自衛隊擴張，也成了阻礙「直航夢」的矛盾所在。

目前的與那國，除了有二〇一六年進駐的兩百餘名陸上自衛隊員，二〇二二年九月與那國町政府也提出了新的「機場港灣整備計畫」，明確以「臺灣有事」作為理由，向中央政府要求延長機場跑道、並建造可供軍用的比川港灣設施。而二〇二二年中國圍臺軍演時，曾有五顆飛彈落在與那國附近的經濟海域內，種種區域變化也讓與那國島成為日本國防的敏感要地。

臺灣外交部一位熟悉沖繩事務、但不願具名的官員便坦言，日本中央政府對通航的疑慮，主要就和軍事考量有關，「之前還沒有自衛隊，（日本中央政府）就已經不願意開放了；現在自衛隊已經進駐與那國，態度當然就會更保守，要放這麼多觀光客進去，也會害怕有間諜。」

黃智慧也認為，「與那國設了雷達站，要觀察從中國東部戰區出入的潛艇，如果民間船隻來來去去，對監測也會造成困擾，這是官方不能明講的原因。」

未竟的「與那國自立展望」計畫

自衛隊進駐與那國的背後，也反映了邊境小島發展經濟的路線之爭。

二〇〇三年，與那國島曾面臨「廢町」的威脅，又被要求減少對中央政府的財政依賴，於是在地方財政危機感的推動之下，與那國居民於二〇〇四年集結起來，創立了「與那國自立展望策定推進協議會」，並於二〇〇五年推出「與那國自立展望」計畫，[4]希望將與那國劃設為「國境交流特區」、要求中央政府特許開港，讓與那國可以和包括臺灣在內的其他國家通航。

但這項開放卻始終無法獲得中央首肯。在開港訴求的長期挫敗之下，其他町議員和島民也開始討論，讓自衛隊進駐、增加地方財政收入的可能性。

當時曾參與「自立展望」計畫的小嶺博泉告訴我們：「雖然不會明講，但大家會支持自衛隊進駐，就是想要賺快錢，期待財政預算變多，也期待軍人帶來的生意。」

在與那國經營牧場、飼養和牛的小嶺博泉，之所以會參與發起「自立展望」計畫，和他的一個夢想有關：他一直都希望打造「與那國牛」的和牛品牌。然而牛隻飼養和與那國的地理特性，卻讓這個夢想一直難以實現。

一般來說，和牛的飼養分成兩個階段。第一個階段，是將剛出生的小牛養到十個月大，這個階段結束後，才會將牛隻送往「品牌牧場」，開啟第二個階段。

在第一個階段裡，牛隻飼料的比例是天然牧草七〇%、穀物飼料三〇%——由於天然牧草適合生長在氣候溫暖的地方，因此與那國非常適合第一個階段的飼養工作。

到了第二個飼養階段，飼養的主要目的是讓牛隻長肉，因此必須調高穀物飼料的比例，然而穀物飼料仰賴進口，因此品牌牛的牧場往往都在大城市、或者有港口的地方，以便節省飼料運輸成本——而這也是與那國難以發展品牌牛的原因。「與那國沒有海關，所以牛吃的穀物飼料，都只能從東京進口、再大老遠運過來，養品牌牛的成本太高，」小嶺博泉解釋。

直到二〇〇五年，小嶺博泉在「自立展望」計畫之中，看到改變的契機。「中國當時剛加入WTO，吸引了國際飼料大廠前去設廠生產。如果與那國可以成為國際港口，我就可以進口中國的便宜飼料，再順便把牛肉賣到中國去，」更令他興奮的是，由於當時中國和臺灣之間仍未通航，因此一旦開港，與那國或許也可以成為中轉地，將中國飼料轉運往臺灣，重啟與那國昔日的轉口貿易榮景。

帶著這個構想，小嶺博泉後來成為與那國的町議員，並多次前往沖繩和縣廳官員、國會議員進行遊說。雖然當時小嶺博泉是自民黨籍的町議員，後來卻成為唯一反對自衛隊進駐的町議員。他之所以反對，並不是因為他討厭自衛隊、也不是為了反戰，而是他認為，與那國自立計畫推出時，就是全體島民最團結、士氣最高昂的時候；沒想到自衛隊一說要來，居民們的想法就變簡單、變懶惰了，覺得只要拿政府的錢就好。

小嶺博泉更想要的，是「居民一起努力、一起主動追求一個願景的感覺」。

邊境交流之必要，不該限於經濟層面

提及與那國的直航訴求，黃智慧認為雙邊的交流確實有其必要，但不應該只看到經濟層面。

黃智慧指出，根據人類學家的研究，從宮古島、八重山群島、臺灣東部一直到菲律賓北部的巴丹群島（Batanes），其實都屬於同一個「東臺灣海文化圈」，共享著相似的風俗習慣，見證了跳島交流的文化連結。「我希望大家可以先從社會文化的角度，去看與那國和臺灣的連結，這樣我們才會意識到，我們在歷史上本來就是交流頻繁的鄰居——在這個基礎之上，就可以去談守望相助，談環境責任和人文深度，而不是只有觀光利益。」

長期研究臺灣與沖繩的走私貿易、現為「Didi 與那國交流館」的館長小池康仁則指出，與那國過去和臺灣往來的歷史，至今依然可以在與那國的習俗、飲食文化中看到蹤跡，「比如與那國人特別喜歡吃香菜，也吃豬肝，這些可能都是受到臺灣的影響。」

也是因為這樣，小池康仁認為與其推動經濟交流，倒不如先專注於文化層面的交流，「與那國近年把小學生送到花蓮的原住民部落做寄宿家庭交流，就是很好的嘗試。與那國也有文化、語言流失的問題，臺灣原住民在這個議題上的努力，就很值得我們交流學習。」

參與反基地運動的與那國居民山田和幸則對我們表示：「讓與那國島翻身的機會，絕不是『臺灣有事』，而應該是『認識臺灣』。」

臺海緊張的新聞與自衛隊的軍力擴張，讓島民人心惶惶、無力他想。山田和幸說，因為與那國維生不易，島上的每個人都要打三、四份工才能維持生計，因此光是面對「臺灣有事」的時代考驗，多數人就已陷入很深的無力感，更別提思考突破契機、甚至盤算「臺灣村」這樣的發財夢了。

但島上的焦慮情緒，反而加深了他個人對於臺灣的好奇。於是已經退休的他，開始積極閱讀與那國與臺灣的交流歷史，為了深入認識臺灣，二

參與反基地運動的與那國居民山田和幸。光是二〇二三年，他就曾兩次前往臺灣Long Stay。（攝影：楊子磊／報導者）

〇二三年六月，他特地去了一趟臺灣旅行，七月更是為了中研院臺灣史研究所副研究員吳叡人的演講，特別跑到京都大學參加講座，「直到與臺灣人接觸交流後，我才發現原來自己對臺灣的理解非常不足。」

山田和幸認為，由於國境政治的限制，與那國與臺灣明明近在咫尺，現代的往來卻總是困難重重，而這樣的隔閡，也加深了與那國作為日本「邊陲孤島」的弱勢地位。但如今，與那國好不容易盼到了重新與臺灣恢復直航交通的機會，就算只是實驗性的「試航專案」，仍將是足以影響與那國未來的重要機會。

然而，事情的發展，卻再次讓與那國島民失望——二〇二四年四月三日，也就是我們完成與那國島採訪的八個月後，花蓮發生了芮氏規模七．二的大地震，一海之隔的與那國不僅能感到強震搖晃，日本更對沖繩縣發出海嘯警報。儘管後續災情並未影響與那國，但直航計畫卻也因為花蓮忙於救災與災後復原，而再一次被無限期擱置。

「強震過後，與那國—花蓮市的試航計畫，恐怕得延到二〇二四年年底以後了。」花蓮市政府對我們表示：四〇三大地震確實是讓與那國直航「暫停」的主要原因，但日本方面在尋找適合的高速船、以及航程的管理與制度配套上，都遇到了相當大的困難。花蓮方面固然很期待能促成姊妹市的直航交流，「但主辦單位畢竟還是日本，花蓮市府就是配合日方的決定靜待佳音。」

在直航臺灣的計畫持續延宕之際，自衛隊與美國在與那國島的足跡反而愈發頻繁，美軍每年都都會登島協同自衛隊軍事演習，就連美國大使也在二〇二四年五月搭著美軍直升機訪問與那國島。一來一往之間，似乎讓那國人對於家園「要塞化」的擔憂愈來愈真實。

儘管盼不到臺灣直航，山田和幸與其他島民們依舊以自己的方式「連結臺灣」。二〇二三年秋天，與那國島的中小學終於重啟了因 COVID-19 疫情中斷近四年的「臺灣畢業旅行」。島上的應屆畢業生們先飛往那霸，再轉機桃園機場，展開順時針環島旅行，最終抵達他們耳熟能詳——偶爾甚至肉眼看見——距離卻最遠的花蓮。

由於與那國島人口稀少，島上沒有高中，畢業後繼續升學的孩子們往往需要遠赴外地。許多家庭甚至會一起離島，全家從此到外地謀生。因此，對這些畢業生來說，島上傳統的「臺灣畢業旅行」，就是他們離開故鄉前，與同學好友們一起經歷的最後一場冒險。

「我很期待臺灣試航成真的那一天，也非常希望與那國島的年輕人們都能上船，一起走一趟感受臺灣的模樣。」在二〇二三年八月的登島採訪中，山田和幸不斷與我們重複著島民們對臺灣的期待。

山田認為，直航臺灣最重要的成果，是讓更多與那國年輕人留下對臺灣的「身體記憶」

——只有親身感受到「原來我們與臺灣那麼近」，下一代島民才體會擁抱臺灣的交流往來，一定是「很棒且理所當然的事」。

---

1 二〇一八年三月，當時的日本天皇明仁與皇后美智子在訪視沖繩期間登上與那國島，特別前往島上的西海岸，即日本最西端，遠眺臺灣。雖然當天海上能見度不佳，明仁天皇未能看到臺灣，但該地至今仍留有天皇巡訪紀念碑，成為島上重要的歷史標記。

2 どぅなんちま，琉球語對與那國島的稱呼。

3 與那國島離臺灣一百一十公里，但從與那國島單程前往臺灣的飛行路線——與那國—那霸—桃園機場——單程飛行距離卻將近一千三百公里。

4 https://www.town.yonaguni.okinawa.jp/docs/2018042400236/file_contents/jirituproject2005.pdf

PART 4 「臺灣有事」對話

「臺灣有事」帶給我們的生存壓力，讓我們必須爭取任何可能理解我們的盟友，但「與世界對話」卻是一種需要不斷練習的能力。

臺海危機雖然已成為全球焦點，但國際社會和臺灣的互相認識卻仍存在不少嚴重的認知落差——臺灣以為其他國家都能理解中國擴張主義造成的威脅與危機感；但世界看臺灣時，卻也時常質疑為什麼臺灣非得與中國做對，甚至落入北京觀點，批評臺灣是受「美國與日本煽動而在在『挑釁中國』」。

要化解這種互相誤會的扭曲認識，臺灣對外的「公民社會對話」也就變得格外重要，因為這不僅能深化民間層次的交流與理解，它對臺灣的國際處境更可能是攸關生死的關鍵軟實力——畢竟，源於民間的衝突與誤解，常會擴大並傷害政府之間的政治關係；但若公民社會能夠合作、互相聲援，這樣的力量也可能影響國家層級的決策，成為左右國際關係的重要力量。

1

與沖繩反戰人士對話

——從指責「臺灣有事」虛假，到阻止侵略的共同想像

文字——張鎮宏

當臺海緊張情勢成為國際關注焦點之際，二〇二三年年初，沖繩學者、媒體與公民團體以「不要讓臺灣和沖繩成為戰場」的想法為起點，在那霸舉行了一系列的「沖繩臺灣對話項目」（下稱：沖臺對話）國際論壇。希望藉由和平溝通來阻止「臺灣有事」的發生。然而，這一活動卻引發了難以想像的矛盾。其中，否定臺灣正遭受中國侵略威脅的事實，並強調「臺灣有事只是美日『阻止中國崛起』的藉口」，更成為會場內反覆重申、會場外引發臺日論戰的論述焦點。

論壇中，那些主張「煽動緊張的責任不在中國，而在臺灣」的意見，不僅來自受邀登臺的中國學者，更來自於多位臺灣出席代表，甚至連中國發射飛彈穿越臺灣上空、軍演模擬封鎖臺灣的武嚇行為，都被轉譯為「這是告訴臺灣，中國還沒放棄和平統一的『政治善意』」。

但為什麼指責臺灣的特定論述，在沖繩的和平論壇中的每一場演講都重複出現？在「臺灣有事」的討論中，臺灣與沖繩又為什麼成為彼此最遙遠的陌生人？沖繩的反戰人士，對臺灣的理解，又都是一致的嗎？

「癥結在於沖臺互不瞭解對方的歷史與痛苦」

「某些人總是強調『改變臺海現狀的不是中國，而是臺灣』，暗示臺灣過去三十年的民主化是錯的、不好的、是『挑釁中國』的。」對於沖臺對話感到失望的臺日記者之一，即是《東洋經濟》的劉彥甫。

「如果這誤導性的言論繼續擴散，不光只是沖繩、甚至連日本傳統左翼都可能被影響，進而懷疑臺灣。假如哪一天臺灣真的有事，這些情緒會不會成為國際社會支援臺灣的政治阻礙？」

臺灣出身、但自小就一直在日本生活的劉彥甫，是日本新聞圈新一代的「知臺派」媒體人。

二〇二三年八月二十二日，一架美國海軍陸戰隊的 CH-53E 直升機正要降落於沖繩縣宜野灣市的普天間基地。（攝影：楊子磊／報導者）

求學期間，他在早稻田大學師從日本的臺灣政治研究泰斗若林正丈。畢業後，劉彥甫走上了新聞之路，不僅加入日本財經雜誌《東洋經濟》擔任解說部記者（二〇二四年十月升職，任「編輯部」部員），更邀請著名的臺灣選舉研究專家小笠原欣幸教授等等「臺灣通」，在《東洋經濟》開設了深入專業且極具影響力的臺灣政經系列專欄。

劉彥甫的臺日雙重經驗，不僅讓他躬逢其盛，得以記錄日本近幾年的「臺灣熱」，也使他特別關注日本國內對臺海危機的政策風向及討論盲點。

「確保臺海和平穩定，已是日本主流共識，但對『臺灣有事』的解讀仍有矛盾。」劉彥甫表示，就日本的觀點，臺海軍事力量的失衡是事實，但解放軍目前尚不具備跨海登陸臺灣的取勝實力也是國際共識。然而，質疑意見卻主張，如果臺海尚沒有爆發戰爭的「迫切風險」，以日本、美國為首的鄰近國家，此時強化第一島鏈的國防部署，就是「針對中國的戰略挑釁」。

這種論點也是沖臺對話中，反戰論述的主要觀點。由於沖繩不僅離臺海衝突區最近，也是駐日美軍與日本自衛隊封堵中國的軍事重點，因此「臺灣有事下的沖繩」亦成為日本左右派交鋒的政治槓桿。

劉彥甫認為，雖然沖臺對話的立意良善且非常必要，但目前的發展，恐讓臺灣與沖繩彼此間的嫌隙與認知鴻溝更為惡化，甚至被刻意扭曲的論述誤導、壟斷發言權。他舉例，論壇中反覆出現的爭議言論——特別是來自中國與臺灣的受邀講者——主張「臺灣有事」並不存在，甚至呼應中國統戰論述，反藉沖臺對話之名，對沖繩聽眾進行反對臺灣加強自主防衛、甚至反對臺獨的宣傳。於是，亦有沖繩媒體人順著對話氣氛，半開玩笑地表示：「臺灣別找事，就不會給沖繩與日本帶來困擾。」

「癥結在於，臺灣與沖繩互不瞭解對方的歷史與痛苦。」劉彥甫強調：「沖繩不理解臺灣過去三十年的民主化成果，以及臺灣人長期被國際孤立的委屈與恐懼，所以才很容易認為『臺灣有事』是被美日煽動的結果、甚至誤解臺灣是臺海不穩定的『麻煩製造者』。」

「但臺灣人也常被日本右翼影響，以為沖繩就是『反美親中』，這也不是事實。」劉彥甫說：「沖繩人對於軍事極為敏感，這並非針對臺灣，而是因為二戰沖繩戰役的傷痕、以及他們至今得面對美軍基地壓力與不公平待遇，都讓沖繩很難不對『臺灣有事』的氣氛懷有戒心。」

美軍 B-52 轟炸機爆炸的那天……沖繩反基地「衝組第一人」的告白

「我希望臺灣人理解，沖繩不需要軍事基地。」為深入理解反戰抗爭的真實觀點，前往沖繩採訪的我們，在二〇二三年八月專訪了與美軍統治、日本政府周旋超過半世紀的反美軍基地運動家——被地方稱為「沖繩衝組第一人」的山城博治。他的故事，不僅是沖繩歷史的活見證，也濃縮了沖繩人長年被軍事政策宰制的血淚與不甘心。

接受專訪當天，山城博治特別指定要在沖繩市的美式購物中心見面——對於這位總在抗議現場一騎當千的衝組老將，選在少男少女的流行專櫃前受訪，畫面似乎非常突兀。但這座充滿熱帶元素的美式商場，其實正是沖繩基地問題的「歷史現場」。

「看到牆上那幅黑白照片了嗎？那是以前沖繩常見的民宅，照片裡的地點，就是現在這個購物中心，」七十五歲的山城博治慢慢地說起故事。我們見面的商場，其實是戰後沖繩開設的第一間美式購物中心，位處美軍陸戰隊基地福斯特營（Camp Foster）門外。最初，這裡是美國國防部的特約供應商，專門為了服務駐日美軍的高級軍官、軍眷而開設的舶來品商場，當時生意非常興隆，據說連駐日盟軍總司令麥克阿瑟的夫人都曾特別差人帶貨。

「二戰結束、美軍來了之後，就到處圈地、支配著沖繩的市街，也把一些民宅拆掉，改建美國人專用的商場。我就是在這樣的時代出生的。」戰爭讓沖繩失去了一切，為了活下去，山城的父親只能為美軍基地工作，一家住在嘉手納空軍基地附近。但戰後沖繩的貧窮以及下一場戰爭隨時會爆發的陰影，卻隨美軍基地的存在始終揮之不去。

「一九六〇年代，越戰爆發，沖繩成為美軍的參戰基地。我還記得美軍的 B-52 轟炸機常常飛過我們家，這種巨大的飛機有八個引擎，起降時的轟隆巨響和震動就像颱風來襲，每次經過都快吹垮鐵皮屋頂。那時我才十二歲，但已經明白這些轟炸機，是要飛去越南殺人的。」山城博治說。

出兵越南的美國，從一九六五年開始以「電弧行動」（Operation Arc Light）為代號，對北越展開長達八年的大規模戰略轟炸。當時的嘉手納空軍基地，即是美軍 B-52 轟炸機的出擊地之一。由於美軍的地毯式轟炸在北越造成極慘重的平民死傷，越南人不僅給 B-52 起了「黑色死神」的綽號，作為美軍基地的沖繩也因此被稱為「惡魔島」。[1]

「一九六八年十一月十九日，當時我剛升上高中。那天凌晨四點多，一架美軍 B-52 轟炸機從嘉手納基地起飛時墜毀發生大爆炸。機場跑道被炸出近一個近十公尺深、將近二十公尺寬的大洞，半個沖繩島都感受到爆炸的衝擊波，就像大地震一樣，很多人家裡的門窗被震破，墜機地點甚至還燒出了一朵蘑菇雲。大家都嚇壞了，最後美軍還得出面主動闢謠，強調『這不是核彈爆炸』。」

「但我們直到很久以後才知道，美軍當年在沖繩祕密部署的

沖繩反戰運動代表人物山城博治。他背後的鐵絲網，即是美軍陸戰隊在沖繩的佛斯特營（Camp Foster）基地。（攝影：楊子磊／報導者）

核彈頭，還真的只離墜機點幾百公尺而已。」

「不久後，我當上了學生會長。但一九六九年，沖繩爆發一起美軍性侵殺人案，受害者是我同校的高中女生，犯案的美國士兵還捅了那位女學生好幾刀。我非常憤怒，於是號召全沖繩高中生集體罷課抗議。」山城博治表示：「我每次談到這名受害的女同學，都會有很深的罪惡感、覺得當時的自己好像在利用她的不幸。[2]但這起事件，確實讓沖繩學生們理解公民抗爭的力量，也讓我篤定了自己反美軍與反戰的信念。」

「一切都沒有改變」，軍事束縛與沖繩貧窮的惡性循環

山城博治與沖繩的學生運動，很快就迎來歷史的轉折點，因為一九六九年日本首相佐藤榮作與美國總統尼克森正式達成了協議——沖繩將在一九七二年正式返還，重新成為日本國的一部分，但作為戰略交換，美軍卻會持續駐紮沖繩。

一九七〇年《美日安保條約》續約，引爆了日本的第二波反安保運動。當時升上高三的山城博治再次號召罷課並動員學生封鎖校園，但這次的沖繩學運卻遭到強力鎮壓，「當時學校給了我一份認罪文件，脅迫我按壓指紋。如果我照做，學校還可以給我修業證書，否則連我的高中學籍都會被直接注銷。」

「但我拒絕畫押，因此被逐出校園、強制結束了我的中學時代。直到四十六年後，為了抗議日本為美軍建造新的基地，我在二〇一六年又被逮捕。警察當時也要我簽名認罪，說只要我願意畫押就能立刻獲釋，」山城博治難掩悲憤地說：「我拒絕了，這感覺就像高中時被迫按指紋一樣。」

一九六五年七月，美軍 B-52 轟炸機，飛越沖繩中部的農田。當時的攝影標題為「美軍 B-52『黑色殺人機』進駐嘉手納，開始轟炸越南」。（圖片來源：那霸市歷史博物館）

山城博治強調，雖然一九七二年沖繩的主權從美國移交給了日本，但基地問題始終沒有得到有效改善——直至今日，沖繩縣雖然只占日本國土總面積的〇・六%，卻集中承載了駐日美軍基地的七〇・三%；其中，光是人口最多的沖繩島就有一四・四%的土地被美軍基地占用，但同樣的比例在日本本土卻只有〇・〇二%，可見沖繩社會承擔了全日本最沉重、遠超合理比例的軍事負擔。[3]

「二〇二二年是沖繩返還、回歸日本的五十週年，但回看這五十年，我們的處境似乎沒有任何改變。軍事基地仍然集中在沖繩，人們的生活仍然因為軍事化的代價而貧窮、被壓得喘不過氣。」山城博治憤慨地說。

長期以來，外界都存在「沖繩的經濟高度倚賴美軍基地」的印象，但實際上從一九九〇年至今，基地相關的經濟活動，僅約占沖繩縣民總所得的五・五%；換句話說，基地對於沖繩經濟的正面效果相當有限，除了讓縣民困擾的環境汙染問題、犯罪與軍中事故以外，基地占用的土地比例、地段區位，更嚴重阻礙沖繩發展基礎建設與產業升級的機會。

直至今日，沖繩仍是日本經濟發展最弱勢的地區：以二〇二二年的數據為例，儘管回歸日本已經五十週年，沖繩縣民的平均年收入僅達全國水準的七五・八%，是全日本最低；但在失業率與非正規僱用率等負面數據上，沖繩卻又是全日本狀況最差的第一名——無論是沖繩縣政府還是地方居民，都將「基地問題」視為拖累地方經濟、讓沖繩遭遇差別待遇的最大原因。

傳統反基地派：「臺灣有事是騙人的說法，中國不會侵略維持現狀的臺灣」

「不論是美軍還是自衛隊，我希望所有軍事基地，都能完全撤出沖繩。」山城博治認為，「縮減基地規模」只是沖繩訴求的最低標準，他個人的目標是沖繩的去殖民化，因此讓沖繩去軍事化，也就成為達成解殖目的的關鍵手段。

他認為，美國與日本在沖繩增強軍事部署，只會刺激中國加倍投入國際軍備競賽，但在這種惡性循環下，沖繩所背負的軍事風險與基地壓力將加倍沉重，造成的不信任感更將大幅提升衝突風險，所有人都將被捲入衝突螺旋而不可自拔，唯一的結局就是失控而殘酷的戰爭。因此，沖繩反戰團體的最終理想不只是撤除基地，更希望以沖繩為軸的第一島鏈能「去軍事化」，成為東西緩衝的中立非軍事區。

「『臺灣有事』是騙人的說法！中國沒有理由侵略臺灣，因為臺灣並沒有宣布獨立。」山城博治強調自己當然不希望臺灣被攻擊，但作為一位強烈的疑美派，他認為美日以臺灣為名對中國強化軍事部署，只會促使中國「被迫出手」，進而發生「像烏克蘭一樣」的狀況。

然而，山城博治所表達的想法，也是沖繩與臺灣之間，一直很難就「自我決定的未來」

彼此理解的癥結主因：對於臺灣來說，來自中國的軍事壓力與武力犯臺威脅，是確實存在的恐懼，而臺海的「維持現狀」遠非靜態、或只要國際不插手就能持續不變的事。

但美軍基地的存在與美日同盟會犧牲沖繩利益亦是真實，因此沖繩歷來也有意見認為：琉球人追求的自由，是要擺脫美軍基地與日本差別政策的「去殖民化」；[4]但臺灣人卻為了脫離中國，回頭尋求美國與日本這些既定霸權的支持——雙方道不同，不相為謀。於是，臺灣海峽的緊張局勢，反讓沖繩加深了戰爭與和平二元論的急切感，對於山城博治與其他反基地運動者，他們的反軍事立場更不可能有「再退一步」空間。

不過，傳統的反基地團體與知識分子，是否能代表沖繩的主流意見？過去幾年——特別是二〇二二年俄羅斯入侵烏克蘭之後——其實正面臨在地相當大的質疑。

民調顯示沖繩年輕人的不同意見：反戰又能改變什麼？

長期研究沖繩基地與地方政治認同問題的明星大學教授熊本博之，在二〇二二年九月沖繩地方選舉後，連同早稻田大學、琉球大學等跨校團隊，對沖繩縣民進行民調，結果顯示：雖然沖繩縣民強烈表態「美軍基地集中在沖繩很不公平」、「日本不理解沖繩所遭遇的困境」，但超過八一％縣民都認為「中國的軍事擴張正在威脅日本安全」，「支持自衛隊強化戰力」與「支持日本深化與美國軍事同盟」也都高於反對比例。[5]

換句話說，儘管沖繩人非常不滿美軍基地與經濟發展遲滯，但對於中國軍事威脅與國家安全的認知，卻與日本本土意見一致、甚至更為明顯。

熊本教授團隊的調查，更發現沖繩的反基地運動，正面臨非常嚴重的世代斷層。例如在十八至三十四歲的年輕受訪者中，就有五五%認同「國防政策的決定權在於中央政府，因此民間的反基地只是徒勞無功」，是全年齡層態度最為悲觀的一群。

此外，在對於政治團體好感度的問題上，六十五歲以上的沖繩人對於「反美軍基地公民團體」好感度是五八%，惡感度是二一%，力挺姿態非常明顯；但在四十九歲以下、也就是沖繩回歸日本以後才出生的各個年齡層，卻普遍表達出「非常不信任」反基地團體的傾向——其中在十八至三十四歲的年輕族群裡，對反基地團體抱持好感者僅有一五%，而惡感度卻高達四二%。從好惡對比來看，相較於力推軍事強化政策的自民黨、時任首相岸田文雄，甚至已故的安倍晉三，沖繩年輕族群甚至更加不信任反基地團體。

儘管研究團隊並未進一步解釋，沖繩受訪者所理解的「反基地團體」指的是誰？又為什麼年輕世代雖然不滿美軍基地的壓力，卻不信任傳統社運團體的和平倡議？但調查結果卻證明了沖繩政治參與的世代歧異和高度矛盾的立場複雜性。

但也正因如此，許多新一代的年輕運動者更積極於跨界對話——其中三十歲世代，來自石垣島的宮良麻奈美，不僅是「沖臺對話」的講者，她亦曾被京都大學的「認識臺灣」講座邀請演講，是沖繩新世代中，對臺灣經驗最感興趣且行動力最強的公民運動家。

石垣島的年輕運動者：沖臺應持續對話，去理解彼此的痛點和底線

「直到幾個月前，我都很害怕和臺灣人接觸。」在接受我們採訪時，石垣島出身的宮良麻奈美坦率地表示：「因為在沖繩和平問題上，以前只要有臺灣人來接近我，常常都會變成專程來『論破』，目的只是為了用自己的意見駁倒對方，卻沒辦法真的理解彼此的不同。」

宮良麻奈美是石垣市公民投票要求會的代表，也是沖繩反軍事和平運動的新一代意見領袖。二〇一八年七月，當時的石垣市政府突襲式批准了自衛隊在島上開設基地。宮良與錯愕且極為不滿的市民團體，發起自救行動，並於一個月內募集到了全島三七%居民簽名的公投連署書，要求石垣市政府依法舉行「自衛隊基地進駐的全島公投」。

石垣島的反基地運動，最初起點是土地開發爭議，因為自衛隊基地的選址不僅涉嫌圖利特定議員，也破壞島上最重要的水源與保育鳥類棲息。根據《石垣市自治條例》的原本規定，只要四分之一島民連署公投，石垣市府就必須尊重人民意志舉行投票。但大力護航自衛隊駐島的

保守派市長中山義隆，卻趁著行政審查的時間間隙，強行廢除這條連署規定，全面否決了島民的公投申請。自此之後，宮良麻奈美和一幫年輕的運動夥伴就一直與石垣市府打官司，希望奪回石垣人被政府刻意剝奪的公民權利。

但隨著國際局勢的惡化，除了臺海緊張讓石垣島同感壓力，自衛隊也不斷在島上增駐各式飛彈，石垣島的基地抗爭運動也從地方自治爭議，快速上升成高度敏感的國家安全問題。但從環境議題演變成政治抗爭的過程，卻讓許多原本的參與者感到巨大壓力，「石垣島畢竟是個小島，大家

宮良麻奈美是石垣市公民投票要求會的代表，也是沖繩反軍事和平運動的新一代意見領袖。（攝影：楊子磊／報導者）

都彼此認識。年輕人要參與抗爭的心理壓力與代價成本非常大，甚至很多參與運動的人，在媒體前面也都是把臉包起來，」宮良麻奈美說。

但她卻認為，要突破封閉保守的離島政治，就需要更多外來交流的經驗與刺激。而引發爭議且過程顯得一團混亂的「沖臺對話」，其實也是宮良麻奈美認識臺灣的重要起點。

「沖臺對話第一場研討會，就在沖繩本地引發了不小風波。主辦單位當時希望沖繩民眾能搞清楚臺灣的想法，於是邀請了兩名不同立場的臺灣學者，以為能代表臺灣朝野意見。」宮良麻奈美表示：「其中一名學者再三強調『政黨輪替兩岸關係就會和緩』，這在網路上引發很多臺灣人強烈批評；另一名臺灣國防安全研究院的學者則強力支持美日軍事圍堵中國，感覺像在暗示：『我們只有戰爭這個選項』，但這聽在沖繩人的耳裡，卻和日本極右翼的論點幾乎一樣，讓我們完全無法接受。」

宮良麻奈美告訴我們，第一場沖臺對話，讓臺灣、日本與沖繩三方在網路上吵成一團，主辦方內部對「跨國對話」的效果也有疑慮。因此，第二場沖臺對話，主辦單位的邀請方向就轉趨保守，同時也以「新世代年輕人對話」為題，邀請宮良麻奈美出席分享石垣島的經驗。

「坦白說，此前我並不理解臺灣面對的生存困境。因此在現場聽他們提倡『兩岸和解』、『經濟共榮』，甚至『逐步和平統一』的說法，對當時的我來說，聽來並不覺得奇怪、反而容易理解。」但這種感覺很快就被敲醒，「第二場『臺灣對話』結束後，京都大學的駒込武教授趕忙打來電話，急著告訴我：論壇上的一些說法在臺灣其實是非常偏頗極端的意見。於是我就被駒込教授拉去京都大學參加『認識臺灣』講座，並與中研院臺灣史研究所的吳叡人老師同臺對談。」

在認識臺灣講座前，長期研究臺灣殖民史的駒込武教授，就發現「臺灣有事」的新聞焦慮感，已引發臺灣、日本與沖繩知識圈彼此緊張、甚至對立的情緒。但臺灣和沖繩，其實同樣都面臨著「無法自決」的命運——沖繩面臨來自日本的壓迫，而臺灣則面臨中國的壓迫，因此在討論怎麼阻止臺灣有事之前，找到共感、澄清誤會、進而在理解彼此的前提下，真誠確認彼此不能妥協的底線，反而才是眼下交流最該做的事。

宮良強調，京都大學的認識臺灣講座，對自己而言是相當大的震撼教育，但她有收穫的最大原因，並不全來自於吳叡人老師與駒込武教授的演講與深厚研究，而更是透過與場內場外的直接互動，進一步與臺灣新生代研究者對「沖繩與臺灣的自我決定權」的觀點交流。

「在『臺灣有事』的話題上，我發現沖繩人與臺灣人在交談時，很容易爭論誰的理解才是對的。」宮良麻奈美表示：「以沖繩人的立場來說，十六世紀至十九世紀琉球作為獨立國家的繁榮與和平，仍是我們認同裡很重要的記憶，但在經歷日本併吞、二次大戰之後，沖繩至今仍無法擺脫『軍事殖民地』的壓力；但臺灣人的恐懼亦是真實，否定臺灣有事並沒有理解臺灣人在目睹了中國對於西藏、維吾爾和香港的鎮壓肅清後之後，『下一個就會是臺灣』的危機感。」

「現在回看第一次的沖臺對話論壇，我感覺臺灣來的講者一直在找『戰爭會爆發』的原因，而沖繩的講者則一直在找『戰爭不會爆發』的理由。雙方都在尋找、並說服對方接受自己想要相信的理由，這或許就是雙方第一次的試探。」宮良表示：「比起急於找到答案，我們更有必要更虛心理解臺灣與沖繩彼此的共通點與底線。」

臺沖仍有機會逃離帝國夾縫的弱者悲劇

宮良麻奈美說，她雖理解臺灣必須為了對最壞狀況做包括軍事在內的一切準備。但在沖繩人眼裡，不斷放大「戰爭的覺悟」的抗戰氣氛，卻會讓沖繩想起自己的慘痛歷史而不安。「因為戰爭毀滅的不只是生命財產的物質現實，精神性的制度、文化等都會隨著戰爭一起被毀滅。這就是我們在沖繩戰裡，血淋淋的經驗。」

「臺灣人當然有權決定自己的未來。」宮良麻奈美強調，她並不反對臺灣加強軍事力量，亦沒有要針對日美同盟對於救援的戰略立場，但她同樣很難支持一個可能會為沖繩帶來傷害的選擇；如果目的只是要確認軍事保障，在國際現實主義下，臺灣只需要和美日對話、根本不需

京都大學博士生張彩薇。她的研究主題，其實是臺灣獨立運動的先聲、「臺灣共和國臨時政府」領袖廖文毅，近來卻在一系列沖繩臺灣交流中，成為雙邊交流、試圖互相理解的橋梁之一。（攝影：黃世澤／報導者）

要顧慮沖繩人的問題，「但臺灣朋友也曾對我說過，他們很擔心如果沖繩向中國靠攏，臺灣的問題會不會也遭忽視，被相同的現實主義邏輯擅自決定未來。」

但如同吳叡人的著作所提到的概念——在大國權力的宰制下，這種自私的立場是所有弱者的悲劇。宮良麻奈美也因此非常希望在彼此還有餘裕的現在，透過對話讓臺灣人能明白沖繩的絕望，「沖繩人從來沒有機會為自己而戰，從二次大戰、到現在討論的『臺灣有事』，沖繩似乎總被迫為別人而戰。」

與吳叡人、宮良麻奈美同臺對

談的京都大學博士生張彩薇對我們表示，不僅是臺灣有事，沖繩在面對地緣政治問題時，都能感受到自己的島嶼處於「帝國夾縫」的無奈，許多人主張國際政治就是現實主義，但小國就算一時能靠勢站穩腳跟，對於生存的不安全感，卻無法從大國政治得到踏實的保證，「所以我們有沒有辦法脫離大陸國家的思考方式，建立島嶼彼此的規則與連結？」

抵抗中國侵略意圖的手段，除了軍事力量之外，也包含外交、經濟、文化以及人民意志的共情與相互支持。然而，在沖繩與臺灣的對話交流過程中，充滿了許多因為不理解與長期缺乏接觸而導致的偏差與爭議。這樣的互不理解，更隨著「臺灣有事」話題的升溫，而進一步凸顯臺灣和沖繩之間那令人不安、極易被見縫插針的資訊落差。

張彩薇以二〇二三年夏天在臺北舉行的一場反戰論壇為例——當時，一群沖繩和平運動倡議者受臺灣左翼統派團體的邀請，前來分享沖繩反基地運動的經驗。起初，沖繩方面認為這只是一場單純的國際左翼反戰講座，並對有機會與臺灣社會深入交流感到非常高興。然而，在演講過程中，沖繩的參與者卻發現論壇的安排「有點奇怪」，例如，主辦單位雖然安排了媒體直播，並將沖繩講者的發言現場翻譯成中文，卻沒有日文同步口譯將臺灣講者的發言轉達給現場的沖繩來賓，「很遺憾，因為我不懂中文，所以今天各位臺灣朋友們表達的意見，我全都無法理解。」這些特地來臺交流的沖繩公民倡議者當場就向主辦反應，其中一人事後也找上張彩薇幫忙，希望瞭解臺灣代表在這場交流中究竟說了些什麼。

「結果我在錄影畫面中看到，與他們對談互動的人，竟有竹聯幫出身的中華統一促進黨總裁張安樂。」張彩薇指出，沖繩方面事前完全不知張安樂等人的爭議背景，論壇中的雙邊對話也一直處於雞同鴨講，甚至是不完全翻譯的破碎狀態。例如，沖繩講者在分享中表示，如果美軍基地撤出沖繩，他夢想有一份國際和平條約來共同保證整個第一島鏈作為「國際非軍事區」的地位，不僅針對美國，也要約束中國不能在這個區域進行軍事部署、介入，甚至趁虛而入將沖繩作為解放軍進入太平洋的基地。「然而，現場的中文翻譯只強調了美國撤出，卻完全略去了講者要求『中國去軍事化』的發言。」張彩薇說。

儘管沖繩方面一直強調和平教育與記憶的傳承，但張安樂等人卻不斷將話題引向「琉球獨立」。他們一邊高喊「美國滾出亞洲」，一邊卻又聲稱臺海問題「屬於中國內政」，甚至表示解放軍「只會對臺獨分子使用武力」，因此不算戰爭行為。沖繩方面原本對公民交流滿懷期待，誰知卻在錯愕與失望中，結束了這場充滿資訊落差的震撼教育。

不過，張彩薇再三強調：資訊落差所引發的混亂狀況，反倒再次證明了臺灣公民社會應積極「向外對話」的必要性。儘管這個過程中充滿了混亂、尷尬，甚至是特定政治目的的見縫插針，但透過不斷的互動、理解與接觸，沖繩的知識圈與社會輿論確實也逐漸理解「臺灣有事」

在軍事對抗之外的其他面向。

例如，二〇二三年九月的第三次沖臺對話，就邀請了多名中國學者出席分享他們理解的臺灣問題。演講中，雖然中國學者反覆強調「臺灣有事是虛構的」、「中國追求和平統一的心意從未改變，煽動局勢緊張的責任來自於臺灣當局。」但沖繩聽眾卻能單刀直擊地提問：「在看到香港的下場後，世界該如何信任中國的和平統一？」「如果臺灣人公投獨立，中國又會如何回應臺灣人的民主意志？」

對此，中國學者現場表示：「香港仍是一國兩制的成功故事，就算是在《港區國安法》之下，香港市民依然能『合法遊行』。[6]」至於臺灣獨立的公投問題，他們則複誦了中國官方說法：無論有沒有公投，「臺灣的前途都只能由全體中國十四億人民決定。」

但這樣的回應，不僅當場就遭到沖繩學者批評。共同協辦講座的《沖繩時報》也刊出帶有質疑的社論，中國雖然口頭支持沖繩的和平理念，但在壓迫弱小的態度上，卻讓沖繩人想到自己被美國與日本差別對待的歷史，「這不叫作尊重人民的自決權，而是另一個大國的霸權嘴臉，」《沖繩時報》的編輯委員阿部岳，在講座翌日的社論寫下，「這種表情，沖繩已經看得夠多了。」

「和日本、美國比起來，臺灣和沖繩都是力量薄弱的島嶼，所以一旦好像稍微往中國靠近一點，就會被當成『親中派』，搞得我們也戰戰兢兢。」宮原麻奈美表示：「站在沖繩的立場看，我們仍在試探怎麼樣的距離才是最合適的。我也不希望沖繩人加入大國的權力遊戲、只能選邊站，所以必須先跳脫大國的框架，以島嶼作為主體，來加強臺灣和沖繩之間的交流和理解。」

「現在，我也開始有信心能和臺灣交換石垣島與沖繩人的故事與想法。」訪問結束後，宮良也特別向採訪團隊發來一封補充信，她說自己正在積極學習包括中文在內的其他語言，並很希望能和不同意見持續對話，「我想繼續研究我對臺灣的誤解和不瞭解。我也希望臺灣人能以同樣的心情瞭解沖繩。」

1　〈石川文洋さんが見た戦争の本質〉，《琉球朝日放送》，二〇一四年五月二十七日。

2　受害學生的哥哥，後來透過《沖繩時報》向山城博治喊話，強調受害者與家族都支持與理解學生的抗爭，這才讓山城釋懷。

3　美軍基地面積÷行政區土地總面積＝平均基地負擔比，這指的是「區域內美軍基地占土地的比例」。以沖繩全縣為例，八・一％的沖繩縣土地被美軍基地占用。然而，在沖繩以外，美軍基地負擔比最高的神奈川縣也僅有〇・六一％。

4　〈東アジアに広がる「いまどきの『独立』」〉，《Yahoo!ニュース》，二〇一七年二月九日。

5 「政治参加と沖縄に関する世論調査」，https://prj-ipa.w.waseda.jp/wp-content/uploads/2023/06/ReportOkinawa2022compressed2.pdf。

6 〈香港「掛繩遊行」成新常態《國安法》下「遊行之都」的殞落〉，《BBC NEWS 中文》，二〇二三年四月三日。

2

從日本的「新戰前」焦慮，到「臺灣有事」的日臺認知落差——專訪慶應義塾大學總合政策學部教授小熊英二

文字——許仁碩

日本前總理安倍晉三[1]於二〇二一年提出的「臺灣有事即日本有事」（台湾有事は日本有事），在臺日兩國引發廣泛討論。在臺灣，許多人將此視為日本政府對臺灣安全的明確承諾而感到振奮。但幾年過去，接受我們專訪的日本慶應義塾大學總合政策學部教授小熊英二卻指出，臺日之間對「亞洲安全」的認知仍存在巨大落差，日本至今仍未形成東亞區域安全的共識，無論朝野政治人物或社會輿論都不是真心認為日本會被捲入戰爭，更別說淪為戰場。

小熊英二強調，臺日公民社會不能僅仰賴政府層級的高層交流，而必須積極展開輿論對

話，「萬一臺海真的開戰，即便日本政府決定站在臺灣這邊，屆時如果日本社會輿論反對，無論日臺政府間的關係再好，也很難全力幫助臺灣。」

連王牌主持人塔摩利都悲觀的國際局勢

二〇二二年十二月底，日本最老牌的談話性節目《徹子的房間》（徹子の部屋），邀請了演藝圈的老牌主持巨星塔摩利上節目。當時，主持人黑柳徹子趁著歲末年終，請來賓說出對新年的展望，諧星背景的塔摩利猶豫了一下，說出令人驚訝的沉重發言：「沒有人能預測未來的情況。但怎麼說呢，大概會步入一個『新戰前』時期吧。」

塔摩利在節目中沒有說出預測的理由，也沒有解釋「新戰前」指的是什麼，但日本媒體和社群網路對這句話卻非常有感，「新戰前」一詞甚至成為二〇二三年日本新語・流行語大賞提名的年度關鍵字之一——這一方面是因為從二〇二二年開始，日本接連見證了俄羅斯入侵烏克蘭、前首相安倍晉三遇刺、裴洛西訪問臺灣與中國圍臺飛彈軍演的臺海緊張局勢，動盪氣氛讓全世界同感不安；二方面就連長年與政治保持距離的資深主持人，都對未來發出了嚴肅警告，日本面對的世局嚴峻可見一斑。

而在近年，日本自民黨政府不僅大幅增加國防預算，還加速在沖繩群島軍事部署，積極與美國等盟軍聯合軍演。國際輿論普遍認為，日本是因為中國軍事威脅升高而積極準備，臺灣方面更有不少意見大膽以為，這是日本政府對於「臺灣有事即日本有事」的連動戰略動作。但這樣的外部解釋，是否準確敘述了日本內部的實際政治動態？

為了釐清「臺灣有事」在臺日之間的討論脈絡與可能誤解，我們特別專訪了日本慶應義塾大學教授小熊英二。一直以來，小熊英二的研究都關注在東亞的民族與國家認同，[2]也非常關心日本、東亞與世界各國的公民社會與民主互動。除了教學和研究，他也是日本重要媒體《朝日新聞》的評論員，時常發表日本社會與政治政策的針砭見解。

在本次專訪中，小熊英二解釋了日本戰後的政治經驗，指出為何「國防只是假議題」的成見至今仍根深柢固。在中國日漸加劇的窮兵黷武與威權本質下，日本對中國的觀感經歷了哪些轉變？而對於有著慘烈戰爭歷史並長期承擔美軍基地壓力的沖繩，他們對安全現況的理解，與日本本土有何不同？臺灣又該如何運用公民社會與臺灣經驗，推進關鍵的「社會對話」，促進日本、沖繩與國際社會對臺海和平的理解與支援？

以下是我們對小熊英二的專訪，經過翻譯潤飾的摘要。我們的提問以黑體字呈現。

政府和輿論長期認為「日本不可能被捲入戰火」——為什麼你認為日本並不真的理解「臺灣有事」的含義？

小熊英二（以下簡稱小熊）：

首先，我想說明一個大前提——長期以來，日本在政治與安全問題上，實際上與東亞各國缺乏相互瞭解，原因可追溯到冷戰時期美國主導的東亞戰略。

一九四九年北大西洋公約組織（NATO）的成立，讓美國與歐洲盟國之間形成軍事聯盟，成員國藉此平臺進行軍事合作、戰略互補。但亞洲的情況卻截然不同。戰後，日本、韓國與臺灣雖然各自與美國簽署了共同防禦條約，但這些條約卻是平行存在、從未整合，並形成了一個以美國為戰略核心的軸輻系統。由於冷戰時期，美國在東亞的軍事優勢很強大，日韓臺三國只需各自保持與美國的密切關係就足以保證安全，因此長期下來，彼此間並沒有動機去增加橫向連結和互相瞭解。

另外，地理上的鄰近並不等於關係友好。若要在東亞展開對話，就必須面對戰爭與殖民的歷史問題。在建立北約和歐盟的過程中，歐洲國家努力克服了這些歷史包袱，像是法國與德國之間的歷史和解早在一九五〇年代就開始對話。相比之下，戰後的臺灣和韓國長期處於威權體制，日本對臺韓較友好的團體也大多屬於執政的親美保守派，這些人對殖民過往毫無反省，與其關係密切的韓臺人士也無意觸碰歷史矛盾。因此，時至今日，日本與臺灣、韓國之間仍缺乏真正的歷史修復與相互理解。

此外，還有一點非常重要——戰後的日本，幾乎沒有認真思考過「日本會成為戰場」的可能性。例如一九五一年左右，當時的吉田茂[3]內閣曾對激戰中的韓戰進行各種情境討論。儘管韓半島戰場距離日本本土僅二百多公里，中共部隊當時又已經參戰，各方共集結超過五百萬大軍激烈戰鬥，但根據當時的政府內部文件，日本政府與學者們仍普遍認為「日本不可能被捲入戰火」。

或許這對臺灣人來說有些刺耳，但根據日美相關史料，即便在冷戰最緊張的一九五〇年至一九六〇年代前半，日本政府都不曾認為日本會成為戰場。[4]當時，日本和美國政府都判斷，就算遠東地區[5]爆發戰爭，衝突只會發生在臺灣或韓國，不會直接威脅到日本。即使有國家出兵攻打了臺灣或韓國，對方也沒有必要冒著巨大的風險登陸日本本土，因此當時認定在日本爆發地面戰的可能性幾乎為零。不過，這裡所指的「日本」並不包括在一九七二年前仍處於美軍占領下的沖繩，關於這一點，我會在後面詳述。

直到今天，日本仍大致沿襲著冷戰時代的安全思維。無論是政府、政治人物還是社會大眾，都不相信戰爭可能影響、甚至發生在日本，更別提就事論事地通盤檢討國防政策。

臺灣積極應對的「新戰前」並不是日本擔心的「新戰前」——但這兩年國際局勢快速惡化，日本輿論也開始出現我們正步入「新戰前」的焦慮？

小熊：確實，日本社會有些人開始將目前的情勢稱為「新戰前時代」並感到相當憂心，呼籲日本應該警惕並預防戰爭的發生。然而，日本談的「新戰前」與臺灣人的理解，可能不是同一個概念。

對臺灣來說，「新戰前」可能會聯想對中國軍事侵略的擔憂，所以臺灣需要強化自我防衛；但對日本人而言，這個概念更多反映了對「重回二戰前夕的威權政治」或「因美國的戰爭而遭受影響」的恐懼——因為日本人普遍認為日本不會遭受直接攻擊，也不會主動攻擊他國，所以對戰爭缺乏真實感，這與臺灣長期受中國軍事威脅的經驗有很大不同。

在日本的政治脈絡中，國家防衛政策的重大變動並不總是基於實際的安全考量。一九五〇至一九六〇年代的日美安保條約問題，便是這一趨勢的重要轉捩點。

一九五一年簽訂的《日美安全保障條約》（舊安保條約），主要目的是在《憲法》第九條[6]禁止日本保有軍隊的框架下，為美軍駐日提供法律依據，當時並未規定日美間的協防義務，也有規定允許美軍出兵鎮壓日本的內亂，顯示兩國地位並不對等。因此，當一九六

日本慶應義塾大學總合政策學部教授小熊英二（攝影：許仁碩）

〇年時任總理岸信介[7]簽訂新版《日美安保條約》（新安保條約，即目前通指的《安保條約》）時，刪除了允許美軍出動鎮壓內亂的規定，並加入類似於共同防衛義務的條款。然而，這並非因為當時日本面臨安全威脅，而是為了象徵日美兩國的對等關係而提出之要求。

更重要的是，日本社會反對新安保條約的原因，在於阻止保守派復辟戰前體制的企圖。這些保守派政治人物大多在戰前成長並擔任要職，當時的他們不僅希望修改日本《憲法》恢復軍事力量與交戰權，還計劃取消《憲法》對言論出版自由、勞工權利、性別平等、縣知事的直選，甚至禁止酷刑等對人權與自由的保障。像是岸信介擔任會長的自由黨[8]憲法調查會在一九五三年提出的修憲方案，正是這派意見的集大成。

從當時日本人的角度來看，那些主張強化防衛力的政治人物，基本都是這樣極度保守、以「國家安全」為藉口、但真正目的是恢復戰前體制的那群人。事實上，一九五二年四月盟軍結束對日本的占領、讓日本恢復主權後，許多被「公職追放」[9]的戰前政治家迅速復出。到一九五二年底的日本眾議院選舉中，四二%的當選議員都有戰犯、協助戰爭者、殖民地官員或軍國主義者的公職追放紀錄。隨後，保守且強硬的岸信介在一九五七年成為首相，這更加深了日本輿論對「走上戰前回頭路」的危機感。

簡言之，日本一九六〇年的反安保運動，表面上涉及外交與國防議題，但核心則是圍繞戰後民主化而展開的內政攻防。再加上前述的東亞各國互不理解卻又依附美國的軍事同盟結構，讓日本的各個政黨，都對真正的戰場——也就是韓國與臺灣受到的軍事威脅——缺少關心、理解與務實的防衛對策。

如今，日本仍深陷類似於反安保抗爭時期的結構性困境。坦白說，我認為那些主張強化國防的保守派政客，並未認真規劃有效且合理的防衛政策。即便他們不斷增加軍購預算，但像「日本的假想敵究竟是誰？要如何有效配置有限的兵力？」這些關鍵問題至今仍缺乏實質討論。而日本進步派又只專注於阻止社會變得保守化，擔心強化軍力會導致日本的民主倒退——這兩者是否必然相關是另一回事，但在日本的歷史脈絡中，對抗外部威脅確實常被用作集中權力的藉口。

日本朝野政黨看似在國防議題上對立，但實際上它們都不認為有「敵國」威脅日本本土。即使近年國際情勢有所改變，但日本社會仍舊傾向認為：國防只是假議題，政治對立的根本原因，實際上仍是取決於如何看待戰後民主化。此一成見至今仍深深影響了當前關於「臺灣有事」的討論。

香港反送中是日本對中國觀感的轉捩點——除了近年熱絡的「臺日友好」氛圍，日本社會對中國日漸增強的負面觀感，是否影響了日本整體民意對於中國威脅的認識？

小熊：要分析日本對中國的觀感變化，仍得從歷史開始談起。

首先，直到一九八〇年代為止，日本對中國的印象除了「落後」之外，更重要的是「罪惡感」，即便是肯定殖民統治或認同大東亞共榮圈主張的日本保守派人士都不例外——他們有的人仍認為「和美國開戰是無可避免的」，或者主張日本攻進東南亞是「對抗英國、美國、荷蘭對亞洲諸國的殖民壓迫」，但當中也有不少人，對於日本侵略中國的行為感到歉疚。最典型的例子，就是前日本首相橋本龍太郎。[10] 橋本龍太郎親近的家人死於戰爭，在他當上總理之前，他曾是日本遺族會[11]的會長，經常參拜靖國神社，對戰爭歷史的立場保守。在橋本龍太郎的眼中，當年日本對美國開戰並非全然師出無名，但他也不得不承認，日本當時對中國的行為就是侵略。

在日本上一代的政治人物中，其實有不少人對中國保持相同態度。因為二戰期間，數百萬的日本士兵被派往中國戰場，他們親眼目睹了戰爭的殘酷與破壞，這樣的歷史經驗是很難從集體記憶中抹去的。像是一九七〇年代擔任日本首相的大平正芳、[12] 福田赳夫、[13] 田中角榮[14] 都曾在戰爭期間派駐中國，對於日本在中國犯下的錯誤，他們都十分清楚。據說大平正芳還曾被迫參與一些不正當交易（在中國占領區進行的鴉片毒品貿易），這也是眾所周知的事。

因此，這種罪惡感是深植於日本社會中的，尤其是在一九八〇年代之前。當時的日本人對中國抱有深深的罪惡感，某種程度也影響了日本的中國政策，特別是在田中角榮和大平正芳成為首相之後，這種罪惡感更直接變成對中國的親善與外交援助，日本民眾對中國的好感度也來到了歷史高峰，這當然受到日中建交、中國改革開放等政經因素影響，但最根本的原因，還是日本人對中國懷抱著的集體罪惡感，希望藉由改善日中關係來贖罪。於是，「對中國應該友好深交，但臺灣與韓國則是應該批判的獨裁國家」即是日本、特別是進步派政黨直至一九八〇年代末期的普遍理解。然而，一九八九年六月四日的天安門事件卻讓日本人的中國觀感發生了重大轉變。

我也經歷了那個時代，對於天安門事件爆發當下給日本的衝擊，至今我仍記憶猶新。當時日本的知識分子，對屠殺學生的中國政府感到非常失望，但由於歷史上的罪惡感和經濟投資的影響，日本社會仍希望繼續與中國加深關係。到了二〇〇〇年代至二〇一〇年代初期，中國公民社會的崛起不僅讓日本、就連美國都抱有極大期待，認為中國有機會走向更自由開放的道路。然而，隨著習近平上臺後的高壓統治，這些期望再次落空，日本及歐美各國對中國的觀感因此同時轉向負面。

但真正打破所有樂觀想像的事件，則是二〇一九年的香港反送中運動、以及中國隨後對港人自由與公民社會的全面鎮壓。我曾在二〇一四年雨傘運動時前往香港，對香港的公民社會有一定的觀察與瞭解。可以說在習近平政權鎮壓香港之後，日本知識分子和社會輿論對中國終於真正死心。

但要再次強調，在日本，「不喜歡中國」與認為「中國是安全威脅」是兩回事——以冷戰時期的日俄關係為例，有研究分析了一九六〇至一九八〇年代的日本民調，發現日本人對「蘇聯的反感度」與「是否認為蘇聯威脅日本的安全」之間，並沒有明確關聯。因此，不喜歡某國並不代表嚴肅看待該國的軍事威脅。戰後日本的國防意識，大概就是這種程度而已。

在沖繩的戰爭歷史與基地經驗裡，美國就等於美軍——面對中國的軍事擴張和日本的增強基地部署，是否對長期反對美軍基地的沖繩，帶來新的變數與壓力？

小熊：儘管沖繩深受基地負擔所苦，且被日本當作防衛最前線，但我認為沖繩本島對「中國威脅」的觀點，與日本本土並沒有太大的不同。雖然日中兩國在尖閣諸島（臺灣稱釣魚臺列嶼）屢生摩擦，但該地離沖繩本島非常遙遠，對大部分人而言事不關己；而最近受中國軍事演習影響的與那國島、石垣島、宮古島、波照間島等先島群島，同樣和沖繩本島有數百公里之距。

在日本和平運動中，沖繩的反基地抗爭有著相當重要的地位，更是日本反軍事化運動和反美論述的代表案例。戰後初期，美軍基地遍布日本，全國各地都曾爆發反對美軍基地的抗爭。但因為日本和平運動對日美政府造成很大的政治壓力，美軍從一九五〇年代開始，便將駐日軍事力量從日本本土，逐步轉移到仍受美國軍政統治、反抗難度較高的沖繩，最終導致超過七五％的駐日美軍基地集中於此。

二次大戰期間的沖繩戰役，使該地失去了四分之一的人口，幾乎每個沖繩家庭都有親友死於這場戰鬥，這是非常深刻的慘痛記憶。此外，沖繩在一九四五年至一九七二年間受到美軍的軍政統治[15]——當時統治沖繩的不是民主的美國政府，而是美軍。雖然美方當時設有琉球民政府和琉球議會，但在地的美軍司令官仍握有否決權和立法權，所以美軍的命令就是法律，可以隨意徵用沖繩人的土地，軍人在沖繩犯罪也不受當地法律追究。這就和日本殖民時期的臺灣總督府[16]沒什麼兩樣。

儘管在一九七二年沖繩行政權被歸還給日本後，沖繩人的政治權利有所提升，但美軍基地負擔卻未減少，在沖繩犯罪的美軍士兵仍因《日美駐軍地位協定》而難以被日本法律制裁。即便至今，沖繩人仍常遭遇或聽聞身邊親友被美軍欺凌，因此沖繩社會對美國的不信任感，並非源自抽象的意識形態反美，而是基於非常普遍且具體的創傷經驗。

不過，沖繩反基地運動也面臨世代差異和城鄉距離的挑戰。對在沖繩回歸前出生的上一代人來說，美軍基地象徵威權的軍政統治，懷抱疑美論的情緒也不難理解。不過基地問題雖然仍未解決，沖繩人的處境仍比美軍統治時期改善，不同世代對基地問題的集體記憶和關注程度亦有明顯差異。

此外，沖繩大約一半的人口集中在那霸或首里的都市區域，對這些城市的年輕一代而言，美軍基地的問題似乎離他們相當遙遠。像是目前建設中的美軍基地位於邊野古，距離那霸就超過六十公里，對他們的日常生活幾乎沒有直接影響。

但對於沖繩居民而言，美軍基地問題不僅是美軍士兵犯罪等造成直接傷害的問題，更代表著對無意解決此問題的日本政府的不信任。日本本土與沖繩之間在政治與經濟上存在結構性不平等，而龐大的美軍基地正是這種不平等的象徵。因此，即使是未經歷過美軍統治的年輕人或住在距基地較遠的都市居民，對美軍基地也多持負面看法。然而，沖繩的知識分子雖能批判這些不平等，卻未必能提出讓當地人滿意的解決方案。因此，沖繩居民，特別是年輕一代的想法，其實也非常複雜。

不過，在沖繩新一代的公民社會中，已有不少年輕人積極透過國際新聞瞭解美國與臺灣的觀點，進而認為沖繩方面也應該對中國升高的軍事威脅提出相應論述。但就我觀察，這些想法還停留在抽象層次，無法和臺灣人面對中國威脅的具體危機感相提並論。

想要尋求國際支持的臺灣，必須更努力理解對方的心情

——如果日本和沖繩對中國威脅的理解與臺灣差異如此之大，臺日沖三方的對話是否還有必要？理解彼此的溝通又該從哪裡開始？

小熊：因為是對臺灣媒體，我也就直說了——如果臺灣想要尋求對話，首先必須得瞭解對方的心情。從臺灣人的角度來看，跟中國的關係、國防都很重要，這我也完全理解。但臺灣如果真的希望在安全議題上與沖繩合作，就必須先瞭解沖繩人的想法、煩惱與期望，我不太建議在一開始就拿出中國議題。如果臺灣人擺出跟東京政府、美國、甚至美軍沆瀣一氣的姿態，恐怕不可能打動沖繩人的心。

對沖繩人來說，美軍基地不僅是負擔，更是日本本土與沖繩之間不平等的象徵。若東亞爆發戰爭，沖繩的美軍基地可能成為攻擊目標，沖繩平民將面臨捲入戰火甚至喪命的風險；但若沒有美軍基地，沖繩或許不會成為攻擊對象。站在沖繩人的立場，他們自然會質疑：為何沖繩要承擔基地的壓力，還得因他人的戰爭而陷入危險？這樣的疑問與沖繩戰的記憶緊密相連，當時美軍為了攻擊日本本土而進攻沖繩，導致四分之一的居民喪命，戰後還經歷了美軍軍政的痛苦。

當然臺灣人可能會覺得「這些事情又跟臺灣沒關係，為什麼要我們去瞭解沖繩人的想法？」但希望大家可以想像一下：如果有東京的知識分子或政治人物，只顧自己的立場，站在道德高地要求臺灣人應該要一起反對提升國防、反對日美安保條約，臺灣人應該也會覺得這些人「根本不瞭解臺灣人的處境」而嗤之以鼻吧？

我理解臺灣人民捍衛民主的願望，尤其在目睹香港近十年的變化後，更能體會這種心情。然而，現實中，我們很難期待一般日本人或沖繩人會站在臺灣人所期待的立場上思考。萬一臺海真的開戰，即便日本政府決定站在臺灣這邊，屆時如果日本社會輿論反對，無論日臺政府間的關係再好，也很難全力幫助臺灣。

若希望臺灣能被更多人理解，必須先同理日本和沖繩的處境，並持續展開對話，讓日本人有機會進一步思考並尊重臺灣民主的價值。若缺乏這些溝通過程，僅訴諸日本社會的反中情緒，恐怕難以實現真正的相互理解與支持。同時，我希望日本政府不要以抽象的軍事威脅為藉口推動政治保守化，並應避免擦槍走火引發軍事衝突。我相信，這兩種情況都是臺灣人所不樂見的。像是麻生太郎二〇二三年訪臺的發言[17]就過於輕率，雖然這很有他的風格，在臺灣或許也很受歡迎，但我建議臺灣應多加留意、不要太依賴個別日本政治人物的發言比較好。真正負責任的政治人物，才不會如此輕率地評斷重要議題。

我相信公民社會的對話是有用的，日本的社會運動、民主派都應該在充分考量臺灣的立場之下，務實地與臺灣交換意見。透過臺灣來分享民主與安全遭遇戰爭威脅的實例與經驗，也能幫助日本思考什麼才是有效的做法。也許日本會下定決心強化國防力量，或者出現另一種更具創造力的和平策略，但我們必須積極對話才能知道。

至於對話要如何開始呢？我認為臺灣有很多珍貴的經驗。例如，臺灣爭取民主的歷史，應該能引起長期面對外來壓迫的沖繩人共鳴；或是中國透過貿易和觀光擴大影響力，這些都是切身相關的議題。從這些共同議題開始談起，相信最後都能發現彼此最大的交集，就是不希望東亞爆發戰爭。

當然，在對話開始後，可以想見會出現許多難題。比如，若要維持東亞的軍事均衡，應由誰來承擔代價？如果沖繩因美軍基地受苦，臺灣能為此做些什麼？以及到底要部署到何種程度，才能有效嚇阻中國？然而，我們絕對不能忘記的是，臺灣、沖繩和日本之間不能抱持著以鄰為壑的想法，臺灣的安全不該以沖繩的人權或日本的民主為代價，但相對的，我認為臺灣人也大可抬頭挺胸地問：「難道你們要坐視臺灣的民主被踐踏嗎？」臺灣不能忽略沖繩對戰爭再臨，以及日本對威權復辟的恐懼，但日本與沖繩也不應以為自己能對臺灣隔岸觀火。這是我們彼此都得正視的課題。

1 安倍晉三（一九五四—二〇二二），二〇〇六年九月至二〇〇七年九月，二〇一二年十二月至二〇二〇年九月，共出任四任日本首相（內閣總理大臣）。二〇二二年七月在奈良遇刺身亡。

2 小熊英二的著作在臺灣廣受討論。他的代表性作品《「日本人」的界限》試圖擺脫傳統的「親日／抗日」框架，描繪出包括在臺灣在內、那些在大日本帝國中受到壓迫的族群，如何在殖民體制中掙扎的拉扯、搖擺與苦惱。小熊英二也關注戰爭對社會和個人層次的交織牽引，他在《活著回來的男人》以自己父親身為底層市民的經歷視角，記錄了他在戰前的生活、被送往滿洲國打仗、從西伯利亞戰俘勞改中倖存，以及如何活著回家重建生活的故事，深刻反思了戰爭對於「普通人」的影響與時代意義。

3 吉田茂（一八七八—一九六七），一九四六年五月至一九四七年五月，一九四八年十月至一九五四年十二月，包括最後一任《大日本帝國憲法》下的首相在內，共出任五任日本首相。

4 從一九五〇年六月韓戰爆發開始，美蘇冷戰接連還有一九五四年第一次臺海危機、一九五六年蘇聯軍事鎮壓的匈牙利革命、一九五七年八二三炮戰、一九六二年古巴飛彈危機等，一系列可能觸發世界大戰的重大國際衝突危機。

5 根據日美政府在一九六〇年簽署《美日安保條約》裡的默契，日本理解的「遠東地區」為：菲律賓以北，包括臺灣、韓國，以及日本周邊地域。

6 日本《憲法》第九條的中文譯文為：「一、日本國民衷心謀求基於正義與秩序的國際和平，永遠放棄以國權發動戰爭、武力威脅或武力行使，作為解決國際爭端的手段。為達到前項目的，不保持陸海空軍及其他戰爭力量，不承認國家的交戰權。」

7 岸信介（一八九六—一九八七），一九五七年二月至一九六〇年七月，共出任兩屆日本首相。

8 一九五〇年一九五五年之間存在的日本保守派政黨，一九五五年後與日本民主黨合併為如今的自民黨。

9 二戰結束、日本投降後，駐日盟軍總司令部（GHQ）為了避免日本軍國主義，針對戰犯嫌疑人、舊政府要員、日本派駐殖民地官員、具軍國主義傾向者等，頒布的剝奪公職政策與公職禁令。

10 橋本龍太郎（一九三七—二〇〇六），一九九六年一月至一九九八年七月出任日本首相。

11 日本在第二次世界大戰後由戰死日軍遺屬所組成的全國聯合組織，主張日本政府官員應參拜靖國神社等要求，被認為是日本右翼團體。

12 大平正芳（一九一〇—一九八〇），一九七八年十二月至一九八〇年六月出任日本首相。

13 福田赳夫（一九〇五—一九九五），一九七六年十二月至一九七八年十二月出任日本首相。

14 田中角榮（一九一八—一九九三），一九七二年七月至一九七四年十二月，共出任兩任日本首相。

15 指美國統治琉球時期：一九四五年六月二十三日至一九七二年五月十五日，沖繩人稱之為「美國時期」（アメリカ世／あめりかゆ）。

16 臺灣在日治時期的最高統治機關。

17 二〇二三年八月，日本前首相、自民黨大老麻生太郎訪問臺灣，並在凱達格蘭論壇發表演講。發言中，麻生太郎呼籲應對臺海局勢做最壞打算，並強調為了達成嚇阻侵略的目的「必須有不惜一戰的覺悟」。當時，日本輿論對於麻生太郎的在臺發言反應激烈，儘管自民黨人士紛紛發言為麻生緩頰，強調這只是他的個人演說風格，但日本社會輿論大多認為麻生太郎的發言過於魯莽且危險，對於穩定臺海局勢並沒有實際幫助。

3

面向日本和沖繩，臺灣人該怎麼論「臺灣有事」？

——專訪中研院臺灣史研究所副研究員吳叡人

文字——張鎮宏

自「臺灣有事」一詞出現以來，中研院臺史所副研究員吳叡人便忙於往返臺日兩地，積極參與促進日本認識臺灣的各種交流對話。

「自古以來，活在臺灣就是一件很拚命的事。」這句話不僅是吳叡人在中研院臺史所多年的研究心得，更是生活在這座島上的歷代人們所傳承的現實經驗。他常說，臺灣自古以來就是充滿各種挑戰的險峻之地，島民們不僅得克服自然天災，還得面對歷史與政治所帶來的內憂外患，「所以臺灣公民好像每兩年就得出來『救國』一次，要在這裡生存真的累死人。」

國際輿論中，臺灣有時被看作世界上最危險的地方，有時又被稱為世界和平的關鍵。然而，這些討論往往缺乏對臺灣處境的深入理解，甚至忽略了真正的臺灣觀點。這種互不瞭解的狀態讓各國有識者感到焦慮——尤其是與臺灣關係密切，並受地緣政治和歷史複雜牽連的日本。

「儘管我們常說『臺日友好』，但臺灣和日本其實是『既近且遠』。我們對日本的生活文化和經濟很熟悉，但在政治與思想上，雙方的認識卻有很大的落差。」吳叡人指出，近年圍繞「臺灣有事」的爭論，正是臺日之間認知差距的具體表現。

在臺日學界之間，吳叡人是最積極為「觀點搭橋」而奔走的臺灣學人之一。事實上，二〇二三年八月，當我們因臺海危機前往沖繩採訪時，就發現，無論是東京的臺日記者、在美軍基地旁任教的大學教授、石垣島的公民運動家，甚至是在與那國島海岸隱居的退休島民，一路接觸的日本與沖繩受訪者都反覆提及吳叡人的名字。

一方面，因為吳叡人的《受困的思想》等幾本重要著作，從二〇二一年起在日本陸續出版。同時間，又接連有中國圍臺軍演、日本擴大沖繩基地部署、美中對峙加劇等一連串變化。「臺灣有事」因此成為日本的熱門話題，曾在早稻田大學任教、並長期與學界保持深厚交往的吳叡人，自然被日本學界視為這波「臺灣熱」的「臺灣意見代表」——但臺灣、日本、沖繩三方相互理解的對話遠非一帆風順，反倒充滿火藥味的立場辯論。

中研院臺灣史研究所副研究員吳叡人。（攝影：蔡昕翰／報導者）

像他在日本的多年好友——專門研究日治時期臺灣殖民史、且長期參與臺日交流的京都大學教授駒込武——就特別為吳叡人設下了一個「善意的局」。吳叡人回憶道：「二〇二三年六月，我受邀前往京都大學參加『認識臺灣』系列講座，[1]原本的發表主題是連溫卿、[2]史明[3]和臺灣左翼思想傳統。然而，主辦人駒込武教授突然告訴我，邀請我來的真正目的，是希望藉當前國際緊張局勢，促成一場臺灣—日本—沖繩的和平理解對話。」

吳叡人也深知，這是駒込武為了推動臺灣對話所設計的「好意挖洞」，因為對於臺灣安全的討論已被捲入了日本的政治意識形態對立，日本與沖繩的輿論對臺灣的誤解也日益加深，到了不得不嚴肅面對的地步。

以下是我們與吳叡人的訪談，希望藉此深度對談，讓讀者更瞭解日本政治環境與左右意識型態對立下，是如何解讀臺灣；面對既近又遠的日本，臺灣又能怎麼思考、結盟、行動，並清晰解釋我們的「保臺論述」？

我們的提問以黑體字呈現。

從否定臺獨到學習臺灣的民主，日本左翼知識界遲來的對臺轉向

——你熟悉日文，在日本授過課，也長期研究日本政治和歷史，日本長期存在政治意識形態的對立——右翼強調國家傳統與日本的優越性，在政治上主張修憲、恢復軍事力量，讓日本重回戰前的「正常國家」；左翼強調民主與進步價值，強調日本應該反省歷史責任，堅持守護「和平憲法」[4]並拒絕戰爭——但臺灣為什麼會被捲入日本內部的左右矛盾，我們又該怎麼理解背後的原因？

吳叡人（以下簡稱吳）：

戰後的日本左翼和自由派知識分子普遍抱持著某種「反臺灣」的態度。這種態度的形成，

源於二戰結束後，日本對戰爭的罪惡感和愧疚，這些情感被轉化成一種「補償中國」的贖罪心態。再加上當時國際左翼的世界觀影響，他們習慣從中共的視角來理解大中華歷史，甚至包括整個東亞的近現代史。所以臺灣僅被視為「保守威權、軍事獨裁的蔣介石政府」的同義詞，是中國的一部分，甚至被認為是尚未「被進步的中共革命」解決的未竟課題。但在這種觀點下，「臺灣人」不僅沒有角色，甚至被當成「根本不存在」。

雖然臺灣人戰前戰後前往日本發展的人不少，但以戰後流亡至日本的臺灣獨立派為例，他們雖然同樣反對蔣介石、反對威權保守，可是這些臺灣人對於「狗去豬來」[5]的悲嘆，卻被指責是對戰前時期、甚至是殖民主義的美化，因而被日本左翼視為一種更微不足道、更邊緣，甚至必然會被淘汰的「右翼團體」。

像王育德[6]這些早年的臺獨知識分子，思想其實是很進步派的，但他仍被日本左翼排擠、欺負得很厲害。到最後大家被逼得沒辦法，只能真的與日本右翼結盟合作，所以王育德才說過「不惜與魔鬼握手」，那是對自己弱小無力的怨恨悲嘆。

一直到一九九〇年代，臺灣開始民主化，臺灣人突然之間開始被世界看見，這種扭曲的日臺認識才出現改變的契機。我認為其中一個原因是李登輝，他是受日本戰前教育的教養主義[7]的代表之一，但這種「哲學家皇帝」類型的領導人，當時在日本已經絕跡。所以李登輝的出現，包括他的淵博知識與思想厚度，就連日本進步派的知識分子都感到非常驚豔。

但另一個更大的因素則是臺灣的民主化，因為透過民主、透過投票，臺灣人民的主體性終於得以浮現，這非常切合日本左翼進步派所認同的價值觀。於是在他們眼中，臺灣才開始可以慢慢成為自己，不必再依附於中國，尤其是中共所主張的歷史敘事中。

二〇〇一年，日本漫畫家小林善紀的《臺灣論》發行中文版，內容所鼓吹的殖民地肯定論與否認臺籍慰安婦的爭議，在臺灣與日本之間引發了非常激烈的辯論。

《臺灣論》風波讓我們發現一個很大的問題——臺灣這邊並沒有一套進步的獨派論述。所以當時在面對日本進步派與臺灣左統批評「臺獨都是右翼」這樣的攻擊時，臺灣本土派是幾乎沒有回嘴的能力，因為他們從來沒有思考過這個問題，也不瞭解日本為什麼會用這種方式去思考？

當時，像是金美齡[8]這些早期的旅日臺獨人士，就選擇延續過去的路線，覺得「反正只要能推銷臺灣，用什麼方法都可以」，而與小林善紀積極結盟。早年這些人與日本右翼合作，是希望藉日本右翼之力為臺灣在日本爭取能見度和發言權，但久而久之，他們就真的成為了日本右翼的一部分。而日本右翼在和臺獨結盟反共、反中國之餘，也時常利用這些臺獨人士來佐證日本保守價值的優越性，更甚者還會剪裁歷史、試圖讓臺獨結盟為日本右翼的「殖民地肯定論」背書，藉此強調他們恢復戰前傳統的正當性。

但到了我和我弟弟吳豪人[9]這輩「戰後第二代」到日本後，就會很想澄清解釋，「臺獨的結構並非全是右翼」，因為臺灣人的主體意識其實是和民主運動、社會運動以及所有進步價值運動一起成長並共同前進的。因此，臺灣的民族主義不可能是保守的，而是多元且具有很強進步性的。

二〇一四年或許是日本重新理解臺灣的關鍵轉折點。一方面，臺灣的太陽花學運讓世界無法再忽視臺灣人的主體性；另一方面，習近平開始大舉鎮壓中國和香港的公民社會——如二〇一四年的香港雨傘運動、二〇一五年的中國七〇九維權律師大抓捕、二〇一七年劉曉波之死、二〇一九年曝光的新疆再教育營，以及香港反送中抗爭和中國 COVID-19 疫情封控問題——這些事件反覆向世界證明：臺灣正逐漸成為一個國家，而中國則逐漸變成一個帝國。

於是，日本知識界也開始反思：其實臺灣的民主獨立才符合他們的進步價值，而中國的現況並非他們所想像的那樣。以日本的重要媒體為例，像是自由派的《朝日新聞》和左翼意識形態基地——岩波書店，這幾年來都出現了明顯的轉向，不僅對中國更加批判，對臺灣也變得友好，積極想理解臺灣的歷史與政治文化發展。

可惜的是，臺灣輿論主流還是習慣以日本右翼的視角來解讀這些變化。在日臺關係中，臺灣人很習慣對於「任何對臺灣表示友善的言論」回報以加倍的熱情。但這種一廂情願有時會讓我們產生錯覺，像是自民黨被認為長期親臺，不也是不敢處理各方一直討論、用於加強和臺灣交流的日版《臺灣關係法》或《臺灣旅行法》？

直至今天，臺灣對日本政治的關注仍有某種「以安倍晉三為準」的迷思。但這種保守派視角和日本國內現況有不小落差，也容易忽略日本政治與知識界更大的板塊轉移，進而對現實產生誤判。

沖繩基地問題是日本良心上的刺，也是挺臺的矛盾關卡

——為了更瞭解日本知識界與政界的複雜板塊移動，你花不少時間與日本左派溝通，也發現在討論臺灣問題上，不得不討論沖繩，這是為什麼？

吳：儘管日本正在探索如何誠實地認識臺灣，但「臺灣有事」帶來的戰爭風險也揭示了另一個尚未解決的矛盾：沖繩。

沖繩問題對日本知識分子而言，猶如良心上的一根刺，因為沖繩就像是美日聯合的軍事殖

民地，這一觀點我也基本認同。所以，只要沖繩基地化的困境一日不解決，他們就永遠無法抬頭挺胸，說自己是日本人。但如果「臺灣有事」真的變成「日本有事」，被夾在中間的沖繩又該怎麼辦？

再加上日本人習慣將外部問題「內部化」，沖繩面對的軍事負擔就很容易與臺灣的自我防衛問題混在一起。因此，當臺灣人在國際上發出警告「我們正面對中國侵略的生存威脅」時，經常會被日本內部的經驗質疑：「臺灣為什麼要與美國合作？」、「為什麼要仰賴美軍保護？」「臺灣一旦仰賴美軍，那必定是沖繩的美軍。」

從他們的角度看，沖繩的處境與臺灣的安全是互為矛盾的。日本左派雖然同情臺灣，並接受臺灣民主化的進步價值與公民社會，但當涉及沖繩與基地問題時，卻又會質疑起臺灣對「和平」的立場。

日本老一輩的傳統左派對臺海局勢也感到焦慮，卻常常尋求那些與他們較熟悉的、現在被臺灣社會視為「左統」的知識分子找答案，結論就往往導向「臺灣不要再挑釁中國」，認為只要臺灣放軟姿態、修復與中國的關係，就能解除臺海衝突的引信。

但臺灣真的有在挑釁中國嗎？根本沒有。問題在於，中國的侵略威脅不斷增強。如果臺灣僅僅是好好地存在，就被視為對中國的挑釁，那麼這顯示出有其他結構性因素正在推動中國對外擴張。從國際政治經濟學的觀點，我認為中國已經出現了明顯的帝國主義化徵兆——也就是資本輸出與地緣擴張的結合，而自稱「左翼」的學者照理說應該比我更清楚這個事實。

可是溝通的難處就在於此：臺灣面對的是來自中國的威脅，而沖繩的壓力則來自美國和日本的軍事政策。這兩者雖同處於「帝國夾縫」，卻被鎖進不同的地緣政治結構，並在當前的美中對抗局勢下交匯，造成了悲哀的間接對立。

在臺灣有事的急迫感下，回望〈獻給琉球共和國〉的願景與矛盾

——你曾以公民社會的角度，提出臺灣與琉球民族自決運動「弱者價值結盟」的願景，但在「臺灣有事」的迫切感之下，當年對話的想法仍成立嗎？

吳：我很早就意識到臺灣與沖繩的相互牽連，並嘗試釋出善意、促進對話。例如在二〇一二年，我在早稻田大學與琉球獨立運動的代表學者松島泰勝[10]對談時，提出了〈獻給琉球共和國〉一文。松島泰勝是琉球民族獨立運動的代表學者，他的立場是族群民族主義，主張從日本本土移入者不算琉球人。但在沖繩的自我決定權運動裡，松島泰勝的琉球獨立建國派只是其中之一，有一定的聲量卻遠非社會主流。

我雖然並不完全同意松島泰勝的路線，但仍尊重其對於琉球民族自決權的努力，所以在那篇文章裡，我也釋出臺灣—琉球自決運動合作的善意可能性，並嘗試以公民社會的位置，提出一種基於康德主義（Kantianism）民主和平[11]與永久中立的「弱者價值同盟」願景。但對於臺灣或沖繩這樣在國際上的弱勢角色，我們應該更策略性地應用，而非教條式地遵循康德主義——我稱之為「尼采式的康德主義」[12]——即臺灣作為大國壓迫下的相對弱者，應主動強調和平、道德、進步與公義來彰顯自身的正當性，從而改善我們的生存處境。我認為，通過弱者的視角來詮釋康德主義，特別能揭露強者的偽善，進而讓臺灣的存在立場更加具有正當性。

以〈獻給琉球共和國〉為例，當時我也承認，臺灣與琉球所面臨的困境在結構上並不相同，但至少公民社會之間可以彼此尊重對方的存在與選擇命運的權利。在「不以鄰為壑」、不成為壓迫對方的理由的前提下，公民社會可以合作，共同在東亞推動擴散式民主和平的願景。不過，二〇一二年的東亞時局還沒有現在險惡。那時習近平才剛剛上臺，中國公民社會的維權運動還非常活躍，所以吳介民（中研院社會所研究員）和我們當時才會提出「第三種中國想像」[13]，樂觀地認為或許通過人權和民主的共同價值觀與中國公民社會合作，說不定能促使中國轉向不同道路，並為臺灣帶來一個新的交涉對象。但不到兩年，中國情況就急轉直下，公民社會被習近平鎮壓剷除，對香港、維吾爾、圖博的壓迫加劇，對臺灣的侵略態度也迅速惡化。

更令人遺憾的是，松島泰勝後來也用一種很粗暴的方式與臺灣割席。他認為，臺灣與日美結成同盟，這和琉球獨立要求擺脫日本殖民、撤除美國軍事的琉球獨立所追求的方向有根本差異，所以雙方不僅「不可一概而論」更不可能合作。[14]當最近中國對臺軍演、發射飛彈並不斷演練包圍臺灣的侵略威脅之際，松島泰勝甚至對中共官媒《環球時報》[15]強調，「臺灣問題屬於中國內政」，與其他國家無關。

我不清楚松島泰勝現在是怎麼想的，但我至今仍然支持〈獻給琉球共和國〉提出的大方向——我支持沖繩的自我決定權。作為民主政體，日本應該虛心傾聽並尊重沖繩人的意願，同時致力於減輕不公平的基地負擔。

然而，我也無法對臺灣的自我防衛讓步。臺灣仍需在國防上與美國合作，這是應對中國侵略的現實需要，但臺灣人並非兩手一攤，坐等外力幫忙。因此，我常以黑熊學院和長老教會福摩薩學院為例，這些民防團體的出現不僅象徵我們防衛意識的增強，更是臺灣公民社會的自救行動。因為守護臺灣人的主體性，讓它能繼續存在於臺灣，是我們無法妥協的底線。

我們能否先繞過僵局？沖繩年輕世代的撐香港、學臺灣——隨著國際政治的變化與公民社會的世代更迭，我們能否期待臺灣、日本和沖繩的年輕人在對話與合作上帶來新的突破？

吳：二〇一五年夏天，為了反對時任日本首相安倍晉三推動的「安保法」[16]解禁自衛隊行使集體自衛權，日本大學生們發動了SEALDs（Students Emergency Action for Liberal Democracy - s），串聯數萬人上街參加反安保學運。這場運動聲勢浩大，不僅在日本左翼知識圈中引發了高度期待，也讓人想起前一年的臺灣太陽花學運和香港雨傘運動。藉此契機，日本的出版社便邀了臺灣的陳為廷、[17]香港的周庭[18]和黃之鋒[19]這些學運青年，前往東京和與SEALDs發起者奧田愛基等人對談。

但當時一講到中國因素，對話就陷入僵局。日本學運代表認為，所謂的「中國威脅論」是安倍政權的誇大捏造，目的是為了合理化右翼的修憲擴權。然而，對香港和臺灣的年輕人所面臨的狀況裡，中國威脅甚至中國侵略卻是他們親身遭遇、活生生面對的經驗。結果，三方對話變成臺港代表之間可以交流，但與日方的討論就在「中國」卡住，談不太通。對談結束不久，SEALDs就在二〇一六年八月解散。他們大部分人都離開了政治。不過，仍有少數人至今仍繼續堅持在做公民運動與公眾事務，其中一位就是沖繩出身的社會運動家：元山仁士郎。

二〇二四年六月，我和元山仁士郎在日本有一場對談，他是當年SEALDs的重要成員之一，後來也持續投入沖繩的反基地運動和自決運動。像是二〇一九年，他一邊攻讀研究所，一邊發起了針對邊野古美軍基地填海造陸工程的沖繩縣民公投。雖然他們的公投連署受到很多壓力，但沖繩縣民最終以七二%的投票率、超過四十三萬張選票，明確反對邊野古基地。儘管日本政府最後拒絕接受公投結果，但如果沒有元山仁士郎等人的努力，根本不可能凝聚那麼強的民意。

現在，元山仁士郎正在「借鑒臺灣」的經驗，他希望參考臺灣憲法中的創制複決權設計，從地方層級引用日本現行的法律解釋，推動公民複決權，以此處理邊野古基地填海問題，以及日美政府將軍事基地集中於沖繩的現狀。

元山仁士郎是一位優秀的公民運動者，對臺灣的政治結構應該有一定認識。二〇一九年香港反送中事件時，他也在東京組織「撐香港」大遊行，號召了數千人上街支持香港抗爭。不過，在我們的對談中，他仍會問：「中國真的有大家所說的那麼具危險性嗎？」「中國真的打算侵略臺灣嗎？」可見雙方雖然已經有接觸的善意，但彼此仍需更多溝通努力。

這兩年在日本的交流經驗，讓我接觸到更年輕一代的公民運動家。他們沒有傳統左右派的意識形態包袱，更著重於基層實踐而不流於高調空談，對臺灣公民社會的經驗也展現出很大的開放性與好奇心。

來自石垣島的宮良麻奈美[20]是一位讓我感到驚喜的新世代代表。石垣島過去沒有軍事部署，但近年來迅速成為日本國防前線，這種急速武裝化引發了當地人的焦慮，促使像宮良麻奈美這樣的年輕人覺醒，投入島上的公民運動。石垣島的抗爭運動聚焦於自衛隊基地開發爭議，因為徵收地原本是島民傳統信仰的重要場域，開發還破壞了水資源和特有動物的棲息地。當島民想發起市民投票時，卻被政府剝奪了公投權利，因此宮良麻奈美一直在與政府打官司，為了討回島民應有的公投權。

宮良麻奈美分享的經歷，讓我想到了臺灣的美麗灣開發案，他們面對的迫切現實問題與臺灣公民社會的長期經驗有許多共通之處。我們應該先藉由這些「現實問題」找到公民社會的交流點，逐漸建立認識與互信，之後才有可能進一步討論臺灣、沖繩、日本三方都難以解決的結構性問題。

幾年前，我也在臺灣教授協會探討過沖繩自決運動的問題。當時，一位知名的外交智庫專家就批評：「臺灣根本沒有戰略中立的選項，所以你說的都是空談。」我理解智庫或政府決策者的難處，但政策立場的現實與公民社會是否應該進行討論，這兩者不必相互排斥。難道臺灣只能有一種聲音嗎？

儘管臺灣與沖繩各自在國際政治中面對的結構性矛盾，難以單憑我們的主觀意願而改變，但我們仍能透過公民社會的溝通來減少社會誤解。畢竟民間的衝突與矛盾，往往會延伸到政治層面，最終影響國家決策。

國際的弱者不能有幻想，但弱者能不能懷抱希望？

——維持和平「不讓『臺灣有事』發生」是大家的共同願望，但至今仍無具體的政治路線圖，能同時確保臺灣主體性和解決沖繩被軍事殖民的壓迫。身陷其中的我們，該怎麼辦呢？

吳：遇到這種結構性困境，我都借用荷蘭哲學家史賓諾沙（Baruch Spinoza）的銘言：「不哭，不笑，不罵，只是理解。」

「溝通對話」的目的，是一種理解彼此的困境與底線的意願，而不是只想追求出一個站在道德高地、無懈可擊、符合所有進步標準的解決方案，這是不可能的，因為現實本身就是不完美且充滿複雜性的。而且有太多人對弱者總有過多的道德要求，卻總對強者的行為視而不見。

我們應該運用現實主義來理解局勢，客觀評估臺灣與沖繩各自的位置。當然，現實主義不能解決一切問題，但在理解國與國、人與人之間的衝突和無法妥協的面向時，作為工具，現實主義是非常有幫助的。

但現實主義不是唯一的規則，僅服從現實主義只會導致犬儒、只會叫弱者投降認命。因此，我們必須「創造性地理解現實主義」，幫助我們分析現實，防止弱小國家對自身國際處境產生錯誤的幻想。只有拋棄這些幻想，從原點重新思考，才能理解我們所處的實際位置、優勢力量在哪裡，以及該如何運用這些力量。

而弱小國家最強大的武器，就是正當性。擁有正當性，就能號召道德力量，進而放大原本有限的國際支持。而臺灣的民主發展與自由價值，就是我們在世界上最強的正當性。但臺灣的民主不僅是用來彰顯正當性的工具。這套制度的運作，如今已經相當穩定且成熟。正因為民主，臺灣人民才能從過去被動的客體或臣民，轉變為能夠表達自我的主體。

要知道，臺灣人民以主體身分出現在國際政治舞臺上，這在歷史上是前所未見的。在臺灣四百多年來的歷史中，這座島嶼的居民從未真正擁有過發言權，直到民主化才開始賦權臺灣的住民，住民才從臣民轉變為公民，而這些公民透過一次次的選舉、社會運動，透過不斷地表達意見展現出自己的主體性。一旦這些民意能透過民主程序正當地展現出來，它便會產生強大的力量和無法否認的道德正當性。

比如這幾年臺灣的太陽花運動以及香港的反送中運動，這些公民運動所產生的力量，塑造了在國際間的正當性，甚至影響了其他國家的外交政策。所以絕對不要小看這些意見，最終它們都會匯聚成為國際政治的變數。

簡單來說，現實主義的功能在於防止產生任何幻想。我們不能抱有幻想，一旦有幻想，弱者必死無疑。但弱者是否可以懷抱希望？當然可以。

我對現實的理解是悲觀的，但我的「希望」是存在主義式的。因為我沒有其他選擇，我也不打算放棄或死亡，所以我必須繼續走下去。即便情況再糟，我也要懷抱希望，想辦法找到一條出路。對於我們這些受困的人來說，沒有時間空想，要生存，就必須站起來拚命。

我曾經問過戴耀廷[21]：「Benny，你希望的根據是什麼？」他只是一直笑。但香港人的那句話很有道理——我們不能因為「有希望才堅持」，而是「要堅持才可能有希望」。

1 https://x.com/RenshiTaiwan

2 連溫卿（一八九四—一九五七），出身臺北的社會民主主義者。

3 史明（一九一八—二〇一九），本名施朝暉，是臺灣獨立運動的重要領導人之一。著有《臺灣人四百年史》。

4 即維持《日本國憲法》第九條的精神：戰爭不是日本解決國家爭端的合法手段。

5 二戰後初期流傳於臺灣社會的俗諺。「狗」指統治臺灣近五十年的日本人、「豬」指戰後來臺接管的中國人。

6 王育德（一九二四—一九八五），出身臺南的作家，臺獨運動代表性人物之一，著有《台灣：苦悶的歷史》。

7 日本戰前的「教養主義」是一種強調個人精神修養和文化素養的教育模式，其核心觀念是透過廣泛的學問、文學、哲學等人文知識的訓練，培養個人的內在品格和精神素養。

8 金美齡，一九三四年生，臺獨運動人士，曾任總統府國策顧問。

9 吳豪人，京都大學法學博士，輔仁大學法律系教授。

10 松田泰勝，一九六三年生，沖繩縣石垣島人，龍谷大學經濟學部教授。

11 德國哲學家康德(Immanuel Kant)的國際政治理念，強調道德原則、永久中立、民主和平、國際合作和人權。

12 意即「現實的理想主義者」。像康德那樣抱著普世主義、永久和平、世界公民的「理想希望」。卻同時像尼采那樣深知人性的深淵，清楚權力黑暗面的「現實認識」。

13 吳介民，二〇一〇，〈第三種中國想像〉，《秩序繽紛的年代：走向下一輪民主盛世》。左岸文化。

14 松島泰勝在二〇一六年於日本平和學會報告〈琉球獨立論與中國・台灣〉及同年琉球獨立學會年會中，主張琉球運動追求脫離日美控制的去殖民化理念，卻扭曲臺灣獨立運動的發展脈絡，甚至指控臺獨運動的親日傾向與保存修復殖民時期歷史文物，顯示出臺獨運動存在「再皇民化」的現象。

15 〈【环时深度】「反对部署导弹」！冲绳民众拒当美日军事勾结「炮灰」〉，《環球時報》，二〇二三年三月七日。

16 即《和平安全法制》，亦稱《安全保障有關法案》（通過後簡稱安保法），內容包括二大項法案：國際和平支援法及和平安全法制整備法。當時修法的結果，不僅進一步放寬了向海外派遣自衛隊（非第一線戰鬥任務）的空間，也解禁了日本行使集體自衛權。

17 陳為廷，一九九〇年生。臺灣學生運動與社會運動者。

18 周庭，一九九六年生。香港民主派政治人物，現流亡加拿大。

19 黃之鋒，一九九六年生。香港學運與社運人士。因參與二〇二〇年香港立法會民主派初選而被控「串謀顛覆國家政權」，目前仍還押中。

20 關於宮良麻奈美的採訪可參見本書4．1，〈與沖繩反戰人士對話〉。

21 戴耀廷，一九六四年生，香港法學學者，曾任香港大學法律學院副院長和副教授。因參與二〇二〇年的香港立法會選舉民主派初選，被控「串謀顛覆國家政權」罪，並被認為是首要的「組織者」，從二〇二一年二月遭收押，直至二〇二四年十月，本案審判仍在進行中。

4

臺日公民社會如何跨越反戰論述的分歧，進行關鍵對話？——專訪北海道大學媒體與傳播研究院助理教授許仁碩

文字——張鎮宏

臺灣的國際溝通管道愈多元，安全性愈高；而在日本，引發輿論共鳴的關鍵在於選擇切合其歷史與社會脈絡的論述。唯有在理解彼此歷史傷痛的前提下，才能以尊重、對等的視角建立關鍵的溝通信任感，進而促進更深層的對話與合作。

在日本的反越戰示威中，曾經有一句響亮的抗爭口號：「我們絕不成為美國戰爭的共謀者。」這句話不僅濃縮了日本戰後左翼的意識形態原則，也是日本和平運動中最具代表性的反戰標語之一。然而，隨著臺海局勢的緊張升溫，這句反戰口號如今卻經常出現在日本對「臺灣

有事」的辯論裡。

對於在日本北海道大學傳播媒體研究院任教的臺灣學者許仁碩來說，日本的反戰運動與「臺灣有事」的辯論，不僅與他的學術專業重疊，也是他過去十年與日本公民團體及社會運動交流的親身經驗。許仁碩長期參與人權運動，他曾是二〇〇八年臺灣野草莓運動的發言人，也擔任臺灣人權促進會執行委員。自二〇一三年赴北海道大學深造以來，他的研究重點聚焦於日本的社會運動與治安體系，特別是一九六〇年代的日本反戰與反安保抗爭，那是日本警察與學運世代衝突的高峰期。

除了研究工作，目前在北海道大學教授公共新聞學的許仁碩，還擁有難得的臺日媒體經驗。他曾擔任日本《北海道新聞》的駐臺採訪助理，並穩定在臺灣媒體發表評論，還受邀在《朝日新聞》數位論壇「論座」撰文，是少數能就臺日公民社會與政治時事擔當兩國「認識橋梁」的樞紐人物。

從媒體寫作到公民社會的推動，許仁碩一直積極促進臺日雙方的互動。然而，正因這些經驗，他對臺日之間「臺灣有事」的認知落差深感憂慮，特別是日本反戰論述與臺灣社會的誤解，更擔心：若中國有一天真的對臺灣發動戰爭，日本公民社會是否會像冷戰時期救援臺灣政治犯一樣，將臺灣的安全視為守護亞洲民主的道德義務？抑或是將「臺灣有事」視為美國在亞洲的

日本北海道大學傳播媒體研究院助理教授許仁碩（攝影：陳曉威／報導者）

侵略，掀起反戰抗爭？

以下是我們與許仁碩的訪談，他分享了與日本公民社會的交流經驗，並從日本媒體、公民社會、學術研究與人權支援的角度，觀察臺灣在日本輿論中的形象變化，並說明我們可以採取怎麼樣的溝通策略，讓日本在苦於應對中國威權主義和進行「臺灣有事」討論時，能參考並理解臺灣人的經驗。

我們的提問以黑體字呈現。

主詞是美國，動詞是煽動，日本扭曲的「臺灣有事」反戰修辭

——你最常遇到怎麼樣的反戰運動論述？

許仁碩（以下簡稱許）：

對於當前的臺海局勢，日本的反戰運動經常以「美國煽動的『臺灣有事』」為論述起手式——在他們的理解中，「臺灣有事」的主詞是美國，動詞是煽動，意指日美同盟與中國即將在「臺灣這個地方」展開對抗。

在這種框架下，臺灣僅僅是一個背景地名，臺灣的政治主體性並未被看見，臺灣人真正的想法與願望也不在他們的討論範圍內。另外也有些人雖然承認臺灣是一個政治實體，擁有領導人、軍隊和人民，但認為小國在國際政治中缺乏能動性，不過是一枚棋子，沒有能力主宰自己的命運，只會隨大國起舞。於是，臺海緊張局勢都被簡化為「美國在背後煽動」的結果，討論也總是回到反對美國帝國主義的傳統路線。

這種說法不僅存在於日本的反戰團體，在國際反戰論述中也是常見的主流觀點。對於日本的反戰團體來說，他們對日美關係及日本右翼的論述路線已經非常熟悉，因為這是日本自二次大戰結束以來持續至今的內政矛盾。相比之下，他們對中國威脅的理解相對較少，畢竟連在二〇二一年提出「臺灣有事就是日本有事」的安倍晉三，在二〇二〇年首相任內，都曾預計邀請習近平以國賓身分訪日。[1] 因此，對臺灣人來說，中國的文攻武嚇已經是幾十年的老問題，但在日本社會的討論中，這個議題卻像是這兩三年突然從天而降，雙方對於中國威脅的「現實感」存在著很大的落差。

就臺灣人的立場而言，聽到這些說法當然很不舒服，但日本的實際狀況就是如此。在日本，左翼與傳統反戰運動依然擁有相當重要的輿論影響力。如果臺灣不希望被誤解、被錯誤代言，甚至讓中共見縫插針搶走話語權，我們就有必要理解這種「沒有臺灣人為主體的『臺灣有事』」論述背後的脈絡，才有機會建立信任、破解彼此的誤解，畢竟這直接關係到臺灣的生存與安全。

從邊緣化角色成為成功典範，日本媒體的臺灣再發現

——你在北海道大學的傳播媒體研究院任教，且長期與臺灣和日本媒體互動，你會如何解釋日本對臺灣的陌生感？

許：長期以來，臺灣在日本人的世界觀中彷彿是一個真空地帶。雖然日本人可能經常來臺灣觀光、做生意，或者在生活中遇到臺灣遊客與同事，但對「臺灣究竟是一個怎麼樣的國家」的認識卻相當模糊。

這一現象的部分原因，是臺灣長期被國際社會孤立，很難發出自己的聲音；另一方面，日本國內對臺灣的關注確實很少。例如，日本的歷史課本會提及日本對韓國的殖民統治，但對於日本統治臺灣這段歷史——儘管時間更長——通常只是一筆帶過，甚至根本沒教，更遑論戰後臺灣。因此，大部分日本人並沒有機會透過教育建立對臺灣的理解。

日本媒體對臺灣的報導也是一個很典型的例子。中國的文化大革命期間，北京曾對日本媒體設下「一個中國」的採訪條件[2]——日本媒體若要派駐記者到中國，就必須在北京設立總局並關閉在臺北的支局。當時，日本還沒與中華民國斷交，但包括《NHK》、《朝日新聞》和《讀賣新聞》等日本主流媒體都接受了中國的要求，撤收臺北分部。只有立場偏向保守右翼的《產經新聞》不配合，所以在一九六七年被中國驅逐出境。

矛盾的是，冷戰期間唯一保留臺北支局的《產經新聞》，雖然與臺灣政治保持著密切連繫，至今也是報導臺灣最頻繁的日本媒體之一；然而，在日本主流媒體中，《產經新聞》的立場最為右翼，透過其政治觀點所描繪的臺灣，也帶有濃厚的保守色彩。長此以往，反而使冷戰期間的日本輿論形成了一種刻板印象，[3]以為「臺灣就是和《產經新聞》一樣保守的右翼國家」。

儘管中國已在一九九八年取消了對日媒開設臺北支局的禁令，[4]但「有北京就沒臺北」的後遺症至今仍影響著日本新聞界。長期下來，日本媒體對臺灣的報導仍習慣從北京視角出發，許多記者也只有在臺灣總統大選時，才有辦法從中國或香港快閃來臺，例如我在臺灣為《北海道新聞》工作時，名片上印的還是「北海道新聞北京支局」，即便我一次也沒去過北京支局。這不僅難以形成對臺灣的長期觀察與深入見解，報導角度也容易陷入「唯有兩岸關係」的窠臼，將臺灣視為中國議題的附屬角色。如果臺灣有與中國政府立場不同之處，就算中國官方沒開口，許多日本媒體都會加一句「中國勢必反彈」，代表他們報導臺灣時，仍時時想著中國官方會怎麼看。

雖然這種情況不僅限於日本媒體，美國及其他國際媒體也有類似的問題，但對於與臺灣歷史淵源深厚，且在亞洲各區域報導上投入大量心力的日本來說，這段新聞關注相對空白的時期，無疑是相當可惜的。以《每日新聞》東亞線資深記者鈴木英生為例，近年來他對臺灣議題投入了相當多的關注，但他也曾在記者專欄[5]中感嘆：自己書櫃裡有數百本關於韓國、沖繩的專書，關於臺灣的書籍卻寥寥可數，常光顧的書店也是如此。這讓他感到震驚與慚愧，因為他一直認為自己對東亞非常熟悉，卻未曾意識到日本的新聞視角長期忽略了臺灣。

但自二〇一一年以來，日本新聞看待臺灣社會的方式已出現很大的變化，主要有四個關鍵轉折點。首先是二〇一一年三一一東日本大震災後，臺灣的大力賑災讓日本看見了一個「親日的臺灣」。其次是二〇一四年的太陽花運動，讓世界發現了臺灣的政治主體性。第三是二〇二〇年 COVID-19 疫情爆發，臺灣的防疫成效與數位化成果，成為日本輿論對比自家政府混亂應對的典範，使臺灣從「親日的後進國家」變成「值得日本學習的對象」。最後，則是二〇二四年臺積電熊本廠開幕，對日本政府、社會、產業界和輿論更帶來如同「黑船來航」般的巨大衝擊。

近年來，不少日本書店開始增加與臺灣有關的書籍。書架上的分類包括「臺灣—歷史」、「臺灣—政治」，甚至還有「臺灣—唐鳳」——沒錯，唐鳳自己就成為一個獨立的主題分類。這不僅因為她的專業背景和經歷投射了日本在數位轉型上的焦慮，更顯示出臺灣的國際形象和能見度在日本輿論中，確實正在發生顯著改變。

原本是人權避風港的日本學界，怎麼回應中國威權迫害的進逼

——中國政府的威權主義日益惡化，從香港反送中、新疆再教育營，到日本任教的教授「在中國失蹤」的消息，這些事件對日本反戰團體的「臺灣有事」討論有否影響？日本學界和公民社會又做何反應？

許：有一個前提必須事先說明：日本學界與公民社會中，仍然有人很努力在救援中國、香港與新疆的政治受害者。但整體而言，他們屬於少數派。不過許多日本學者確實會因安全考量而不再進入中國做研究。

面對香港反送中運動和新疆再教育營等事件，按理說，日本左翼作為國際主義者，應該積極回應，並將這些問題納入全球反威權主義的框架中。但仍有不少人選擇保持沉默，甚至提出「不能干涉中國內政」的立場迴避中國人權迫害的事實。

這背後的原因涉及幾個層次。首先，這些事件無法融入「反美帝」的政治框架。日本的戰後經驗與左翼的意識形態傳統，使他們過度聚焦反美議題，不符合這一框架的問題，他們則選擇排除迴避。特別是在維吾爾問題上，不少老一輩的日本意見領袖仍為中國辯護，聲稱新疆再教育營是「美國煽動」的反中敘事。這種現象不僅在日本學界和媒體圈時常出現，套路化的論述句型，更常被沿用在「臺灣有事」的討論中。

但在過去，日本的社會運動與公民組織曾是整個亞洲人權倡議的樞紐與庇護所。經歷過反安保、反越戰抗爭的日本戰後學運世代，不僅對日本政治與社會文化產生了深遠影響，還為人文社會科學的研究和思想奠定了厚實的基礎。此外，日本作為冷戰期間亞洲極少數的民主社會，在臺灣、韓國仍處於威權統治時，兩國的政治異見者常將日本視為避風港。日本更曾是東亞政治犯救援的行動中心，像韓國的金大中綁架案、[6]臺灣的美麗島事件等重大事件，都曾有日本公民團體冒著極大的個人安全風險，大力支援臺韓的民主運動。

北海道朱鞠內「笹之墓標展示館」的原始建築，這裡曾是荒廢的寺院。一九三〇年代開始，朱鞠內地區為了建設水庫、鐵路工程，從日本各地和朝鮮殖民地引入大量工人強制勞動，他們不僅缺乏飲食，更被囚禁在稱作「章魚屋」（象徵捕章魚的籠子有進無出）的工寮。許多人枉死，被送來此處埋葬。直到公民團體的訪查與挖掘遺骨，才讓這些客死異鄉的人有機會找回名字、甚至回家。這也是紀念館之所以被稱為「笹（竹）之墓標」的緣故。

這裡不僅是北海道的歷史遺址，也是串接東亞各國公民交流的重要節點。從一九九〇年代開始，遺骨挖掘行動為了確認死難朝鮮勞工的身分開始與韓國公民團體合作，除了考古團隊技術，鑑識遺骨等過程，也都需要韓方的協助。這讓日韓公民團體累積了互信，更促使各方將國際交流常態化，在北海道成立「東亞公民網絡」，並邀請臺灣、中國的公民團體加入，就和平教育、人權歷史做定期跨國交流。（攝影：許仁碩）

在當年的這些公民力量中，日本學界的行動力尤其突出。過去，日本的大學普遍認為：學校應負起責任保護那些被迫害的學生或老師，至少要設法幫助他們獲得合法身分，讓他們能繼續留在日本，或保留一個讓日本公民社會展開救援行動的理由。

例如，臺獨運動的領袖許世楷，[7] 早年在東京大學攻讀博士時被國民黨政府列入黑名單，差點被日本政府遣返回臺灣入獄。當時，許世楷向他的指導教授我妻榮[8] 告別：「老師，我的論文只能寫到這裡，因為明天我可能就要被遣返了。」我妻榮又驚又怒地回應：「開什麼玩笑！」立刻動用所有人脈救援許世楷，幫助他渡過政治迫害的危機。

但二〇二三年，一名在日本留學的香港女學生，因被舉報旅日期間在網上發表港獨標語，返回香港探親時被香港警察以《港區國安法》控罪逮捕。然而，她就讀的大學卻表示「涉及刑事犯罪的學生可能被退學」，不願處理其中的政治迫害問題，也未見該校系的教師有所表示。

同樣的情況也發生在教師身上。北海道教育大學的中國籍教授袁克勤旅居日本超過三十年，但在二〇一九年五月回中國奔喪時失蹤，後來傳出他被中國政府以間諜罪名入獄。他的同事和北海道學界的朋友四處奔走救援，但袁克勤任職二十多年的北海道教育大學，卻在其失蹤期間「代為」辦理屆齡退休手續，並表示「退休教授的去向與學校無關」。

如今，一旦有老師或學生被捕，校方的反應往往是迅速切割，撇清所有關係——這不僅顯示出日本學界早已失去昔日的風骨，也反映了日本公民社會力量的衰退。

歷史的傷痛不應成為對話障礙，而應是促進對話的基礎

——日本的反戰運動有其現實背景，尤其是沖繩，承受著戰爭創傷和美軍基地的壓力。在雙方生存利益不一致的情況下，該如何開啟或面對與沖繩立場的「臺灣有事」對話？

許：我首先想到已故的沖繩縣知事翁長雄志。二〇一八年在任內病逝的翁長雄志，是沖繩反基地運動中非常具有號召力和代表性的政治領袖。他原本是自民黨議員，與臺灣的關係也一直非常密切。後來，當他因為基地問題退黨時，曾反問昔日的保守派同志：守護安全固然重要，但恣意踐踏基地所在地的民意，讓日美同盟在沖繩失去民心，真的能發揮大家期待的國防效果嗎？

隨著中國對臺灣的侵略姿態日益加劇，相關各方——無論是左派還是右派，無論是在臺灣、日本、韓國或沖繩——都顯現出日益急躁的跡象。臺灣自然因中國的軍事威脅而感到壓力，而沖繩的公民團體則因日本和美國的軍事政策愈發緊張，甚至只要政策涉及臺灣，反戰人士便容易焦慮地聯想到，「這是否又與『臺灣有事』的作戰計畫有關？」

但要在日本推動臺灣議題，就必須面對其獨特的本地政治環境，而我們所選擇的論述路線，也將決定這個倡議能否在日本社會獲得共鳴。更何況日本是一個穩定且相對保守、封閉的社會，因此任何對話都必須以「建立溝通信任感」為起點，不可能一步登天或立刻取得共識。

在日本討論臺灣議題時，我的第一個溝通策略是「尊重彼此的傷痛」，歷史的傷痛不應成為對話障礙，而應是促進對話的基礎。臺灣人常說：「中國給我們帶來了傷痛，我們長期承受壓迫。」而沖繩人則說：「美國和日美同盟帶給我們極大傷痛，沖繩戰爭的犧牲至今未止。」但雙方表達傷痛後，最直觀的結論卻經常陷入對立——一方希望「聯美抗中」，另一方則至少是「抗美」。

尤其是沖繩，他們的傷痛極為深重。無論是四分之一人口死於沖繩戰役，還是近八十年來美軍基地的持續壓迫，這些傷痛讓他們極力主張戰爭不應該發生，美國和軍隊都是不可信的。但這樣的論點有時會無意中否定臺灣所感受到的中國威脅。

包括我在內，許多想法相同的朋友在許多場合，例如我所參與的國際和平運動網絡「和平之海」，經常有機會與沖繩、濟州島等地的和平運動者對話。我們經常會提到中國在人權問題上的紀錄，如天安門事件、新疆再教育營和香港，並說明臺灣人經歷了白色恐怖和二二八事件的傷痛，絕不願再回到威權統治的心情。這樣的對話，經常成為開啟反思的契機，有許多朋友因此開始閱讀有關臺灣的書籍，或是到臺灣來參觀人權博物館、二二八紀念館，試圖多認識臺灣。但隨著臺海情勢日漸緊張，也會出現一些「那你知道有多少平民死在沖繩戰嗎？再痛苦也不會比戰爭更悲慘」、「戰爭的責任還是在美國帝國主義」、「被占領至少不會有戰爭」之類的反駁。

這種「比慘」反映了戰爭對人們心態的影響。在戰爭心態下，人們容易陷入二元對立，從而失去對彼此傷痛的理解與共感能力。若反戰運動者把自己定位為「反美帝戰爭」的一員，認定傾聽臺灣的歷史傷痛，可能會有利於「美帝」時，那就會摀上耳朵。另一方面，也可以看到許多人在「抗中」邏輯下，將沖繩人對日美政府的不滿，視為「親中」、「中國滲透」的產物，這也是對沖繩的歷史傷痛視而不見。雙方看似立場迴異，內在受戰爭影響的心態卻是共通的。

然而，臺灣當前的首要任務應是集結可能的盟友，而非製造更多的敵人。因此，面對矛盾或經驗挑戰時最重要的第一步是建立信任，讓對方相信我們是真心交流，從歷史傷痛中找到共通點。

第二個策略是「說明不得已」。以臺灣的統獨民調[9]為例，臺灣人面對的兩種民調問法：

一種是「你希望臺灣統一、獨立還是維持現狀？」這隱含了中國可能攻打臺灣的前提，所以每次結果都是壓倒性的維持現狀；[10] 但如果提問設定 [11] 是「中國不會對臺灣動武」，認同獨立的民意則顯著多數，這反映出臺灣人最典型的「不得已」現實。

但外國觀點通常只看到民調數字，卻不理解背後的無奈和壓力。就像沖繩人無力解決美軍基地問題，只能多向中央爭取補助；或者是與那國島的居民雖不情願基地建設，卻還是因為人口與經濟問題不得不妥協。若我們能清楚解釋這些「不得已」，並探討如何減少無奈的選擇，就有機會進一步打開國際的對話空間，因為它能讓對方更容易理解我們面對的現實壓力，也能促進更深層的交流和討論。

國際反戰運動者容易站在「完美受害者」的立場抗議美軍基地，但許多人也會忽略自己是在各自主權國家的保護下，並不像臺灣正面臨更加直接且無援的生存威脅。然而臺灣的現狀在某種程度上也受益於美國在東亞很強的軍事存在感，如果沒有這種軍事平衡，臺灣可能早已失去主權，這也是臺灣不得已的現實。

從一箱人骨開始的公民交流，北海道經驗能給臺灣什麼啟示

——你所在的北海道是離臺灣最遠的日本。在你的公民交流經驗中，曾遇到哪些困難？

臺灣在推動與日本的公民對話時，可以具體採取哪些行動？

許：二〇一三年十月，我第一次參與北海道的公民團體活動。當時對日本的社運、公民社會，甚至北海道都還不太瞭解，只是因為在臺灣參與社運，想認識不同地方的人權議題，便被輾轉介紹過去——他們給我的第一個任務，就是抱來一整箱無名死者的骨頭，讓我和他們一起進行分類整理。

這批無名的遺骨，來自十九世紀末到二戰結束期間，日本政府在北海道推行殖民政策時，數萬名因強制勞動而死亡的底層工人。他們有的是囚犯，但更多是從日本各地，甚至是從中國和朝鮮殖民地被拐騙來的勞工。在極度不人道的工作條件下，他們被迫勞動至死，甚至遭到虐待致死，遺體被草草埋在機場、礦坑、水利工程旁的亂葬崗裡。直到一九七〇年代，這些遺骨才因北海道公民團體的努力被挖掘出來。

最初，只有少數地方文史工作者參與這項遺骨挖掘行動，但隨著遺骨數量增加和資料比對，他們發現其中有不少來自朝鮮的勞工。這促使挖掘行動與在日韓國人社團聯繫，進而找到韓國公民團體合作，比對資料後確認了一部分遺骨的親屬身分。這促使各方將國際交流進一步常態化，並在北海道成立了「東亞公民網絡」（東アジア市民ネットワーク），定期在日本、韓國——在我加入之後，也加上了臺灣——之間舉辦跨國工作坊。於是，這樣一個最初看似邊緣的公民議題，最終卻引發了連鎖效應，發展成為一個讓各國都有共鳴且願意合作的國際平臺。更在二〇一五年左右促成日韓跨國合作，將這些遺骨帶回韓國安葬。

但公民社會的跨國交流，並不是有心意就夠了。在與許多不同組織往來的經驗當中，也遇過因為中國代表的施壓，要求主辦方禁止臺灣代表團接受媒體採訪、禁止在活動中「主張臺獨」、甚至硬把臺灣交流團納入「中國」的一部分；或是日韓公民團體因為陌生，而對赴臺交流意興闌珊。這些經歷當下都讓我覺得很痛苦，但也是很俗套地領悟到——你必須從挫折與碰撞中才能找到與別人產生共鳴的方式。

而北海道雖然和臺灣距離遙遠，當地對臺海局勢的危機感並不強，但北海道的阿伊努人原住民權利議題，與臺灣的經驗有很強的連結性。再加上送返遺骨時與韓國建立的人脈，以及日本對戰爭歷史和和平教育的討論經常與沖繩經驗相關，這些人權議題的交織反而能突破地理限制，將臺灣經驗融入其中。

這幾年，日本公民社會在觀察臺灣的太陽花運動和青鳥運動時，經常對臺灣公民社會的活力和行動經驗充滿羨慕。這促進了新一波的臺日交流，也增強日本對理解臺灣的興趣。臺灣有潛力成為亞洲公民社會的連結樞紐，正如日本曾經是東亞人權救援的燈塔一樣——因為臺灣在國際社會中的重要性，不能只依賴「臺灣有事」的危機感來推動，而是展現更應該受世界尊重的關鍵價值。

像是二〇二四年三月，擁有百年歷史的日本左翼律師組織「自由法曹團」就特別來臺灣參訪。這個老牌人權律師團一向捍衛日本和平憲法，強烈反對擴張軍備和修改憲法第九條的放棄戰爭條款。此次訪臺的目的，是瞭解臺灣社會對「臺灣有事」議題的看法，包括對軍事擴張、民主人權、中國威脅及日本應對臺海局勢的立場。

成立於一九二一年的自由法曹團，和臺灣原本頗有淵源。日治時期，該組織曾多次從日本本土派遣義務律師來臺，為被總督府壓迫的臺灣農民運動、勞工運動及社會請願運動等辯護。但戰後這種連繫中斷了，他們自此與臺灣的司法、人權和政治長期脫節。

出發前，自由法曹團特別邀我做前演講，幫助他們更好地認識臺灣。起初，這些人權律師或許帶著一種自負，認為日本是亞洲人權運動的領導者，並對臺灣抱持著某種懷疑。他們原本希望確認日本左翼反戰論述的正確性——即「臺灣有事」是美國和日本右翼煽動的結果——但在通過訪問臺灣人權團體、學者，以及參觀威權歷史與轉型正義的進展之後，他們驚訝地發現：臺灣的人權運動比他們想像中更為活躍，有些方面甚至領先日本。這也動搖了他們對「臺灣有事」的既定看法。

在參訪報告中，[12]自由法曹團的代表強調，這次深入交流讓他們開始理解臺灣所面臨的國際困難，並意識到日本傳統的和平論述，很難套用在臺灣的現實處境，因此迫切需要反思並與時俱進。他們特別記錄了一句在臺灣時深有感觸的心得：「要實現和平，尤其是永久和平，需要大家的合作——但這個『大家』，不應只考慮大國的立場。」

1　在二〇二〇年安倍晉三辭去首相之前，日本正處於一段長期的「中日友好」高峰期。當時，安倍政府積極邀請習近平對日本國事訪問，雙方本預計簽署象徵政經合作里程碑的日中「第五份政治文件」。但因中國疫情失控，習近平最後取消行程。

2　〈歴史を通して考える日中メディアの課題～日中記者交換協定50年シンポから～〉，《NHK放送文化研究所》，二〇一五年一月一日。

3　可參考〈一次偶然的造訪，開啟了他對臺灣殖民歷史的研究——京都大學教授駒込武訪談〉，《故事》，二〇一七年六月二十二日。

4　中國外交部雖然允許日媒重新設立臺北支局，並讓日本記者同時駐點於北京與臺北，但前提條件是各家日媒必須將北京支局升格為「中國總局」，並將臺北支局歸入其管轄範圍，否則包括上海、瀋陽等地的駐中支局許可也將被收回。臺灣新聞局當時的處理方式，是允許日媒根據中國條件設立中國總局旗下的臺北支局，但日媒需向臺灣政府提交書面切結，承諾「臺北支局的新聞內容直接對日本本社負責，不受中國總局指揮」。因此，《朝日新聞》、《產經新聞》等全國性報社，雖然在北京設立了「中國總局」，臺北支局在官方名義上隸屬於中國總局，但在運作上仍保持相對的獨立性。

5 〈娘と語る台湾「本土化」＝鈴木英生（オピニオン編集部）〉，《每日新聞》，二〇二三年六月十三日。

6 於一九七三年八月八發生在日本東京的綁架事件。大韓民國中央情報部（ＫＣＩＡ，現在大韓民國國家情報院的前身）綁架了當時流亡美國與日本的大韓民國政治家、民主派人士及最大反對黨領袖，後來成為韓國總統的金大中。

7 許世楷，一九三四年生。出身彰化，「臺灣新憲法草案」執筆人。

8 我妻榮（一八九七—一九七三），主要研究領域為德國法和判例研究，是日本民法學界的代表性學者。

9 〈台灣統獨議題：務實還是隱憂？越來越多人想「永遠維持現狀」的前因後果〉，《BBC NEWS 中文》，二〇二四年五月十日。

10 〈臺灣民眾統獨立場趨勢分布 （1994～2024.06）〉，政治大學選舉研究中心。

11 〈中國效應主題研究計畫 2020〉，SRDA，二〇二四年三月一日。

12 《台湾調査報告書 2024.3.31～4.3》，自由法曹団。https://www.jlaf.jp/04iken/2024/0716_1866.html

【結語】那首走過鮮血與荊棘的島嶼之歌

在這本書的寫稿過程中，我經常會打開串流平臺的各種「沖繩歌單」，作為工作時的情境音樂。雖然都以沖繩為主題，這些播放清單的風格卻大不相同，有的是傳統的沖繩三線琴音樂，有的則是安室奈美惠。但幾乎所有歌單裡，都會出現那首全世界耳熟能詳的旋律：〈島唄〉。

〈島唄〉是日本樂團 The Boom 在一九九二年推出的暢銷歌曲，這首歌曾被多次翻唱，在華人歌手中，又以梁靜茹版本的〈不想睡〉最為知名。但相較於翻唱版本的溫柔甜美，〈島唄〉原曲的歌詞，卻是以殘酷的沖繩戰役為發想，敘述在戰火之中，一對年輕戀人的生死訣別。

「莿桐花開時，呼喚著風，暴風雨即將來臨。」在歌詞的第一句裡，The Boom 的主唱宮澤和史沉吟般地唱著。莿桐花是沖繩縣的代表花，每年三月至六月是它盛開的時節。在沖繩的傳說中，莿桐花若開得愈鮮紅豔麗，該年沖繩的颱風季便會來得愈頻繁、愈猛烈。然而，莿桐花開的季節正逢一九四五年沖繩戰役的爆發之時。當時，美軍在登陸沖繩前，集結了數百艘戰艦對島嶼進行日夜不停的轟炸，這場猶如鐵雨般的巨大破壞，被稱為「鐵風暴」。

創作這首歌的宮澤和史，是山梨縣出身的「大和人」（沖繩人對於日本本土居民的稱呼），但在一九九一年的一次沖繩旅行裡，他因緣際會地參觀了姬百合和平祈念資料館——二戰期間，沖繩本島的女學生們被召集為「姬百合學徒隊」成為軍隊醫護。但當沖繩戰役進入最後時刻，這些姬百合學徒隊的學生們卻死於陣中、甚至被迫在日軍陣地裡集體自殺。這一悲慘的戰爭故事，讓彼時年僅二十六歲的宮澤和史極為震撼，因此才起心動念想要寫一首「悼念沖繩戰的和平之歌」。

原本就對民俗音樂很感興趣的宮澤和史，在創作〈島唄〉的過程中加入了許多向歷史致敬的心思。像是在音樂元素裡，他不僅凸顯了沖繩代表性的樂器三線琴的元素，編曲也以五個音的傳統琉球音階為主，直到歌詞唱至「在甘蔗田裡，你我相遇；在甘蔗田中，你我永遠別離」的訣別段落時，宮澤和史才轉用七個音的西洋音階，以象徵年輕戀人是因為外力逼迫才生死兩隔。[1]

一九九二年〈島唄〉推出後，在日本樂壇大受歡迎。The Boom 不僅因此受邀登上《ＮＨＫ紅白歌唱大賽，〈島唄〉更成為宮澤和史與沖繩的代表作品。然而，這首歌在全球傳唱的同時，也在沖繩引發了嚴重的文化挪用爭議。許多沖繩人批評宮澤和史身為大和人，卻擅自挪用沖繩的音樂元素，尤其觸及了沖繩戰的歷史創傷，藉此名利雙收，甚至被視為「沖繩代表名曲」，這讓許多沖繩人打從心裡感到無法接受。

事實上，宮澤和史自己對〈島唄〉也抱持著矛盾的心情。一方面，他希望透過這首歌，讓日本歌迷認識沖繩的傳統文化和戰爭歷史；但另一方面，他也時常自我懷疑：作為一個戰後出生的大和人，彈著三線琴、唱著沖繩戰的故事，這樣真的合適嗎？

儘管如此，宮澤和史仍選擇承受這些情緒與批評，並主動尋求沖繩民謠大師喜納昌吉[2]的指導，為〈島唄〉推出了沖繩語版本的歌詞。他虛心承認自己「對沖繩音樂傳統瞭解還不夠」，並持續學習和探索沖繩的民謠與樂曲傳統。即便後來因為健康因素長期無法登臺表演，宮澤和史依然積極參與各種和平活動，致力於保存沖繩民謠。他甚至發起了琉球黑檀復育植樹計畫，幫助保護製作三線琴的傳統木材，期望藉此促進沖繩文化與記憶的永續傳承。

到了今天，〈島唄〉已經成為沖繩歌曲的重要篇章，許多年輕一代的歌迷透過這首歌記住了沖繩戰的歷史。當初曾批評這首歌的聲音，隨著時間的推移，也轉而理解並支持宮澤和史的努力。音樂不僅成為了溝通的橋梁，也成為承載時代記憶的媒介。

每當我聽到這首歌，除了浮現出眾多受訪者的臉孔與故事片段，也總會想起這本書的原點——我們希望透過他人的視角來看見「臺灣」的模樣，也希望在國際緊張局勢升溫的此刻，能夠理解我們共同面對的時代挑戰，並找到相互理解、扶持，甚至合作前行的機會。

對於臺灣目前的國際處境，沖繩與日本就像是一面重要的鏡子，反映出臺灣與國際社會之間的盲點、矛盾，也點出了可能的解決途徑。雖然這本書的討論仍有許多未竟之處，但我們期望它能成為另一場對話的開端，為眼前的困境提供更多新的視角。

最後，我們誠摯感謝在這本書出版過程中，曾與我們互動的所有受訪者。儘管時局如此艱難，但我們相信每一次的對話與理解都會帶來收穫，這些經驗與信任的積累，終將在需要的時刻，為臺灣的時代疑問找到最適合的答案。

---

1 宮澤和史後來解釋，「甘蔗田裡的訣別」代指的是沖繩戰中平民百姓被迫集體自殺的悲劇，他認為如果用傳統的琉球音階來闡釋這段故事，是對沖繩的不敬，因此編曲才有此調整。

2 嘉納昌吉的代表作品〈花～すべての人の心に花を～〉也被廣為翻唱，是臺灣歌手周華健《花心》的原曲。

國家圖書館出版品預行編目(CIP)資料

島鏈有事：如果明日就是臺海戰爭，國際第一線怎麼危機應變？沖繩、日本、臺灣爲何命運相連？／張鎮宏、《報導者》團隊著. -- 初版. -- 臺北市：春山出版有限公司, 2024.10
面；　公分. -- (春山之聲；62)
ISBN 978-626-7478-29-5(平裝)

1.CST: 兩岸關係 2.CST: 國際關係 3.CST: 地緣政治
4.CST: 區域安全

573.09　　113013224

春山之聲 062

島鏈有事
——如果明日就是臺海戰爭，國際第一線怎麼危機應變？沖繩、日本、臺灣爲何命運相連？
Islands In Peril: The Deterrence for Peace Between Taiwan, China, Japan and Okinawa

主編　張鎮宏
作者　張鎮宏、《報導者》團隊

總編輯　莊瑞琳
責任編輯　夏君佩
行銷企畫　甘彩蓉
業務　尹子麟
封面設計　陳永忻
內文排版　陳靖玥
法律顧問　鵬耀法律事務所戴智權律師

出版　春山出版有限公司
地址　116臺北市文山區羅斯福路六段297號10樓
電話　(02)2931-8171
傳眞　(02)8663-8233

總經銷　時報文化出版企業股份有限公司
電話　(02)23066842
地址　桃園市龜山區萬壽路二段351號

製版　瑞豐電腦製版印刷股份有限公司
印刷　搖籃本文化事業有限公司
初版一刷　2024年10月
初版二刷　2025年1月14日
定價　500元
ISBN　978-626-7478-29-5(紙本)
978-626-7478-27-1 (EPUB)
978-626-7478-28-8 (PDF)

填寫本書線上回函

All Voices from the Island

島嶼湧現的聲音